王耀发

孙心德◎主编　徐敏华◎副主编

名师流芳

寻访上海教育文化界名人实录

华东师范大学出版社

诚谢上海市老教授协会对本书组编的大力支持

部分现场采访照片

2013 年上半年，采访组在华东医院采访施平同志

2013年初，采访组在上海交通大学瑞金医院、上海血液学研究所采访
王振义院士

2013 年上半年，采访组在陈吉余院士家中采访陈院士

2014年上半年，采访组在上海第九人民医院采访邱蔚六院士

2013 年上半年，采访组在上海第六人民医院采访周永昌教授

2016 年 4 月 13 日，采访组采访王一飞教授

2013 年，采访组采访杨秉辉教授

2013 年，采访组采访马革顺教授

2013 年初，采访组在钱国融教授家中采访钱教授

2013年，采访组在堵南山教授家中采访堵教授

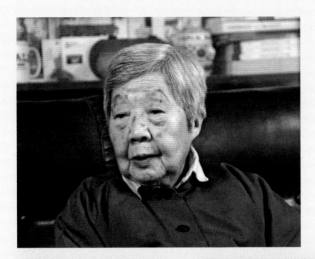

2014 年 12 月，采访组在濮之珍教授家中采访濮教授

2014 年下半年，采访组在张薰华教授家中采访张教授

2015 年，采访组在东华大学采访袁琴华教授

2015 年，采访组在周道南教授家中采访周教授

2016 年，采访组在何守才教授家中采访何教授

2015 年，采访组在吴克礼教授家中采访吴教授

2015 年 4 月，采访组在周本义教授家中采访周教授

2013 年，采访组在施亚西先生书房中采访施先生

2014 年 11 月，采访组在于同隐教授家中采访于教授

2014 年 10 月，采访组在傅新祁教授家中采访傅教授

2015 年，采访组在胡志绥教授家中采访胡教授

2015 年，采访组在东华大学老年大学图书馆采访沈焕明教授

2016 年，采访组在华东政法大学青少年犯罪研究所采访徐建教授

2015 年，采访组在东华大学采访顾利霞教授

2014 年，采访组在张斌教授的书房中采访张教授

2015 年，采访组在陈明正教授家中采访陈教授

2016 年，采访组在上海海洋大学的办公室采访乐美龙教授

2015 年，采访组在叶元章教授家中采访叶教授

2016年，采访组在伍汉霖教授家中采访伍教授

2013 年，采访组在范宝江教授家中采访范教授

2016 年，采访组在唐国春教授家中采访唐教授

2016 年 6 月，采访组采访苏惠渔教授

2015 年，采访组在余有为教授家中采访余教授

采访组在封福海教授家中采访封教授

2015 年，采访组在金忠谋教授家中采访金教授

2014 年，采访组在胡景钟教授家中采访胡教授

2016 年，采访组在上海海洋大学陈有容教授办公室采访陈教授

2015 年，采访组在朱鸿鹗教授家中采访朱教授

2015 年，采访组在上海戏剧学院金长烈教授家中采访金教授

2015 年，采访组在东华大学采访朱辉教授

采访组在同济大学建筑与城市规划学院采访程馥馨教授

2015 年，采访组在刘华庭教授家中采访刘教授

2015 年，采访组在陈伯时教授的办公室采访陈教授

2016 年，采访组在杨小石教授家中采访杨教授

2014 年，采访组在李震中教授家中采访李教授

2015 年，采访组在东华大学采访黄秀宝教授

采访组在胡宗锡教授家中采访胡教授

2016 年，采访组采访上海交通大学医学院汤雪明教授

2014 年，采访组采访上海文史研究馆谢田遨教授

2015 年 11 月，采访组采访东华大学周启澄教授

2017 年，采访组采访上海中医药大学陆鸿元教授

2014 年，采访组采访复旦大学徐炳声教授

2015 年，采访组采访上海体育运动技术学院洪源长教授

采访组采访上海司法界翁宗庆先生

2015 年 4 月 8 日，采访组采访上海交通大学陈以鸿先生

2013年初，采访组采访华东师范大学徐中玉教授

2015 年 10 月 16 日，采访组采访上海大学张直明教授

2013 年，采访组采访何荦先生

本书编委会

顾　问

钱　洪　李天任

主　编

王耀发　孙心德

副主编

徐敏华

委　员（按姓氏笔画排序）

王　洋　王　琛

朱红英　劳　勋

李初旭　汪祥云

陆尚志　徐　悦

徐　容　涂　晴

崔勇勇　褚娇娇

目 录

序

　　由王耀发先生领衔的团队历经六个多年头采访、编写的《名师流芳——寻访上海教育文化界名人实录》一书正式出版了，我由衷高兴，更诚挚祝贺。当前，高寿仁者的故事在人民对美好生活的向往的新时代大背景中正日益赢得大众关注，这本著作的问世，可以说是恰逢其时。

　　仁者有德自高寿，达观知命乐天年。上海是我国老年人口密度最大的城市，截至2017年底，上海市60岁及以上年龄人口为483.60万人，占总人口的33.2%。上海也是我国人均预期寿命最长的城市，2017年上海户籍人口平均预期寿命达83.37岁。上海还是一个长寿名人集中的城市，各个领域都荟聚了一批德高望重的学者专家，这些仁者名师走过万千世界，经历百转千回，他们用思想和行动创造了一个又一个传世精品，培养了一批又一批栋梁之才，而他们本身也是一个个宝藏，引人思考，予人启迪。本书便是对上海教育文化界部分长寿知名人士的寻访记录，是对"知者乐，仁者寿"的鲜活诠释。

　　《名师流芳——寻访上海教育文化界名人实录》是一本很有特色的书。首先，书中所写的60位名人大都是八十、九十甚至百岁长者，如果把他们的年龄加起来，已超过5 000岁了，联想到中华文明的五千年历史，会感叹这是一个了不起的岁月，而这些岁月里面蕴含的无疑有着上海教育文化领域的许多珍贵历史。其次，书中的主人公，都生长在纷乱的战争年代，历经了"文革"的艰难岁月，成就于火热的改革开放时代，无论顺境逆境，他们始终保持着爱党爱国的坚定信念，百折不挠，无怨无悔。同时，他们以宽广的胸怀和极大的毅力，敢于创新，甘于奉献，在各自的领域都取得了卓越的成就。这样的仁者名师分享的人生故事，怎会不给人以更多激励！分享的高寿秘诀，又怎会不给人以更多启迪！再次，特别值得一提的是，本书的采编团队是由老中青三代人组成的合作团队，他们历时六个多年头的寻访活动，不仅是合作团队一起亲耳聆听老一代名师们人生经历与艰苦创业生动故事的过程，是合作团队一起记录甚至抢救上海部分文教事业宝贵历史的过程，也是合作团队中前辈老师以身作则、言传身教，后辈青年虚心学习、努力践行的过程。

华东师大的一批老教授参与了本书的工作，正如他们在其他多项活动中一再展现出的敬业、专业、退休不退志的精神一样，他们对于本书的贡献令人感佩。本书的两位主编王耀发先生、孙心德先生都是我的老师，王耀发先生还是我的研究生导师，他们早年对我辈学子的殷殷教诲至今仍记忆犹新、受益延绵，如今他们虽已年过八旬，仍然活跃在学术研究、关心下一代和志愿服务等领域，以老当益壮的健康心态和进取精神，不忘初心，继续为国家和社会贡献着自己的力量；作为编委之一的汪祥云先生是我熟悉的师长，退休后著文育人热心公益直到生命最后一刻……借此机会，我要向参与本书的退休老同志们致以崇高的敬意！同时也要感谢工作之余参与本书采编的华东师大的中青年同志以及在本书形成过程中给予无私帮助的校友、朋友和出版社工作人员，正是由于大家的大力支持和通力合作，才有了这本书，才使一批名师能更长久地芬芳在祖国大地和大众心中。

梅兵

2018年11月28日

前 言

　　《名师流芳》是一部具有借鉴意义的纪实性文集，它聚焦了上海文教事业发展史上有重要贡献的60位德高望重的前辈的生活经历、事业成就、创业精神和爱国情怀，是编写组经上海市各高校老教授协会的慎重推荐，历经五年的时间走访这些院士、著名教授、大学校长及文化学者等获得的珍贵真实记录，是上海文教科技事业发展历程和成就的缩影。

　　我们走访的这些前辈大都生于苦难的抗日战争时期，成长于解放战争年代，经历了艰难岁月，但他们始终保持着爱党爱国的坚定信念，忍辱负重，无怨无悔。他们以宽广的胸怀和极大的毅力，不畏艰难，无私奉献，在各自的领域创造出卓越的成就。他们的精神值得敬佩，他们的人生十分精彩，他们的贡献是留给社会和人类最宝贵的财富。

　　编写组寻访的对象大都是80岁以上、90岁甚至百岁的长者，他们各具不同风范，饮食和生活规律也百人百样。但他们却有些相同的特点，就是心理健康，乐观开朗，心胸宽广，事业心强，善于学习。

　　名师们胸怀博大，乐观开朗，爱国爱家，初心不变。

　　复旦大学92岁的胡景钟教授每当唱起"把我们的血肉筑成我们新的长城"的时候，总要激动流泪，爱国之心始终支撑着他为祖国的教育事业而努力。上海音乐学院合唱指挥泰斗马革顺教授的雪花精神，代表着老一辈艺术家的高尚品格，他们都像雪花一样无声无息地撒向人间，滋润着大地。

　　名师们信仰坚定，品格高尚，宽容仁慈，敢于担当。

　　国际上首次治愈白血病患者、国家科学技术最高奖获得者王振义院士，不仅培养了如陈竺院士、陈赛娟院士等一批著名科学家，90多岁高龄还在临床上孜孜不倦地工作。我国超声医学奠基人周永昌终身教授，93岁还坚持工作在临床第一线。华东师范大学97岁的河口海岸专家陈吉余院士，以他丰富的学术智慧，提出填海造地建设上海浦东机场的建议，他还为上海青草沙水库选址，造福人民。

名师们聪慧睿智，乐于创新，善于学习，术有专攻。

同济大学98岁的傅信祁老教授，从年轻时考入同济大学求学起，历经抗战期间迁校千里长途跋涉、颠沛流离等艰难困境，始终不离不弃，新中国成立后留校任教，参与和见证了学校发展的全过程，是同济大学发展史的活档案。如今他已是高龄老者，但身体十分硬朗，仍在关心同济的发展，为年轻学子开讲座，为社区开书画讲习班，是中国老一辈知识分子高风亮节的突出典范。东方明珠总设计师江欢成院士，为航天英雄杨利伟研制宇航卫生尿裤的东华大学袁琴华教授，研制导弹纤维外壳的东华大学副校长沈焕明教授，华东政法大学参与审判"四人帮"的法律学泰斗苏惠渔教授，以及研究青少年犯罪的功勋教授徐进等，他们的成就有目共睹，值得铭记。

《名师流芳》寻访活动是亲耳聆听前辈们人生经历与艰苦创业生动故事的过程，也是记录和抢救上海文教事业宝贵历史的过程。截至本书发稿时，编写组寻访到的高寿名师中有多位已先后离去，然而生命有限，精神永恒。我们相信高寿名师们的精神境界将得以传承，他们与我们分享的人生故事能给后辈们更多珍贵的启迪。

编写组编写本书的初衷不仅是记录前辈们无私奉献的真实历史故事，更是要弘扬前辈们诚实做人和严谨治学的精神，引导广大青少年以前辈的精神为榜样，培养远大的理想，树立正确的人生观和价值观，牢记习近平总书记的教导，不忘初心，砥砺前进，全面提升思想素质和综合能力，努力成为德智体全面发展的社会主义接班人，为实现中华民族的伟大复兴而努力奋斗。

悠悠中华五千年，从古至今，代代相传，文脉相连，源远流长，象征着我们中华民族伟大而坚强。《名师流芳》只是历史发展长河中的沧海一粟，它是当代文化传承的一股涓涓细流，源源不断地汇入历史长河之中。

王耀发

《名师流芳——寻访上海教育文化界名人实录》编委会

白头虽老赤心在

——采访革命老前辈施平同志

施平同志是一位德高望重的革命老前辈，曾任华东师范大学党委书记，后调任上海市人大常委会常务副主任，1985年离休。如今，他虽已103岁高龄，但仍身心健康，精神矍铄，头脑清晰，思路敏捷。

在华东师大老教授协会的指导和支持下，2013年上半年，我们采访组一行六人赴华东医院专访了这位正在住院检查身体的革命前辈。白发红颜的施老满面笑容地接待了我们，在知道我们此行目的后就滔滔不绝地畅谈起来。

施老说，在他的革命生涯中，无论在战争年代还是在和平时期，无论身处顺境还是逆境，他都没有刻意去讲究保健，特别是在残酷的战争环境中，根本谈不上什么保健。对待人生，他泰然处之，风雨不惊，胸怀开阔，并始终坚持着要为共产主义奋斗一生的信念。

说起信念，施老语重心长地对我们说："信念，对一个人的身体乃至生命至关重要。"施老从青少年时代起就接受先进思想的影响，投身革命活动。在浙江大学读书期间，率先发动学生抗日救国运动。之后转战大江南北，参加了抗日战争和解放战争的全过程。新中国成立后，他走上教育岗位，在北京农业大学（现中国农业大学）当领导。他十分重视知识，尊重知识分子，团结、依靠他们办学。特别难能可贵的是，在当时"左"的思潮下，他千方百计保护了一大批学有所长的专家教授，他自己却因此遭到了错误批判，被打成"右倾机会主义分子"，撤销了北京农大党委书记和代校长的职务。"文革"中，他又遭受迫害，投入监狱，直到粉碎"四人帮"，才获得彻底平反。回顾这段挨批斗、受折磨的坎坷经历，施老在当时也曾闪过一丝"委屈"的念头，但当他一想到自己选定的目标——为共产主义奋斗，就觉得无怨无悔，便昂首挺过来了，且愈挫愈坚，决心坚持信念不动摇，为共产主义奋斗到生命的最后一息。"文革"后，他奉调到华东师大任职，为华东师大教育事业的改革、创新倾注了全部心血和智慧。20世纪80年代中期，施老又奉调到上海市人大常委会任职。这时他虽已年逾古稀，但仍全身心地投入工作，直至离休。即使到了耄耋之年，施老依然与时代同行，并老有所进，这是他具有的共产主义信念激励了他，鼓舞了他，指引他为党工作、无私奉献，使他的生命充满了活力，时时焕发出革命青春。

离休后的施老平时过得平和、恬淡，一日三餐非常简单，烟酒不沾，生活也很有规律，90岁前还坚持天天去游泳。他有三个爱好：一是阅读，每天都要读书看报，把书作为自己终身伙伴，活到老、学到老，并关心国际形势和国家大事，且有自己的见解。二是写作，离休后笔耕不辍，先后出版了《知识分子的历史运动和作用》《六十春秋风和雨》两本专著；还亲赴大西北考察、访问，撰写了数十篇歌颂祖国美好河山的游记；在他百岁华诞之际，又结集出版了《施平文集》一书，概述了他的革命经历、智慧积累和人生态度，使人读来深受教育和启迪。施老说，读书、写作要动脑思考，还要走动去收集素材与资料，脑体劳动结合，有助于强化、优化自身潜能和抵抗力，延缓生理退化、老化过程，对身体健康极为有利。三是摄影，施老离休后，花费大量时间、精力拍摄了万余幅反映祖国人文景观、自然风光和国家蒸蒸日上、欣欣向荣前进足迹的彩照，出版了三本摄影集（最近又有两本摄影集即将面世），真是琳琅满目，美不胜收。施老说，摄影需要运动，每次摄影都是一次健身，但运动量适度，适合老年人，还要下功夫用脑选择最佳镜头。在拍摄时，面对美景，是一种难得的艺术享受，心情特别愉快；印好后，可随时翻出来展阅，使人心旷神怡，还可赠送给亲朋好友欣赏，更是一件开心的事。就因为施老过着丰富多彩、离而不休的快乐的晚年生活，他的身体素质明显得到提高与改善，健康长寿不请自来。

施老有一个四世同堂、温馨和睦的家庭。他和老伴蒋炜同志（也是一位离休干部）是一对相濡以沫、相敬如宾的革命伴侣，后辈们对他俩非常尊重、尊敬，体贴入微，关怀备至，常登门探望侍奉左右，嘘寒问暖。更使施老欣慰的是，在他言传身教下，后辈们在各自岗位上工作勤恳，且事业有成。他的孙子，46岁的清华大学生命科学学院院长施一公教授就是其中突出的一位。施一公在美国留学期间，因对"癌症发生和细胞凋亡"的研究成果卓著，被授予全球生物学界享有盛名的"鄂文西格青年科学家奖"，并成为普林斯顿大学生物学系历史上最年轻的正教授，时隔四年，又成为终身讲席教授。尔后，他毅然放弃美国国籍，加入我国"千人计划"归国效力，执教母校清华。今年4月，他当选为美国科学院外籍院士和美国人文与科学学院外籍院士。施老对其孙学成回国报效祖国和当选为美国双院士感到由衷高兴。在这样一个其乐融融的家庭中，无疑进一步提升了施老晚年的生活质量和生命质量，使他过着一个"老有所乐"的"健康快乐的人生"。

施老作为一位革命长者，一生始终坚持自己的信念，始终践行着共产党员的神圣誓言，始终与时代同行、与时俱进。如今他已走过103个年头，我们深信他还会不停地向前走下去，创造生命的奇迹。衷心祝愿施老健康、长寿、幸福、快乐。

（本文执笔人：汪祥云、徐敏华）

① 2013年5月，103岁高龄的施平同志

② 施平同志和前来采访的汪祥云教授、王耀发教授合影

心态助延年 "三动"强体魄

——访我国著名内科血液学专家王振义院士

多少长者都以"过来人"的身份告诉了我们这样一个不争的事实：生命的长短厚薄同个人的努力付出与否截然相关。有这样一位德高望重的医学界老前辈，他将自己的一生都奉献在了救死扶伤的第一线，他将自己的生命轨迹同千千万万人的生命锁在了一起。即便已90岁高龄，他也依旧奋斗在医务和科研岗位上，让自己的生命变得更长更厚重。他就是上海交通大学医学院附属瑞金医院终身教授，上海交通大学医学院附属瑞金医院上海血液学研究所名誉所长，博士生导师，法国科学院外籍院士，中国工程院院士王振义教授。2013年初，我们华东师大老教授协会生命科学学院分会采访组一行六人，在著名细胞生物学家王耀发教授的带领下，赴上海交通大学附属瑞金医院、上海血液学研究所专访了这位功绩卓绝的王振义院士。虽已高寿九十，王院士的行程板上依旧写得满满的，如果没见过王院士，还以为他是一个工作繁忙的年轻人。在得知我们此行的采访目的后，王院士才停下忙碌的脚步，开始传授自己的"长寿经"。

"人要正确看待自己，有一个正确的思想，有一个正确的目标。"这是王院士最为强调的一句话，也是他认为长寿的重要保障。1924年，王院士出生在上海公共租界的一条石库门里弄，家教很严，"要做一个好人、一个老实人、一个术业有专攻的有用之人"，这是父亲教给他的训言。王院士说，父亲这句话影响了自己一生："因为我如果讲一句假话，就会脸红，心跳加快。"在王院士学医的那个年代，鲁迅成为了他的榜样，在弃医从文的大师精神感召下，王院士这一代的医生都普遍对国家命运多了一分忧虑。"我年轻时一直在想，学以致用、科学救国到底该怎么做？最后我觉得还是教书育人最适合我。我想到的就是踏踏实实搞研究，教学生。"王院士说。1948年，他从震旦大学医学院毕业，获得医学博士学位。因成绩优异，留在广慈医院（现瑞金医院）担任住院医师。

王院士最终实现了自己"科学救国"的理想。作为血液学专家，他用自己几十年积累下的医学理论和实践知识，为我国医学事业的进步作出了巨大贡献。他成功实现将恶性细胞改造为良性细胞的白血病治疗新策略，奠定了诱导分化理论的临床基础；他创新急性早幼粒细胞白血病治疗方案，树立了基础与临床结合的成功典范。经过不懈努力，王院士建立了中国血栓与止血的临床应用研究体系。早在1986年，王院士便使用独创的全反式维甲酸治疗法救治了中国首例急性早幼粒细胞白血病患者，这一崭新的治疗思路立刻在世界医学界引起了广泛关注，他的治疗病例和相关论文被各国专家反复研讨和引用。1994年，王院士荣获国际肿瘤学界的最高奖——凯特林奖，评委会主席称他为"人类癌症治疗史上应用诱导分化疗法获得成功的第一人"，赞扬溢于言表。此后，他又先后在瑞典、法国、美国等地接受了医学领域的诸多表彰奖项。2011年1月，王院士获得了2010年度国家最高科学技术奖，他坦言这是他最期待也是最珍视的殊荣："奖项本身没有什么，但我最期望的是国家对我的肯定，科学救国、科学强国，就是要国家对医学事业发展的重视！"如今，90岁高龄的王院士仍在一次又一次将看似坚强却十分脆弱的生命从白血病的"狼牙虎口"中拉回来，并给予这些失去希望的人们活下去的坚定信念。

诚如王院士所言，健康长寿的生命需要用良好的心态去浇灌，去淬炼。在漫漫科研和教学路上，王院士持之以恒地将求真务实、开拓进取的科学精神和认真严谨的治学态度放在首要位置。医务工作者所需要的不仅仅是学识和技艺上的精益求精，还需要人生态度和职业情操上的千锤百炼，正如王院士这般，一方面坚持以人为本的理念，尊重与理解病人，努力提高医疗质量，为群众提供更好的医疗卫生服务；另一方面，不拘一格选拔人才，不遗余力培养人才，将治学之道、为人之道皆授予之，为祖国未来的医学事业特别是血液学方面的发展培养储备人才。

严厉的家教、中西结合的良好教育背景，造就了王院士严谨而又包容的工作和人生态度。在他的身上，我们能看到中庸谦让的孔孟之道，能看到无私奉献的共产主义精神，也有着自由、平等、博爱的思想。他经历过动荡年代的惴惴不安，也经历过和平年代的丰衣足食。正是这种经历，让他在面对人生的时候多了一份坦然和从容。"我的目标就是在我力所能及的范围内享受人生，物质享受是次要的，真正的享受是精神享受。比如给人看病，看好了，就很高兴，这就是医生的精神享受。"王院士说到这儿的时候，脸上挂的全是满足的微笑。正是这种正确的人生观，让王院士在任何时候都能保持乐观开朗、处事不惊的良好心态。

如果说一个积极良好的心态尚属于长寿老人们的"普世价值观"，是一个不用说的公开秘密的话，那么王院士接下来对自己生活方式和习惯的总结可谓是神来之笔，也的确算得上是一道"秘闻"和一条"巧径"。王院士不无幽默地说自己的长寿源于"三动"。哪"三动"呢？王院士解释道："就是手动、脚动和脑动。"听上去似乎玄之又玄，但经王院士解释过后，大家不禁发出"哦"的一声表示认同。据王院士自己介绍，无论天气晴好与否，他自15岁第一次跨上脚踏车以来，就一直风雨无阻地将这项运动坚持到了72岁。这个不仅能锻炼到腿脚，还能将沿途美景尽收眼中的"方便"运动，成为了王院士主要的健身活动，这便是脚动的由来。至于手动，就更好理解了。无论是响应国家"上山下乡"的号召主动深入农村参与农业生产，还是下乡进行改造，王院士都投身其中，下地种田，上山挑担，他样样都做。"虽然当时看起来像是在吃苦，但其实也是一种锻炼，主要得看做的人怎么看待。"王院士正是以这样的心态来面对曾经发生在自己身上的苦事，将身体上的锻炼同时也看成是精神上的磨砺，恐怕正是这种直面生活的态度令王院士在生活的道路上走得更远更深。当王振义老师被评选上工程院院士后，院长曾对他提出"要求"——一定要乘坐班车上下班，虽然这一"要求"显然是出于关爱，但也结束了王院士坚持每日傍晚步行半小时到三刻钟的习惯，而这一习惯五十年来都未曾变过。"家里请了保姆，但我自己也干家务，就当是对不能再坚持每天步行的补偿吧。"对于王院士而言，保持良好的生活状态就意味着要长时期地坚持动手，而这种坚持往往意味着几十年如一日。

脚动和手动都还好理解，但脑动是为何物？王院士不仅仅是一位长寿的老人，更是一位长寿的科研人员，这就意味着即便年届耄耋，他也必须一直发挥自己的研究能力，不能从科研状态中退下来。常动脑、勤动脑是王院士对自己的要求，于是一件"奇怪"的事情便发生了。与普通的师生关系中老师考察学生的惯例相反，王院士教导的硕士、博士们常常面临着这样一种"反常"的情况，就是自己得想方设法地"刁难"和"质疑"自己的导师。这都是王院士的安排，在回答学生们刁难人的问题的过程中，不仅大家的问题真正得到了解答，一些病人的病况也能在这种"头脑风暴"中被看得更加清楚和全面，而王院士自己的思考和反应能力也得以维持稳定乃至不断提升。"学生问我问题，我给他们的答案都是最新的，不是我个人的经验，而是更新后的知识，是动过脑子后结出的果实。"为了回答学生们的提问，王院士不仅要动用自己的旧知识，更重要的是要不断吸取研究领域内的新知识，以保持自己的认知能跟上学科知识发展的速度。关于保持年轻的秘诀，王院士认为："关键是不服老，学习是我延迟大脑退化、不得老年痴呆症的最好办法。"他70岁还在学习操作电脑，在学习过程中，他虚心向其他老师和学生请教，甚至给自己的学习成果评分，学习的认真劲十足。

王院士认为，每一个人应该给自己订立一个能力范围之内的目标。"我们跑到世上来，就是为了享受人生，可这享受所包含的可不仅仅是房子、车子等生活物资的享受，还有精神上的享受。就我看来，作为医生的精神享受，是其他职业所不能带来的，为病人拂去伤痛、带来快乐，是我这辈子莫大的荣幸和幸福来源。"说到这儿，王院士原本轻松诙谐的语调略显严肃之色。是啊，救死扶伤不就是一件既关乎个人幸福又关乎国家发展大计的事吗？当王院士将自己的精神幸福和长寿秘诀都寄放在病人身上之时，当他用千万患者的生命好坏来丈量自己的生命长度和深度之时，我们怎能忽略支撑起这样一个突破生命极限"秘闻"背后的努力付出和高尚情操？让我们在祝福王老身体继续健康、头脑继续灵光、科研成绩蒸蒸日上的同时，也反身思索一下自己的生活态度和目标，看看它们是否能引领我们走向生命的极限，走向真正的健康长寿。

（本文执笔人：王琛、徐敏华）

①

②

③

④

⑤

① 王振义院士在实验室

② 王振义院士荣获国家最高科学技术奖的报道

③ 王振义院士的专著

④ 王振义院士获得国家最高科技奖后，收到学生们的祝福

⑤ 王耀发教授在实验室对王振义院士进行采访

砥砺廉隅　敬业延寿

——访我国河口海岸学科的奠基人陈吉余院士

有一位智者，自1952年——华东师范大学建校的第二年——就来到了这里，60多年来，他见证了华东师大的成长，华东师大也成为了他实现梦想的地方。他就是我国河口海岸学科的奠基人、河口海岸理论应用于工程实践的主要开拓者、华东师范大学河口海岸研究所的创始人、国际欧亚科学院院士、中国工程院院士陈吉余教授。

2013年的一天，我们采访组一行六人专访了这位93岁高龄的陈吉余院士。老先生虽一头白发，但气色很好，精神矍铄，很客气地与夫人一同到门口迎接我们。在两个多小时的采访中，他侃侃而谈往事，谈笑间思绪清晰如昨，没有一丝疲惫的迹象。

陈院士说："我出生在农村，年轻时正是国家处在风雨飘摇、战火纷飞的年代，耳濡目染就产生了一个信念：国家要强盛和复兴，需要靠每一个人，需要有强烈的社会责任感。"谈起在浙江求学期间的往事，陈院士感慨不已："浙江大学的校训'求是'对我的影响很大，'求是'就是求真，科学研究如果不求真理，服从权威，那不就成了伪科学吗？我们科研人员要敢于讲真话，要实事求是、理论联系实际，真正做到学以致用。"正是陈院士执着的"求是"精神，令其一生心系国家，全心投入工作，心胸宽广，保持了乐观、坦荡的良好心态。坐在身旁的师母也连连点头说道："他一心为了工作、为了国家，一年到头10个多月在野外工作，每次回来也大都是先回到办公室……也许就是他从不计较、淡泊名利，活得就轻松了，活得就长寿了。"

退而不休的陈院士有一个四世同堂、和睦温馨的家庭。他和夫人相敬如宾，互相关照，如今的日子过得平和、恬淡，一日三餐绿色简单，他也烟酒不沾。夫人说："我俩每天步行半小时，召唤健康与活力；午间小睡片刻钟，消除疲劳好学习。我每天的首要任务就是保证他的工作时间和休息时间，身体素质加强了，头脑腿脚才好动。"

涨落起伏的潮水、细软难走的泥滩……大江大河的入海口，是陈吉余院士一生最牵挂的地方。在60多年的科研历程中，陈院士始终身体力行，践行自己"服从真理，揭示自然，承担重担"的理想，解决了许多工程建设中的实际问题，取得了一系列造福世人的科研成果。其中，最具影响力的就是"浦东机场外移和九段沙引鸟"的建议以及"长江河口建设青草沙江心水库"的建议，前者为国家节省了3.6亿元投资和大量土地，开创了大型工程建设和生态环境协调发展的先例；后者为上海市解决水源问题开辟了新途径。他先后获"国家科学技术进步奖"一等奖1项，省部级"科学技术进步奖"一、二等奖18项，并荣获全国"五一劳动奖章"和"全国优秀教育工作者"称号。

如今，93岁的陈院士依旧牵挂着我国河口海岸的发展。他说："长江的水资源丰富，大家都在抢水，那么谁来协调？现在需加强统一的管理。无序用水对河口水资源带来了很多不确定的因素。不仅仅是大都市的'饮水'问题，还有至今都很少有人谈及的上海长江口'航运发展'问题。"在陈院士的话语里，透着智慧和自信，更流露出忧国忧民的伟大事业之心，而这份事业心及其成就也许就是陈院士健康长寿的秘诀之一。

在谈到青少年教育时，陈吉余院士说："时代决定意识，我们这代人从小生活在民族危亡的年代，有着很强的社会责任感，觉得学习是为了解决国家实际问题，读书是为了实现救国救民的理想。'修身、齐家、治国、平天下'都与'责任'二字相联。而现在的青少年教育，更多的是分数观，还有来自社会的金钱至上观。当前教育的危机已到了应好好反省的时刻，除了知识的传授还应传道。究竟为什么要学习？'师者，所以传道授业解惑也'，老师，不只是简单的教书匠，还要教授学生为人处事的道理与主动学习的可贵品质。"

针对现在的科学研究，陈院士直言："搞研究就是为了解决国家实际问题。现在我国考核一个科研人员水平就是靠论文，论文写得再好，若不能解决实际问题，又有什么用呢？"六七十岁时，陈老还亲自下海，实地勘察，体现了他的敬业精神，也证明了他能胜任比较繁重的体力劳动。当我们请他谈谈健康长寿之道时，陈老说："原先我也没想到自己能活到90多岁，也不是很有意识地在锻炼身体。但回过头想想，我干的这一行——河口海岸研究，需要做实地调查，需要不断地跑动，既动脑又动手脚，是一项脑力劳动和体力劳动同时进行的工作。正是这样的工作，使我在完成任务的同时也锻炼了身体。"

从陈吉余院士身上，我们深刻地感悟到一种"砥砺廉隅、老有所为"的人生。正是这样一种强烈的社会责任感、忧国忧民的事业心、勇于直言真相的人生信条，让陈老始终保持着激情与活力；和睦温馨的家庭、平衡合理的膳食、简单适量的运动使他过着规律有序的生活。衷心祝福陈院士及其家人健康长寿，幸福快乐！

（本文执笔人：徐敏华）

2017年11月28日11时15分，我国河口海岸学科的奠基人、理论应用于工程实践的开拓者、为我国河口海岸做出卓越贡献的中国工程院院士、"终身奉献海洋"纪念奖章获得者、华东师范大学终身教授陈吉余先生，因病抢救无效逝世，走完了97年光辉的人生历程，离开了他最热爱的河口海岸研究事业、最眷恋的教学科研岗位、最系念的同事和学生。

① 陈吉余院士

② 陈吉余院士在学术研讨会上做主题报告

③ 陈吉余院士在长江口青草沙水库工地

④ 陈吉余早年在实验室工作

⑤ 陈吉余院士在办公室工作

做自己应该做的事

——访颌面外科专家邱蔚六院士

2016年4月20日，我们采访组在上海第九人民医院的一间会客室里采访了84岁高龄的邱蔚六院士。见到我们，邱老露出了和蔼的笑容，热情地欢迎我们的到来。采访中，邱老身穿白大褂，神采奕奕，讲起话来条理清晰、中气十足。经过一个半小时的交谈，我们发现，虽然这位老者一生有过起伏，但是他依旧能笑对沧桑过往，以积极的心态面对充满挑战的生活。

采访伊始，邱老便谦虚地说："知道今天要接受采访，我有些受宠若惊，我想就用简单的一句话来概括我的经历和取得的成就，那就是：做自己应该做的事情。"

邱老出生于1932年，是四川成都人。邱老出生时，当时四川尚处在军阀割据状态，父亲还是一位旧军官。新中国成立之初，他们家被划为官僚地主，正是这样的家庭出身给邱老带来了一生的起伏。"解放前，我在一个教会学校上学，因为教会学校的特殊环境易于隐蔽，很多地下工作者都选择躲在里面，受他们的影响，学校比较进步。我国刚解放时，我正在上高三，做了一段时间共青团的青年学员后，我顺利入团了。"新中国成立初期，作为一名大学生，邱老积极追求进步，然而他的出身成分却使他的努力一次又一次地白费。谈到这段经历，我们可以感受到这位老者内心的无奈与不甘："进入大学，我一心想要入党。当时我一进大学就是班长，而且一直做到团委的宣传部长，但是组织上一直不批准我入党。入党这件事一直没有解决，我的出身始终是我的一个心结。后来在'文革'中，我的父亲以'现行反革命'被抓，这样一来，我就更休想入党了。"虽然在入党这件事上，邱老一次次遇冷，但是他还是没有灰心，以积极良好的心态面对自己的工作："当时我想我一定要有所奉献，搞好自己的业务。后来因为我工作表现好，评了个先进工作者，这也还算可以。当时我比较年轻，也比较单纯、听话。"

谈到为何学医，邱老说他的父亲在新中国成立前夕参加了民革，后遭遇枪击，腹部、肘部都中枪，医治了很长时间，最终被救活了。这段时期，邱老选择辍学在医院陪伴父亲，正是这段经历使他对医学产生了感情。"我1951年进入华西协和大学，1952年院系调整，因为学校本身以医科见长，所以最后仅仅留下和医疗有关系的学院，成为后来的四川医学院。"抗战时期，日军虽没有入侵到四川等内陆地区，但大批伤员向内地疏散，这对整个四川的文化、医疗起到了很大的促进作用。在这样的环境中，邱老开启了他一生的医疗生涯。

谈到自己的成功，邱老谦虚地说，自己要努力，但一定也要有一个良好的平台，还要有人际关系，缺了这三个条件成功就不太可能。毕业以后，邱老很幸运地被分配到上海第二医学院。"像我这样出身的很多人都被分配到新疆、西藏。一开始听到被分配到上海，我很惊诧。而且我们是夫妻两人双双被分配到上海。这对我来说是一个机遇，给我提供了一个平台。后来我才想到当时一是因为上海口腔医学需要人，第二也可能是我的老丈人起到了一些作用。所以我这一生在上海待的时间最长，1955年毕业后就到上海工作。我现在的专业颌面外科其实在解放之后才有，一共只有60多年的历史。我的专业一开始叫牙医学，直至1952年全面向苏联学习后，专业才全面扩大，改称口腔医学。口腔医学里还有分支，因为我父亲受过伤，我对外科比较感兴趣，就分到颌面外科工作。上海第九人民医院是教学医院，是大学的研究型附属医院。这样一来，对医生的要求就比较高，不但技术上要过硬，理论上也要钻研，医、教、研这三块工作都要抓，这就是九院培养医生的方式方法。我去那里工作的第二年就要做专题报告、做科研，第三年就开始发表文章。后来我才醒悟到医、教、研三者是辩证统一的，不可偏废。我悟出，医疗是基础，教学是根本，科研是灵魂，它们是辩证的关系。"

谈及牙科与颌面外科的发展，邱老兴致盎然，如数家珍："提起口腔颌面外科，很多人都很陌生，以为与面部美容、牙齿矫正有关。其实，口腔颌面外科是口腔医学下面的一个二级学科，是牙科与整形外科的交叉学科。口腔颌面外科与面部美容有着本质的区别：前者是雪中送炭，而后者是锦上添花。这其实是这个意思：人的颌面部会受到外伤，引发感染，甚至会发生肿瘤，因为治疗疾病，颌面部会留下某些缺陷。我们在治疗的时候，力求把缺陷减到最小，使其保留更多的生理功能（咀嚼、吞咽、说话等）和美观。而美容是使自己某个部位变得更漂亮，美容对美的要求比较高，加上个体对美的标准各有所好，对疗效要求更高。"

邱老说："我做科研比较早，'大跃进'对我来说也有好的一面，它让我们进行横向比较，提醒我们要追赶国际水平，要志存高远，奔着这个目标努力。口腔颌面外科的发展比牙科晚，它的发展基于战争。任何事物都有两面性，战争是坏事也是好事。在老的战争模式中，战士们躲在战壕里，头戴钢盔，只有颌面露在外面，所以这个部位就很容易遭到炮火的袭击，大量的创伤需要治疗，促使口腔颌面外科的发展。"

在邱老等老一辈的努力下，"中国式"的颌面外科得到国际认可，并产生较大影响。邱老说："我没到国外留学，但是机遇比较好，条件好，做了自己应该做的事情，才有了今天的成就。从一个人到一个团队，这几十年我见证了颌面外科发展壮大、面向国际。现在我们这个学科发展得比较好，很多国外医院都在这里设立了临床培训基地，我们医院也比较重视，为人才培养提供了一个良好的平台。"对于中国的医疗现状，邱老这样说："现在，我们国家的医疗在国际上还比较落后。病人太多，科研上不去，基础研究也比较困难。这要求我们医生自己要做好，尽自己的责任。还要培养好下一代，要找好接班人，人才一定要未雨绸缪，要发挥他们的所长。"

采访中，邱老也提到了制约口腔医学发展的因素。"中国的经济水平和文化水平还有待提高，这两个因素制约口腔医学的发展。举个最简单的例子，口腔科最常见的'错颌畸形'（牙齿排列不齐），既影响美观，又影响咀嚼。颌骨关节与全身其他关节不同，是联动的，两边一起动，下颌骨关节的负重最多，活动频率最高。牙齿排列不整齐不但不美观，还会引起关节和咀嚼肌肉的劳损。牙齿的整齐程度代表一个国家的文明程度。发达国家的人牙齿都很整齐，因为孩子从小要去做口腔检查，到了一定年纪牙齿还长不齐的话，要做矫正，欧美牙齿的矫正率远远超出我们国家。中国现在生活水平提高了，很多父母认识到了这一点，给孩子矫正牙齿，这很好，但还是有很多人无所谓。口腔颌面部的健康会影响身体健康，发生在全身的疾病也可以发生在口腔，而有些发生在口腔的疾病，可能会导致全身发病。比如，血管硬化这个疾病可以发生在全身，也可以发生在颌面部；首先发生在口腔的牙源性的感染，可以引起全身的脓肿。我们不仅要追求长寿，生存质量也要提高。现在医学观念已经发生转变，将健康放在第一位。但总体来讲，我们的医学相对其他发达国家还有差距，不仅是技术上的差距，也是观念上的差距。"

邱老特别强调，肿瘤口腔颌面外科是重点问题，在中国，有很多口腔颌面部癌症晚期的病人。"对口腔健康不重视是我们国家的致命伤。普遍对口腔不够重视，不仅是老百姓，我们同行也是，人们总觉得口腔里没什么东西。"

邱老做过的手术大大小小足有数万台，他治疗过的某些恶性肿瘤患者可多活

40年以上，有的病人在治愈后还长期与他保持联系，成为朋友。采访过程中，邱老从抽屉里拿出了一张近期收到的贺卡，说道："这是我1972年治愈的一个患者，他是颌部癌症晚期，很多医院都因是晚期而拒绝给他治疗。我为他切除全上颌骨后，又为他安装了假的上颌骨。经过锻炼，病人已经恢复语言功能，可以讲流利英语，还在夏威夷大学教中文。1992年，他受夏威夷医生的委托，邀请我去那里做交流。"同时，邱老也表示了一丝的遗憾："那时候还没有外科手术修复，如果有的话，他的外形会更好看一点，功能也会更好一些。但当时只能是先讲生存，其次才是生活质量。"

邱老曾任国务院学位委员会第二、三、四届学科评议组成员，口腔医学组召集人；博士后流动站评委会委员以及全国临床医学学位指导委员会委员；中华口腔医学会口腔颌面外科专业委员会主任委员。他曾获得1989年全国优秀教师，1997年度上海市劳动模范，2004年全国卫生先进工作者、首届中国医师奖，2007年上海市伯乐奖等荣誉。

从事医学生涯数十年，邱老取得了一项项卓越的成绩。1978年6月，他对晚期颌面部恶性肿瘤患者行颅颌面联合切除术取得成功，为晚期颌面恶性肿瘤病例开辟了一条有希望治愈的途径，并获得1980年卫生部重大成果奖。他还首次提出全额隧道皮瓣一次转移术并获得成功，达到国际先进水平，率先将显微外科技术引进至口腔颌面外科领域，使口腔颌面外科、颌面整复外科和显微外科得到了有机的结合并迅速得到发展。1981年，他带领的学科成功地建立了我国第一株口腔癌模型——人舌癌细胞系Tca8113，而后又建立了我国第一株腺样囊性癌细胞系及肺高转移细胞株等动物模型，并广泛应用于口腔癌的实验研究，为临床口腔癌的理化因子治疗及生物治疗（基因治疗）提供了极好的实验模型，已列入我国自建的细胞系。20世纪80年代，他提出的经关节镜滑膜下硬化疗法治疗颞下颌关习惯性脱位获国家发明奖，并被国外专著引用。他曾获国家发明奖、科技进步奖等3项奖项；25次荣获部市级一、二、三等科技进步奖；2004年获何梁何利科技进步奖。他主编专著15本，协编20余本；在国内外杂志上发表论文300多篇。邱老重视教书育人，桃李满天下，1980年以来培养了博士生30余名、硕士生26名，博士后出站6名。

谈到晚年生活，邱老表示自己现在每一天都很充实，即使是80多岁了他还是奋战在医学第一线，也没有停止研究的步伐。邱老的家庭生活也很幸福："我有三个儿子、三个女儿，现在他们都已经成家了，生活上用不着我和我老伴担心，我们只要管好自己就可以了。"温馨的家庭生活无疑是邱老医学生涯的精神支柱，使他能全身心地投入到工作之中去。

　　衷心祝愿这位朴素而谦和的老者能健康长寿，再续辉煌！

（本文执笔人：徐悦）

① 　②

① 邱蔚六院士

② 王耀发教授在上海第九人民医院采访邱蔚六院士

为祖国健康工作五十年

——访著名土木结构专家江欢成院士

他是金茂大厦的设计顾问组和SOM的设计代表组负责人；由他总负责设计的东方明珠塔，在造型、结构及功能等方面，得到国内外普遍好评；由他总负责设计的558米高的雅加达塔，在和世界第一流建筑师的竞争中一举中标……他，就是著名的工程结构专家，江欢成院士。

江欢成生于1938年，广东省梅州市梅江区城北客家人。他是土木结构专家、著名工程结构专家，1995年当选为中国工程院院士。曾任华东建筑设计研究院高级工程师、总工程师，上海现代建筑设计集团总工程师，江欢成设计事务所所长。他长期从事建筑工程设计，在大屯煤矿、航天部新民厂总装车间、上海卫星地面站、赞比亚党部大楼、电子部1421所、高层住宅结构优化设计以及上海东方明珠塔等重大工程中，创造性地做了大量工作。2016年的一天，我们采访组采访了江欢成院士。采访中，江老向我们诉说了他的生平经历，谈了对他而言很重要的两个词——"责任"与"贡献"，也聊及了他充实的晚年生活。

"我出生在广东梅州市梅江区城北福瑞岗，1957年从梅州中学毕业，进入清华大学土木工程系工民建专业，当时是五年半制的本科。就这样，我在建筑这一行一干就是几十年。"江老说他在清华读书的时候，盛行两个口号，一是"为祖国健康工作五十年"，一是"祖国的需要就是我的志愿"。"这两句口号很响亮，很深入人心。那时，绝大多数的毕业生都这样做了，我也不停地为之努力。"在毕业分配填报志愿的时候，江老的同学都填报了最艰苦的地方，如大庆、新疆等，所有的同学都服从分配。他填报的志愿是洛阳、包头、兰州，但却被分配到了上海。于是，1963年毕业后，江老来到上海华东建筑设计研究院报到。江老这样形容从农村出来的自己初次来到华东建筑设计研究院时的情况："尚未进入大楼，那对高大厚重的大铜门，就使我肃然起敬。乘上当时全国最新最好的电梯，直达三楼。深红色的树胶地板和柚木门，给我一种高深莫测的感觉。"

谈到自己的成就，江老很是谦虚地说："50年来，我做的屈指可数，值得摆上台面做汇报的就是两件事情，一是设计了东方明珠，二是做了些设计的优化和创新。在我的人生经历中，'责任'与'贡献'这两个词汇是很重要的。"

江老说，作为一名结构工程师，在资源与环境方面承担着很大的责任。"我们知道结构工程师在可持续发展中，可起到举足轻重的作用。有资料表明，建筑活动对自然资源和环境影响是最大的，这个活动占用了人类所使用的自然资源的40%、能源的40%，产生的垃圾也是40%，其中大部分是从结构工程师手里出去的。因此，结构工程师有必要做一个回顾：设计是不是合理，材料有无浪费，是否有利于可持续发展，构筑人与自然的和谐。我们作为结构工程师，应努力优化设计，以延缓危机的发生。因而，优化设计是结构工程师的责任。"

优化设计有个重要的目标，就是减少材料的初始投入和增加建筑的空间效益。"优化设计是结构工程师所能做的贡献，在安全的前提下，努力减少材料的始终投入这是很大的节能，同时增加空间效益。我长期致力于设计的优化，没有什么优化理论，只晓得'把设计做得比前人好些再好些'，这句话是江欢成公司的宗旨。"

在江老担任华东院总工期间，他将大部分精力都投放在设计的优化创新上，并取得了不俗的成绩。"当时我向院长提出，总工的更大注意力应该放在带领闯关上。比如上海陆海空大厦，它是29层、21层的两栋建筑，我们把塔楼22根柱子拔掉8根，补桩从333根改为126根，柱子从1.5米方改为1.2米方的组合柱。深圳的保利剧院，也是委托我们做优化。拿到这个图之后，我们发现有不少问题，它是一个壳体，但它是开口的，我们把两边支撑改为四边支撑。优秀的建筑必然有良好的结构，合理的结构造就建筑的美，这是我的观点。我对建筑美的看法，支持我观点成功的例子很多，例如埃菲尔铁塔、悉尼歌剧院、金门大桥等。我尤其推崇埃菲尔铁塔，它的结构合理并由此造就的建筑美，真是无与伦比。日本塔的造型和它极其接近，可缺少它的力度，显得美中不足。"

除了优化创新之外，江老作为一个结构工程师，也在建筑设计上进行了不少尝试。"其实大多数时候我都碰得头破血流，但是项院长鼓励我向《建筑学》投稿，这使我受宠若惊，并促使我不知反悔地继续探索，只要能对建筑设计有点好的影响，我就很知足。"

东方明珠是江老的代表作之一，作为设计总负责人，他带领团队使该项目获得了建设部优秀设计奖、部科技进步奖二等奖、土木工程詹天佑奖。"我们做的东方明珠，大家都知道。东方明珠的概念是副设总完成的，我起的作用是组织和提出结构的构想，深化中选方案，并使之成为现实。我将更多的经历放在寻求电视塔在结构上的突破，使之具有鲜明特色，与众不同，过目不忘，这就是当时做的方案。当然在做的过程中，还有很多深入的细部设计，比如说原来的大球是63米，现在是68米。东方明珠的结构有它很独特的地方，主要的创新点是下球是一个碗来支撑的，上球是一把伞支撑的，然后斜撑100米，现在我们还在做努力，进一步把它完善。讲到建筑文化，我们为什么选择用明珠代表上海？因为明珠和上海的作用非常相称，当时也有几个方案，如用白玉兰做造型，但现在看来，明珠代表上海是受到市民认可的。"

由江老总负责的雅加达塔，是558米高，当时是世界第一高。"雅加达塔的雏形是郭畅完成的，当时投标是由我带队去投标的。雅加达塔我们给它命名为'亚洲巨人'，它的设计其实代表着印尼的一个文化。印尼有一种木偶，样子类似于王子和公主，很漂亮。我们在造型上把建筑和文化结合起来，使之更有意义。我们还做了若干高耸结构的探索，比如白俄罗斯的明斯克塔。还有北京烟囱美化方案，业主提出，不要让人们一进入北京就看到240米高的大烟囱，所以要把它美化一下。经过我的实地勘察，现场没有条件做，烟囱已经做好了，并且在用，我们不能让它增加分量，所以后来我们给它做了拉索。"

然而，众多的设计也并非都能付诸实践，正如江老说的，很多时候常常碰得头破血流，在建筑设计上，他也有不少来不及实现的遗憾："有一个北京标志塔，准备做在奥林匹克公园里面，但很遗憾，现在还没有做。我们还有很多创意，都是以结构作为特色做的创意，但是这些创意都没有成功：一个是梦幻钱湖，东钱湖是很漂亮的，要做休闲中心，它是70米直径的大球，而且结构还有一个创意，大家知道球壳最漂亮的是顶部，所以我们把最好看的转过来。但是很抱歉，初步设计做好了，业主却破产了；还有万众大厦，它是作为上海最高的中心来投标的，我知道这个招标太晚了，所以没有被接受，但是我这个方案已经做好了。很高兴后来这个方案被一个华侨看中了，他说你给我找地方，我来投资，把它盖起来。现在正在进行可行性研究。它有三大特点，第一是把汉字引入建筑，它结构非常好，而且很有含义。单个人是一盘散沙，两个人就竞争，只有三个人成一个'众'，众志成城，无坚不摧。这个建筑无论从哪一面看，都是一个'众'字。"

在即将退休的年纪，江老还是没有停止他的步伐，回顾他这十几年来的成果，真可谓"老有所为，老有所乐"。1998年，当他60岁时，江欢成院士曾向上级打报告，希望允许他离职搞个民营的设计事务所，做自己想做的事，但没有得到领导的同意，其中一个重要因素就是集团不能随便放走院士。到2004年，心有不甘的江老再次提出了这个想法，最终获得了"下海"的机会。"当时我和领导说，外国设计公司大多是小型的，而我国都是大的，但是设计作品以脑力劳动为特征，不是流水生产线。是否可以搞一些小的设计公司，有大有小，这样才能利于竞争，树立品牌，也能体现个人价值。当时跟着我干的班子一共有28个人，集团副书记表示，不愿走的可以留在集团，跟走的三年内还可以回集团。结果28个人都放弃了集团的铁饭碗，改吃民营的瓷饭碗了，而且他们之中没有一位返回集团。真的很感谢同事们对我的信任！"于是，在66岁时，江欢成先生"下海"了。2004年12月18日，上海江欢成建筑设计有限公司成立。

"很多人问我为什么选择66岁'下海'，其实，我原本对公司、股份、利润、分红一无所知，也根本没有下海赚钱这个概念。名早就出了，钱也够我花。我当时想的是搭个平台，让年轻人唱戏，亲自做点自己想做的事，把设计做得好些再好些！"这最后一句话成为了公司的宗旨，江老特地为其设计了图章，上面刻有"追求完美"，下面刻着"做得好些再好些"，力求将"追求"落实到每一个工程上，扎扎实实地做好设计的优化。在60多岁的年纪，江老依旧勇于挑战自己，继续追求着他心目中的完美，这种不服老的心态令人敬佩。遵循这一理念，江欢成设计所和公司做了不少的作品，如上海百联西郊购物中心、上海海洋水族馆、包头会展中心、北海北部湾一号等都获得了外界的一致称赞。

直到现在，虽然因为年纪这一不可抗拒的自然规律，江老已退居二线，但是他依旧几乎全勤，在事业上探索不停。江老打趣道："我个子小，年轻时不免自卑，这也是我总觉得自己还是小江的一个原因。但是现在年纪大了，觉得小个子还不坏，供血路径短，尚无老年'三高'。但终究年岁不饶人，精力不够，容易疲累，记忆力差，因而凡事必做笔记。"由于年纪原因，江老萌生了退意，他为公司物色好接班人后，便退居二线。如今，他一般不参与生产会议，希望能让青年班子决策，不因他而瞻前顾后。但是他还是始终站在公司背后，给予技术支撑，做着自己力所能及的事。他说，只要公司需要，他甚至还可以冲在前面。"现在我仍每天上班，早来晚走，做事业的兴趣盎然。早来些开灯，让同事们进来就提起精神；晚些走，因为我家庭负担比年轻人轻。这已经成为了我的习惯。"采访中，江老表示自己很庆幸能有这样一个平台，让他能尽情享受余生。他也寄厚望于同仁：求生存，做作品，抓机遇，再突破！

　　江老的晚年生活很是充实，工作之余，他也经常进行体育锻炼。他笑着说："身体是革命的本钱，只有身体健康才能为祖国工作更长的时间。我现在已经在建筑行业工作50多年了，也算是实现了年轻时候'为祖国健康工作50年'的心愿。但是我想趁自己还能干的时候，继续出点力，争取为祖国工作60年，甚至70年！"

　　在江老身上，我们看到了他对建筑设计的赤诚之心，更看到了他生命不息、奋斗不止的韧性。笔者想，正是江老对创新优化的孜孜以求，以及他渴望奉献祖国的赤子之心，使得他健康长寿并在古稀之年依旧充满了活力吧！

（本文执笔人：徐悦）

① 江欢成院士

② 江欢成院士在作学术报告

③ 江欢成院士在演讲

④ 江欢成院士与著名设计师矶崎新先生交谈

心系超声医学　无私付出寿延年

——访我国超声医学开拓者周永昌教授

无论是怀孕分娩，还是做各种身体检查，只要去医院做体检，总少不了做个B超检查。B超没有辐射，费用低廉。超声医学能帮助病人及早发现病情，在我国各大医院，超声医学被广泛应用。在上海有这样一位年逾九十的老人，他常常出现在上海交通大学附属第六人民医院的超声诊室里。这位老人便是我国超声领域的杰出专家，中国超声医学创始人之一——周永昌教授。2013年的一天，我们采访组来到市六医院，拜见了周永昌教授。初见已届耄耋之年的周教授，丝毫看不出其真实年龄，他依然身体硬朗，精神矍铄。采访过程中，他思路清晰，丝毫不显衰老之相，对于工作、生活中的一些重要事情细微末节如数家珍，娓娓道来。

周永昌教授1922年11月出生，祖籍宁波，1942年毕业于上海格致中学，1949年毕业于同德医学院。周教授涉足超声医学领域已有五十余年，是我国医学超声诊断的先驱、著名的超声诊断专家，享受国务院政府特殊津贴，享有"全国百名优秀医生"称誉。谈起为之奋斗了一辈子的事业——超声医学，周教授说，当前我国的超声医学已经十分成熟、发达，然而超声医学在中国刚刚起步之时，他们这一批先行者是白手起家，经过艰难的探索，才取得了利用超声进行诊断的经验。周教授说："我国超声事业始于50年代，较欧美、日诸国起步稍晚。'大跃进'时期，各个行业提倡'大跃进'，我也开始琢磨有什么发明可以跃进。我院（上海市第六人民医院）安适先生在杂志上看到国外有应用工业超声探伤仪诊断眼部疾病的报道，并在南京路看到有国产工业探伤仪出售，就建议朱瑞镛院长设法取得该仪器来做试验。1958年9月，在朱瑞镛院长的支持下，从江南造船厂借来一台工业用超声探伤仪（A型超声）试用于临床。我院成立了超声研究小组，当时安适、朱世亮等均是小组成员。朱瑞镛院长认为进一步开展工作必须与临床医师相结合，于是我（时任泌尿科高级医师）加入研究团队。我们先用超声探索四肢软组织和骨骼，后用于肝、胆、肾、乳腺等250例肿瘤的探测比较，并对工业探伤仪的探头进行改进，1958年底正式宣告超声波探测癌肿获得成功，从而揭开中国超声诊断的历史序幕。"

自此，周教授作为一个泌尿外科的主治医师开始涉足超声医学领域，专职从事超声诊断和研究工作，创建了国内最早的超声医学研究室并任主任，承担了一系列超声诊断研究课题。在他的主持下，医院与医疗器械厂家研究人员一起，先后试制成功了医学专用的A型超声诊断仪、M型超声诊断仪及一些新颖探头等。早在20世纪60年代初，他已在国内医学杂志、声学杂志上发表近10篇有关超声在妇科、产科、内科、泌尿科等学科的临床应用论文，受到国内医学界、物理声学界和医械厂商的关注。1965年，他首创用自己研制的M型超声诊断仪监测记录早孕胎心应用技术，比国外报道整整早了三年；他主持研制的CST—A线阵实时超声诊断仪，1981年获上海科技成果二等奖；他主持研制的GLY铌镁酸铅线阵超声探头，1982年获卫生部一等科技成果奖；1982年，他对醛固酮肿瘤的超声定位诊断技术达国际先进水平；所主持的《尿道实时超声显像》课题，1995年获卫生部和上海市科技进步三等奖；他主编的高等医学院校教材《超声诊断学》获优秀教材奖，《超声医学》获1996年卫生部医药卫生杰出科技著作科技进步二等奖；1988年，周教授获得世界超声医学与生物学联合会（WFUMB）和美国超声医学会（AIUM）在华盛顿举办的国际超声医学会议颁发的先驱工作者奖；1998年获中国超声医学工程学会颁发的医学超声先驱奖。

为了将超声医学推而广之，周教授早在1960年就举办全国超声诊断学习班；1961年筹建上海医学会超声诊断学组并任组长，现为上海市第六人民医院超声医学科名誉主任、主任医师、终身教授，享受国务院政府特殊津贴。对于中国超声医学的发展、推广，周永昌教授功不可没。50多年来，周永昌教授在超声医学临床诊断、科研、医学教育，以及继续教育和研究生培养等岗位上辛勤耕耘，奉献出全部精力，创建和发展了一门学科，主编和合作编著《超声诊断学》等著作10部，发表论文30余篇，成果累累。

自20世纪60年代起，六院就是市卫生局和中央卫生部指定的超声医学培训基地，在周教授的组织和主持下，共举办各种全国性培训班、进修班30余期，培训专业人员近3 000名，研究生多名。学生遍布全国各地，不少学员已成为各地区、各医院超声医学的学科带头人、接班人或技术骨干。现在，市六医院的超声医学科已成为国家住院医师规范化培训超声专业基地、上海市超声医学培训中心，以及上海超声医学研究所依托科室。现任研究所的所长正是周教授的学生胡兵，他已成为这个学科的中坚力量以及国家优秀学科带头人的入选者，市六医院的超声科主任。

周教授说，目前我国是超声医学诊断受益人群最多、装机量最大的国家，国内超声做得多，所以超声医师特别多。但一个好的超声医师，需要具备两方面的素质：一是品德方面，二是学术方面。在品德方面，要为患者着想，不能为了写论文的需要，要患者查这查那，要患者为你服务。在学术方面，不能弄虚作假，胡乱增加病例数或剽窃他人著作；在医学之外，还应学一些理工科知识，理工医结合才有利于超声医学研究工作的发展。说起自己的得意门生，周教授高兴地说："我从1984年开始带研究生，朱尚勇是我第一个研究生，现在在广西医科大学附属第一医院超声科工作，他自己也带出了20多个研究生。我的第二个研究生毕业后去了英国，第三个研究生就是现在我们六院超声医学科的主任胡兵了……"

周教授从医半个多世纪以来，常常以"假如我是病人"来理解和处理与病人的关系。他说，医生的任务是医教研防，但医生必须将"医"放在第一位，治病救人是医生的天职，我们一定要为病人服务好。周教授就是良好医德的践行者，从来都是哪里需要到哪里，哪里艰苦到哪里。早在1954年，他便作为一个外科主治医师赴朝鲜参加了国际医防服务队，因抢救伤病员成绩卓著，荣获了个人三等功，并荣获朝鲜人民军军功章一枚。1976年唐山大地震，他担任第一医院外科主任，日以继夜地抢救伤病员，挽救了许多伤病员的生命。在医疗生涯中，他对病人怀有诚挚的爱心，一贯以病人利益为重，为了病人能及早得到诊治，他宁可自己不休息、不吃饭、晚回家，这是他数十年来的一贯医德风尚。周教授的心中始终装着病人。对病人，不论是来自本市的还是外地的，是领导干部还是普通群众，经济富裕的还是贫困的，他都一视同仁，总是那样认真，仔细，和蔼可亲。可以说，他为了工作，为了病人，达到了忘我的境地；他把技术无私地献给人民。"为病人辛苦，为病人忙碌"，正是周永昌医德风尚的生动写照。

现在周教授已经94岁高龄，但仍坚持每周出诊4天。早上7点半，在上海市第六人民医院特需门诊的超声诊室里，总能看到他身着白大褂坐在超声仪器前，翻着手中的小本子，一页页查看当天预约病人的大致病情，耐心等待着第一个病人的到来。在患者眼中，一些误诊的疾病能在他的超声仪器下露出真容。但周教授不喜欢人家称呼他"一眼准"，因为与其说"一眼准"是用眼看病，不如说他是用心在看病，而病人最需要的，恰恰是这更多一点的用心和细致。所以，同事介绍说："人家做B超一般晃一下就好，可周教授最少要做半小时以上，非常认真。而且他要把所有的病人都做好以后再去休息。"这位开创了超声医学的老人常常说："不怕多花时间，就怕看得不仔细。做检查不能轻易下结论，我知道我的结论关系到病人的生命。我只是尽量避免错误，更仔细、更认真一点罢了。"慕名而来的病人非常多，挂周永昌教授的号都需要提前一两个月预约，一般周教授每天看诊10个病人左右，还常常需要加号。周教授看门诊有个特点，叫号从不让年轻医生和护士代劳，老先生会站在门口亲自迎接病人，这个习惯从年轻时保持到现在。此外，周教授在生活、工作上的一些细节也令老同事至今难忘："虽然他年纪最大，但常常第一个到办公室，冲水，抹台子，甚至拖地板，把办公室打扫干净。"

虽已年逾古稀，他仍以年轻人一般朝气蓬勃，以全部心血倾注于超声医学事业上。他近六十年的医疗生涯业绩卓著，为我国开创了超声医学学科。他医德高尚，在医学科学和超声医学的道路上敢于攀登、不断探索、无私奉献的精神和严谨务实的学风，堪为医务人员之楷模。

聊起自己的长寿秘诀，周教授说有几点很重要，一是坚持运动，既包括身体锻炼，也包括脑力锻炼。他运动的习惯一直从年轻保持到现在，现在依然去医院门诊，除了对医学事业的极大热情，也希望能在与同事、病人的交流中多思考，进行脑力锻炼，多动脑，这样不易老；二是起居有规律，一天的充实工作后，他会保持8个小时高质量的睡眠；三是饮食有节，不挑食，注意营养，从不刻意进补，多吃些杂粮和蔬菜；还有一点很重要，就是心情愉悦，想得开。每个人都会有烦恼，但是一定要有好心态，想得开，一定不要因为一个小事情而钻牛角尖，保持心情愉悦，才得以高寿。

周教授对自己目前的身体状态和生活状态很满意，虽年龄大，但心不老，他依然活跃在医疗一线，每天能够为病人解开疑惑，看到真相，及时发现问题，他感到非常充实快乐。周教授为人正直，待人宽厚；救死扶伤，一丝不苟；兢兢业业，含辛茹苦。他是中国超声医学的开拓者，他以超人的智慧和勤奋，创建了中国超声医学，他活着的每一天都在治病救人，为中国的医学事业奉献了自己的一生，同时在自己的事业中体现自我价值，收获充实和快乐。心情愉悦寿延年，衷心希望周教授健康长寿！

（本文执笔人：褚娇娇）

中国超声医学界的开拓者周永昌教授于2017年10月24日上午8时50分因病医治无效，不幸逝世，享年95岁。周永昌涉足超声领域40年，是中国医学超声诊断的先驱、著名的超声诊断专家、终身教授，享受国务院政府特殊津贴，是上海市劳动模范。

① 周永昌教授

② 王耀发教授在上海第六人民医院采访周永昌教授

乐观　务实　勤奋　认真

——访著名作家与文艺理论家徐中玉教授

现已99岁高龄的徐中玉教授曾任华东师范大学中文系系主任、文学研究所所长、校务委员会副主任，还曾任上海市作家协会主席，以及全国大学语文研究会、中国文艺理论研究会等多个学术团体的会长。他知识渊博，著作等身，成果丰硕。他主编的《大学语文》通用教材累计出版印数已超过2 000万册，在全国高校深具影响。他任中文系系主任期间，曾涌现出"华东师大作家群"。他还有句名言："做个正直的、坦率的、对国家社会多少有点奉献的人，在任何困难条件下都不灰心丧气。当然，并不是有了这种愿望就真能成为这样一个人，但觉得这应是我的价值观之基点。"

2013年初，我们采访组一行六人专访了99岁高龄的徐中玉教授。徐老身材高大，身板硬朗，很有精神，脸上少有皱纹，除人较清瘦、头发花白外，不怎么见老态。徐老满脸笑容，热情地招呼我们就座。"很高兴你们来交流啊，我有些耳背，你们讲话，可能听不大清楚，我年纪大了，马上就要100岁了，不过身体还可以。"先生谦和、客气地跟我们讲。

"有些事现在可能忘记了。"徐老说。但说起往事，他还是条分缕析，很是从容。"历史，没有那么绝对。"提到一些在后人看来惊心动魄的往事，他语气中都是平淡的态度。说到自己少年时艰难的求学历程，说到年轻时爱国抗日的热血激愤，说到自己当年被打成"右派"……他都是轻描淡写地提及一两句。"一个人如果能够淡泊名利，活得就轻松了。"深刻在老人脑海里，愿意与来访者分享的，是他一些最日常的记忆：少年时光，青岛求学，以及家庭生活。而见证过那么波澜壮阔的历史的徐老，如今也和所有的普通老人一样，最记挂在心头的是家庭。四代同堂的徐老家庭和睦，儿子在美国获得终身教授席位，被美国公司派回国工作的儿孙隔三差五地都会来看望自己。说到这些的时候，老人眯着眼，一张脸都是笑着的，显现出很满足的表情。徐老现在的生活起居主要是由阿姨照料，阿姨告诉我们，徐老的生活很有规律，每天起床、睡觉、看书、写作、工作都安排得井井有条。生活有规律，使他体内的各种生理活动能够有条不紊地进行，充实有序，有利于身心健康。

在很多人的印象里，徐中玉先生一直以介入现实的姿态体现自己的主张。他曾为自己的学术工作做了如下的总结："大体是打通了古今来谈，是对现实中存在的问题，较有针对而写。这是我多年前的想法，我不想把自己的工作变成只是'书斋之学'。"尽管这种一以贯之的关注现实问题的学术精神与行为，曾经不止一次地给他带来麻烦甚至灾难，但他却从不稍有改变。正是因为徐老"务实"、"致用"的学术价值取向，民主、开明的办学思想，华东师范大学中文系才出现了在全国文学界产生重大影响的作家群和青年批评家群两大群体。在20世纪80年代的一次文学研究成果的全国考评中，中文系甚至取得了全国第一的骄人成绩。徐老是当代哲人中不多见的兼具行政领导、组织管理、社会活动、专业知识能力的人才，有敏锐的学术眼光和开阔的学术视野的文学家和教育家。

徐老谈起自己的生活饮食习惯，说道："年纪不饶人，快到期颐之年了，现在每天晚上8点就睡了，早上6点起床。早餐麦片、蜂蜜、牛奶加鸡蛋，中午一荤一素一汤一小碗米饭，晚上或面条或汤圆或年糕，反正一周不重复。"大概是看到我们专注羡慕的表情，他又说："我应该算得上是上海百岁健康老人了，我的秘诀就是走路，每天要走一个多钟头，几乎每天都去长风公园，不停地走。在公园碰到钱谷融，就一道走，聊聊天。走路要贵在坚持，我相信锻炼不会吝啬报酬的。步行，看来是一件无足轻重的小事，但年近百岁之人，仍能工作，步行来往，行动自由，一乐也。"

徐老办事十分勤奋、认真、一丝不苟，做起事来有条不紊、深思熟虑、持之以恒、责任心强。他认为勤奋、认真的人，不仅能做好工作，完成任务，心中满意，而且有利于身心健康，延年益寿。虽然徐老现在不带研究生了，但是他认为自己欠了很多文债，所以每天还要读书，看报，写文章。"忙惯了，现在还是喜欢忙一点。"他笑道，"每天不断有问题思考，多动脑可以减缓衰老。"采访结束时，徐老特意拿出阿姨的一副十字绣作品《一帆风顺》给我们介绍说："绣这个不容易，要很细心，耐心，静得下心。"心境平静了，心理平和了，人也就活得轻松了，这些都会有益于健康长寿。

前不久，在徐老百岁华诞之际，徐老向母校捐出5万多册藏书和百万元积蓄，成立"中玉教育基金"。他说:"虽然年近百岁,在有生之年,我还要继续努力,做一些力所能及的事。为我一生钟爱的文学事业,贡献一份力量。"这一百万元,每一分每一厘都是清贫简朴的徐老多年的积蓄和笔耕所得。这一善举,有一种"温暖"的感觉,积极、乐观的生活态度使徐老更加长寿,生活也更有质量。

是的,这位经历过将近一个世纪历史变幻的老人,在汹涌澎湃、滚滚向前的年代里,就因为保持了乐观、务实的心态,勤奋、认真地工作,并在工作中体现人生意义和价值,才活得健康、长寿,这也许就是徐老健康长寿之道的秘诀吧!

(本文执笔人:徐敏华)

① 徐中玉教授

② 103岁时的徐中玉教授

③ 徐中玉教授在书房中

"无能懒惰" 所以长寿

——访著名文艺理论家钱谷融教授

他和已故的北大王瑶教授在现代文学研究界并称"北王南钱";他曾以《论"文学是人学"》震动学界;他培养了一大批著名学者,却自称:"这些名徒把我抬高了。"他,就是著名文艺理论家,曾任中国现代文学研究会副会长,《文艺理论研究》主编,华东师范大学中文系教授、文学研究所所长,中国文艺理论学会名誉会长的钱谷融教授。

2013年初,我们采访组一行六人专访了95岁高龄的钱谷融教授。退休十多年的钱老一直住在华师大二村,当听说我们来访,精神矍铄、耳聪目明、行动自如的钱老很高兴地把我们迎进门:"来来来,这边坐。"我们近距离地见到了这位传说中的"山野散人",他个子不高,头发稀疏,声音如此清亮,乐呵呵的像个老顽童。

进门落座后,钱老就开门见山地说:"我的健康长寿之道就四个字——'无能懒惰'。"我们顿觉诧异,钱老解释道:"'无能'就是与世无争,无所用心,随遇而安,有个好心态。"钱老说起了往事:1957年5月,他发表的《论"文学是人学"》一文,被认为是系统宣扬修正主义观点的文章而受到了批判。钱老说:"当年遭批判时真是受不了那种侮辱,当时都想自杀了,但后来看到比自己年纪大的、威望高的先生同样被批斗、游街,也就释然了。"谈到那时候的生活,他说:"值得安慰的是,我被监管劳动时,一些学生看周围没人就走过来悄悄地对我说:'老师,你为什么要被批斗?人道主义有什么错啊?'"钱先生相信他们的内心是有一杆秤的,相信他们本性都善良。

回忆此事,钱老说,某种程度上还得感谢那次批判:"我真没有什么成就,我的成就是'批'出来的。"在钱老看来,那次批判却有点因祸得福,意外地批出了

"名声"。"文学就是人学"批判风波还没有平息，钱先生又写了曹禺的《〈雷雨〉人物谈》。"当时我从来没有担心是否要再被批判，我是认为自己没错所以才写，就算是批判了我也不认为自己是错的。"之后钱老又遭受多次批斗，其间四次胃大出血。"不过最后一次大出血后就再没有犯病了，老了身体反而好了。"钱老对所有事都那么乐观。"我的一生，多灾多难，小时候碰到了齐卢战争。1937年抗战逃难到四川，后来又是解放战争。再后来我自己受批判，被批了整整38年，做了38年讲师才破格晋升为教授，哈哈，我还算想得开，批完下馆子，不然真受不了。"钱老的乐观豁达让我们想起了一句名人讲过的话："一种美好的心情，比十副良药更能解除生理上的疲惫和痛楚。"

由于历史原因，尽管钱老的《论"文学是人学"》长期受到批判，尽管他60岁才出版了第一本著作《〈雷雨〉人物谈》，尽管做了38年的讲师，但钱谷融先生的学术成就已成为中国现代文学研究领域不可忽略的丰碑。虽然每每谈到自己的治学时，钱老总说自己"无能懒惰，写得不多"，但提到几十年来培养出的众多知名学者，钱老却谦虚地说："这是来料好，我只是来料加工，来料好容易出人才。"在20世纪八九十年代，钱谷融先生培养出了一大批才华横溢、见解独到、富有锐气的青年文学理论家和批评家。像王晓明、许子东、李劼、殷国明、吴俊、徐麟、杨扬、倪文尖等，他们时至今日，都还是文学理论和现当代文学评论界的实力派人物。谈起学生，钱老还告诉我们，学生知道他喜欢玩，有空就会来家里陪他下棋、打牌。"下棋对延缓人脑的衰老的确有好处，每次玩棋牌，心里总是很高兴。"

已经95岁的钱老依然身体硬朗，单独出行、旅游。谈到自己的健康长寿之道，钱老还是那句话："因为我无能懒惰，所以长寿。而徐老（徐中玉），他是既能干又勤奋，但我们身体都好。"钱老现在是与外孙、外孙媳妇，还有照顾他生活起居的阿姨四口人常住一起，儿子和女儿都在美国，他们会时常来电请安问好。谈及日常饮食，钱老乐呵呵地说："我是很贪吃的，学生时代早饭也不吃，常喝酒，有胃病。可能是遗传基因好，我父亲活到83岁，'文革'中也遭难，不怎么计较，不争强好胜。我现在老了，平时肉吃得不多，这些年鱼虾吃得较多。听力倒是比前几年有明显改善。晚间睡眠也算充足，中午小睡一会儿。我上午健身园锻炼，下午长风公园观湖。"面对着一湾碧波荡漾的湖水，老人独自静坐，凝神注目。"双目无所见，头脑无所思，只觉得浑浑然、茫茫然，胸中一片空明，而心情异常恬适。"

短短半日的交谈，却让我们感受到钱谷融教授是一位淡薄名利、胸怀高洁的人。。散淡情怀深深浸染在他95岁的人生之中，从容自在的生命状态令人神往。

（本文执笔人：徐敏华）

注：2014年12月，96岁高龄的钱谷融先生荣获"上海文学艺术奖"终身成就奖。2017年9月28日晚9时16分，钱谷融先生因病医治无效，在复旦大学附属华山医院逝世，享年99岁。钱谷融先生逝世后，教育部、上海市相关领导同志，教育界、文化界等社会各界人士，华东师大广大师生、校友都表达了沉痛的哀悼。

①

②

③

④

① 钱谷融教授在书房中

② 钱谷融教授在作报告

③ 庆贺钱谷融教授八十华诞

④ 钱谷融教授在家中

合唱燃灯　雪花精神

——访我国合唱指挥泰斗马革顺教授

2013年秋天，一个晴朗的下午，在上海吴兴小区的一个院子里，我们采访组按响了中国合唱界泰斗、著名合唱指挥家、教育家马革顺教授家的门铃，应答开门的竟然是100岁高龄的他本人。只见老人家精神矍铄，脸色红润，行动自如，他客气地与我们打招呼："欢迎，欢迎，我是华师大的老校友了！华师大60周年校庆还请我去讲话，指挥唱校歌呢！"马老引领我们在客厅落坐。只见10来平方米的小客厅里摆放了钢琴、沙发，还有书柜、饭桌、椅子、电视柜，挤得满满当当，据说他家3间屋子居住面积才36平方米。我们很感慨地问马老："您这么有名望、有成就的大教授怎么住这么小的房子啊？"于是，访谈就从住房谈起了。

马老淡定地笑笑说："房子是小了点，不过这里可是我的福地啊！我是'文革'后落实知识分子政策，才分到这套房子的。自从1981年搬来这里，我的人生开始转运了，因为'文革'结束后拨乱反正，从此我可以不受干扰、不受监视地按艺术规律教学了，可以到国内外许多地方举办合唱训练班和指挥演出；我还顺利地出版了合唱论著、合唱教材及我的自传，并且录制出版了教学视频、合唱指挥视频。所以我作为一名终生从事合唱指挥和音乐教育的音乐人，能够追求我喜爱的艺术和我的信仰，人生有信心、有盼望，我就很满足很幸福了。"

马老曾先后执教于华东师范大学和上海音乐学院，曾任中国音乐家协会理事、中国合唱协会艺术顾问、上海音乐家协会常务理事等职，并荣获宝钢高雅艺术特别荣誉奖、萧友梅音乐教育建设奖、中国文联金钟奖终身荣誉勋章，以及美国威斯敏斯特合唱学院荣誉院士，现为上海音乐学院教授、中国音协第四届理事。

熟悉马老的人都知道，现已期颐之年的马老，三分之二的人生是在逆境中求索。1914年，马革顺出生于南京的一个基督教家庭，做牧师的父亲对子女管教很严，直到马老工作后才有了自己独立自由的生活。1937年，马革顺大学毕业时正值抗战全面爆发，他与全国同胞一起经历了战争的洗礼。作为一个血气方刚、有爱国之心的热血青年，马革顺与同学合作谱写了抗敌歌曲，宣传抗日救国，鼓舞民众的抗敌斗志。后来逃难到西安，他在街头指挥学生演唱抗日歌曲，被荷兰摄影家伊文思的团队摄入镜头，剪辑进《四万万同胞》的纪录片中。他还参与编辑了《抗敌音乐》创刊号，用音乐为抗战服务。1947年，马革顺赴美研修合唱指挥，学有所成后，于新中国成立前夕回到上海。但和许多老一辈回国的知识分子一样，他被怀疑成"美帝特务"，从此再也没能逃过之后的历次政治运动。可是马老没有向厄运低头。"在苦难中，我们会记得《欢乐颂》。"马老一直以贝多芬的生命理念激励自己，在逆境中，不倦地在合唱艺术领域求索和创作，写出了日后被奉为经典的专著《合唱学》。"在那种环境下，如果没有一份坚持，我肯定也看不到今天的好日子了。"马老坚定地说。

1976年10月，中国历史终于翻过了那沉重的一页，62岁的马老，迎来了他艺术人生的第二个春天。"从此我可以自由地按艺术规律教学，有了充分施展自己才能的机会。"马老不断地应邀到各地讲学、排练和演出，他的艺术劳动得到社会的尊重与肯定。1981年起，马老多次赴美访问，在近20所大学讲学，与国外的同行交流，接受媒体采访，介绍改革开放后的中国发生的变化与成就；还有幸会晤了美国两位著名的合唱指挥大师罗伯特·肖和弗雷德·沃尔林。这些经历都定格在他的影集里。"看到这些照片，我深感自己作为一名中国艺术家的自豪。"从马老的话语中，我们深切感受到，马老的人生有理想、有追求、有信心、有毅力、有胸怀，所以精彩，美好，健康长寿！

作为音乐教育家，马老一辈子没有离开教育岗位。1986年，他退休后返聘，一直担任上海音乐学院本科生、研究生的教学工作，直至他99岁所带最后3位研究生通过学位考核。同时，多年来他奔波在国内外讲学，传播他的合唱理念，培养合唱指挥人才。他坚信："只要我把学生培养出来。中国的合唱就能搞上去。"马老的学生没有辜负老师的期望，他们在国际、国内的合唱舞台上屡屡获奖。中国的合唱指挥人才辈出，让马老十分欣慰。同时，在教学中，马老注重树德育才，他最喜欢的合唱曲就是当年他留学回国时带回来的埃尔加的合唱作品《雪花》。他说："我喜欢这首浪漫主义时期的作品，是因为雪花飘落时默默无声，不事张扬。第二天，人们推开门窗，嗬！一片银装素裹，洁白无瑕。雪花冬天保护种子，春天融化自己滋润大地。雪花的无私奉献品格值得我们每个人学习。"几十年来，马老指挥不计其数的合唱团唱过《雪花》。他指挥的《雪花》音色清澈空灵，和谐悦耳，令听众们感动得流泪。除带教上海音乐学院本科生、研究生的教学工作外，马老还承担了翻译、著述工作，应邀赴中国台湾、中国香港讲学，还经常到工厂、学校、机关和文化宫等基层单位讲学、排练、演出和担任评委。虽工作忙碌，但他庆幸自己老有所为，还能有发挥艺术才华的机会，感觉心情非常愉快。

采访2个多小时，聆听马老侃侃而谈，他浑厚的嗓音不禁让人想起保罗·罗伯逊充满磁性的歌声。除了听力略微有些障碍，将近百岁的马老反应敏捷，对答如流。几十年前发生的事、地名、人名，他仍记得清清楚楚。谈话中间，他的夫人给他吃了几片饼干，说马老有糖尿病，怕他说话累了会低血糖。

使马老感到特别幸福的，莫过于宁静而温馨的家庭生活。马老告诉我们："老伴去世后，女儿一家又陆续去了美国，留守老人的日子过得太冷清，很需要有个伴。"再婚后，妻子在事业上对他非常支持，在生活上的关心也无微不至。多年来，妻子为他精心安排膳食，悉心护理他的健康，让马老身在福中，老有所乐。在事业上，妻子也给他很多支持，多年来为他拍摄了无数照片、视频，留下了许多值得回忆的生活足迹。2003年，由妻子执笔撰写出版了马老的自传《生命如圣火般燃烧》。他写道："作为一名教师，我不仅愿如蜡烛，燃尽自己，照亮别人，培养更多更好的人才；而且我还希望自己的艺术生命能像奥运会的圣火那样熊熊燃烧，我希望能不停地工作、排练、演出、讲学。这样的人生才更充实，更有价值！一旦生命如圣火那样，在熊熊燃烧后突然熄灭，留下的也是幸福和无憾！"

喜欢摄影的妻子为马老拍了无数照片和视频，留下了许多值得回忆的生活足迹。"近年来，我最喜欢翻看的是我与女儿一家四代同堂的合影，还有我与曾外孙女伶伶的一系列合影，可爱的伶伶给全家带来了欢乐，更给我的晚年生活增添了愉悦！"一谈起曾外孙女，马老乐开了怀，笑个不停。

马老还与体育锻炼结下不解之缘。他每天在家里做自己设计的一套体操动作，如手扶椅背，原地跑200步，躺在沙发上两脚交替拉伸韧带各50下，如此一来，腿脚轻松多了，上下楼梯也不累了。

采访后，我们陪同马老一起去附近的餐厅就餐，席间领略了马老的饮食养生秘诀。等待上菜时，我们问他早饭吃些什么，他说吃得很多，有一片面包涂花生酱，还有牛奶冲麦片加一个鸡蛋及芝麻核桃粉，再吃一只香蕉或其他水果。当指挥是体力与脑力并用的活动，要消耗很多能量。他强调说，长年做指挥，就是经常在做气功运动，这也是他健康的原因之一。菜上来了，他举筷即声明，请不要给他夹菜，他要"自由"选择，想吃什么就吃什么。冷菜他喜欢吃醋拌海蜇、酱萝卜、熏鱼，热菜他最喜欢吃红烧肉，不过只吃一块，他说不能多吃；他还喜欢喝美味的汤以及吃面食。吃到七分饱，他就不动筷了。真性情，大自在，有节制，这才是马教授真正的养生秘诀吧！

（本文执笔人：王耀发、徐敏华）

注：2015年12月19日，马革顺教授走完他的艺术人生之路，享年101岁。笔者参加了马老的追悼会，那是不放哀乐的追悼会，背景视频播放的是马老作曲的《受膏者》；上海音乐学院指挥系的学生们唱起了《雪花》，纪念老师；华东神学院的学生唱诗班唱起了赞美诗，送别老师。纯净和谐的合唱感动温暖了每一位送别者的心。

马老的夫人拟的挽联"百岁人生合唱燃灯经典论著传世，树德育才桃李满门雪花精神永存"，正是马老一生的写照。马老实现了他的人生理想，他的人生是圆满的、幸福的，值得人们纪念的。

① 马革顺教授

②③ 马革顺教授在指挥演唱

④ 2009 年，马革顺教授在上音国庆联欢音乐会上指挥《歌唱祖国》

⑤ 马革顺教授与华东师大学生合唱团合影

⑥ 为庆贺马革顺九十华诞举办的指挥艺术研讨会

淡泊名利　宁静致远

——访复旦大学高分子学科创始人于同隐教授

"淡泊名利，宁静致远"，这是于同隐教授的学生、复旦大学教授江明院士对先生的评价，亦是我们在采访于同隐先生健康长寿秘诀时，他的子女说得最多的一句话。

在于同隐先生98岁高龄之际，我们采访组一行六人在先生家中见到了他。此时，先生已不像从前那样行动自如，但精神依旧矍铄，面容安详。访谈期间，因为身体原因（先生听力不太好），诸多事迹多由其子女转述。（此后，我们也查找了很多由他的学生在不同场合讲述的有关先生的故事或评价。）

于同隐1917年8月6日生于江苏无锡，1934年考取浙江大学化学系。抗战时期，他随校内迁，1938年毕业。毕业后在兵工署材料研究所工作，鉴于当时国民党政治腐败，便于1943年回到浙江大学任助教、讲师，1946年考取公费留美，1947—1950年在美国密歇根大学攻读博士学位。他的成绩在200名研究生中名列前茅，后获得博士学位，并被推选参加荣誉化学会，1950年任密歇根大学研究助理。随着国内革命形势的迅速发展，他与一部分志同道合的同学组成中国留美科学工作者协会密歇根大学分会，通过各种途径进行宣传活动，使更多的中国留学生正确认识祖国正在发生翻天覆地的变化。抗美援朝战争爆发后，1951年，于同隐和爱人蔡淑莲冲破重重困难，从美国返回祖国，回国后在浙江大学任教授。1952年院系调整，于教授又从杭州来到上海任复旦大学教授，在有机化学教研室工作。后来为配合全国各地的建设，国家决定从复旦大学抽调部分教师支援兰州大学等兄弟院校，有机化学教研室的大部分教授和一部分中年骨干教师被调走，以致造成有些课程停开的局面。这时，于教授出任有机化学教研室主任，在此较困难的条件下，他一方面培养青年教师，一方面整顿和建设实验室，编写了《有机化学》、《有机结构理论》等教材，翻译了《有机化学教程习题》等。经过一年多的时间，他开出了有机化学教研室承担的全部课程，之后，又带领中青年教师逐步开展科学研究工作。

于教授的学生江明院士在一篇访谈中写道："于先生是50年代从国外留学归来的学者中的优秀代表。他和其他很多学者一样，在美国获博士学位，而且已经获得了一份令人羡慕的工作，习惯了国外很好的生活环境。而那时国家刚刚解放，百废待兴，条件十分艰苦。他们却舍弃优裕的生活条件和完备的科研环境，满怀爱国豪情，克服美国政府的阻挠，回到祖国开创事业。从50年代直至70年代末，他们的工作和生活受到各种政治运动的干扰甚至直接的打击。但他们不改初衷，矢志不移。他们的工作成果不能够像今天这样，用发表了多少篇论文来衡量。简单地说，没有他们，当初我们在科学技术方面实行改革开放就失去了基础。他们是开拓者，是许多新兴学科的奠基人。"

"我父亲对学生特别好，后来我们才知道，80年代他曾经拿出两个月工资资助一位刚刚毕业的博士生开展科学研究。"于教授的子女告诉我们。

"文革"结束后，百废待兴，此时，于教授重新出任高分子教研室主任（仍兼有机化学教研室主任），以一个老科学家的宽大胸怀挑起了重建复旦大学高分子教学、科研的担子。他深谋远虑地认识到，从国家利益，从今后长远、稳定的发展考虑，加速培养中青年一代是当务之急，因而他把培养中青年教师和科研人员作为自己的重要职责，倾注了大量心血。

他针对每个教师的业务情况，因人而异提出不同要求，有的放矢地进行培养。他倡导每星期二下午为教研室的固定学术活动时间，要求每个教师轮流做专题报告，介绍高分子学科的新发展，并开展讨论。他不惜花费时间亲自组织、指导，帮助中青年教师定题，提供参考资料。为尽快赶上国际先进水平，于同隐教授利用他在国际学术界的联系，有计划地派送人员去国外著名的高分子研究实验室进修、合作，并邀请国际著名高分子科学家来校讲学，建立起广泛的国际学术交流关系。在整顿教学的过程中，于教授有意识地把中青年教师推上第一线，在实践中增长才干。他鼓励几位中年教师为研究生开课，并为他们提供参考书目，一起讨论教学大纲，耐心指导，亲自听课。他组织教师编写《高分子物理》、《高分子实验技术》等教材，以提高课程质量。这些教材后来为不少院校所采用。于教授还让20多位教师参加教研室翻译国外《大分子》等专著，着力培养年轻人，他担任总审校。

江明院士也提及："回想1958年时，正读大学三年级的我提前毕业，留校任教，比我年长20岁的于同隐先生当时是化学系教授。从此，我们一批年轻教师跟随于先生开始了在复旦创建高分子学科的艰苦历程。于先生带领我们'白手起家'，从高分子的基础一点一滴地学起。想当年，于先生亲自带领我们提前毕业的学生在化学系图书馆查阅资料，可那些资料都是原版英文，而我们学的是俄语，看不懂。他这时不厌其烦地一句句地翻译了再讲解，就这样'手把手'地教我们。到了1959年冬天，他还专门为我们开办英文突击班，选择英文化学教材，教了一个寒假，帮我们打下了阅读英语文献的基础。于先生带领我们学习专业专著。他虽是有机化学出身，但为了研究高分子的需要，他亲自为我们讲授高分子构象统计的专著。书中有些数学内容大家搞不懂，于先生就特地请数学系的教授为我们补课。于老师真正是我们科学道路上的引路人。"

在培养中青年教师方面，于教授为了事业发展，致力于青年教师的培养，他踏实细致、殚精竭虑、提掖后进、甘为人梯；加之他平时谦虚诚恳，平易近人，赢得了广大教师的尊敬和爱戴。

于教授从事教育、化学研究工作50余年，在复旦大学创建了在国内外有较高声誉的高分子专业，为国家培养了大批人才。他是高分子化学专业的博士生导师、博士后流动站站长，由他指导毕业的硕士生有30余名，取得博士学位的有10余名；在读博士生8名；博士后研究人员2名。在培养研究生的工作中，于教授充分发扬学术民主，鼓励并放手让青年人去闯，这对培养学生的独立工作能力和成长很有好处。他培养出来的学生中不少人已经成为各条战线的骨干，有的已崭露头角。

"我父亲的生活特别有规律，也很简单，除了吃饭、休息，就是看书、搞研究。"于教授的儿女介绍说，他的生活很有规律，几十年如一日。如早上6点准时起床，早饭基本就是面包和牛奶，晚年喜欢吃个荷包蛋；中午吃过饭后坚持午休一小时，直到如今从未间断；晚上11点钟左右睡觉，晚饭饭后、睡前要看看书。

于教授88岁前，一直居住在复旦大学博士楼，离校园很近，因此天天步行往返。"那时，每天特定时间，你总会看到老先生手里夹着书，往返于家跟学校，几十年都这样，就那个路线，就那个方向，很有意思。"

先生身体一直硬朗，80岁之后，儿女每年都会陪他出去走走，到母校浙江大学走走，到深圳、香港等地看看，儿女孝顺，生活惬意，安享晚年。

于同隐教授九十寿诞之际，复旦大学为其举行了庆祝活动，并为其撰写了祝寿词和寿联一副，精辟概括描了于教授的人品、学风、贡献：

著名高分子化学家于同隐教授，博学多才，胸怀坦荡，是我校高分子学科的创始人，是位深受尊敬的学术开拓者，贡献卓然，桃李芳菲。先生耄耋之年，思维尤其活跃，创新不断，在生物大分子领域里获得令人赞叹的成就。老骥奋蹄，堪为楷模。

先生民主自由的科学作风，严谨的治学态度，对科学执着追求精神，谦虚谨慎、平易近人的品格，是我们永远学习和崇敬的！

值此先生九秩华诞之期，献上寿联一楹：

心未老，人未老，育三千弟子，高材倍出；

意常青，技常青，创千秋专业，硕果满园。

（本文执笔人：崔勇勇）

：我国著名的有机化学家、高分子科学家和化学教育家、我国高分子学科的奠基者和开拓者之一于同隐教授，于2017年2月6日10时56分逝世，享年101岁。于同隐教授长期致力于高分子粘弹性和高分子合金研究，1984年就领导研制成功微孔聚丙稀中空纤维人工肺，为我国高分子科学作出了巨大贡献。

①

②

① 于同隐教授

② 于同隐教授与采访组王耀发教授合影

寻求生命的宽度

——访我国男性生殖医学研究先行者王一飞教授

王一飞是一位组织胚胎学教授，更是一位领导者，他可谓荣耀等身，曾担任中华医学会全国常务理事、中华医学会计划生育学会副理事长、中国行为科学学会医学行为科学学会副理事长、中国动物学会生殖生物学会副理事长、中国解剖学会全国理事、中国优生优育学会全国理事、国家教委霍英东教育基金会顾问、上海市计划生育科学研究会副理事长、上海市解剖学会副理事长、上海市科委医药卫生委员会委员、上海市生殖医学研究中心培训中心主任、国务院学位评定委员会学科评议组成员等职。对于他超强的组织领导能力和精益求精的工作能力，大家有目共睹。

在学术上，他是领先者，更是佼佼者。王一飞教授在生殖生物学与生殖医学领域内，尤其是在建设与发展我国男性学的过程中，在理论研究、实际应用、人才培养以及研究新思路与新领域开拓等方面都做出了系列性、高水平、有特色的成就与贡献。其主要研究目标是阐明生育的基本规律，探索节育的理想途径及提高不育的诊治水平。他这些年来的科研成果也曾获国家"六五"科技攻关表彰、国家计生委"六五"攻关重大成果二等奖、国家计生委科技进步三等奖、卫生部科技进步三等奖、上海市科技进步三等奖等。

在工作上，他更是兢兢业业。他曾获得1984年上海医学十杰、1985年上海市劳动模范、1985年全国教育系统劳动模范、1986年全国优秀教师、全国民主党派为社会主义建设服务先进个人等荣誉，1988年获国家有突出贡献中青年专家称号。曾任九三学社中央委员、第八届全国政协委员。

王一飞出生在一个教师家庭，父母都是教师的他，却对医生这个职业有着无限的向往。他说："我这辈子没有做成医生是最大的遗憾。"王一飞的姐姐和弟弟都不幸早年夭折，于是他立志做一名医生。但是几次阴差阳错，最终还是与这个职业无缘。现在作为一名人民教师的他，找到了真正属于自己的人生的意义。小到系主任，大到联合国官员，王一飞曾在各种岗位上工作过，但是他最为看重的还是教师的身份。每次看到学生的他，都有一种发自肺腑的幸福。一直到现在，他还在坚持给本科生、研究生和进修生上课。"三尺讲台虽小，但它继承过去，连接未来。"他认为，教学和讲台才是他的终身岗位。教师对于一个国家的发展，对于世界的发展都是非常重要的。历史上如果没有教学，整个人类社会不可延续。很多人说教师是红烛，燃烧自己照亮别人；教师是春蚕，吐尽春丝牺牲自己。王一飞教授对这种说法并不认同。他认为教师是"摆渡者"，教师是把学生从自然人送到彼岸的社会人的摆渡者。

王一飞初中就读于上海市西中学，这是一所当时的重点初中。但少年时期的他很顽皮，每天只顾着看《水浒传》、《三国演义》这一类小说，并不在学业上用心，也不是一个大家眼里的"优等生"。初中毕业后，他发奋努力，考取了南洋模范中学，那是当时上海市优秀的中学之一。这也是他人生中的第一个转折点，一个让人生走入正轨的转折点。

到了南洋模范中学之后，王一飞成为了大家眼里的"优等生"，他的各门功课都名列前茅，学校的各种实践活动中也都有他的身影。高考之前的一段时间里，多才多艺的他曾想要报考中央音乐学院，但在母亲的坚决反对下，他放弃了。之后他报考了上海第二医学院，并在通过率仅有1/12的情况下被成功录取。拿到录取通知书那天，上海下着滂沱大雨。王一飞站在雨中，雨水、泪水和汗水交织在一起，他觉得，他医生的梦想终于要实现了！

可命运总是捉弄人的，他人生的第二个转折点已悄然来临。大一、大二时，他的成绩都名列前茅。但到了大三，学校突然宣布要成立生物物理专业，并把成绩优秀的学生调入学习，培养研究型人才。"我当时心里很难受，因为这就意味着我不能当医生了。"王一飞教授回忆道。当时的生物物理学专业"一穷二白"，对于中国来说是一个全新的专业。虽然当时的学习条件很艰苦，但是这些经历从另一方面也拓展了学生们的知识面，并成为日后工作中的宝贵财富。最终，王一飞以优异成绩毕业。毕业之时，有一个到瑞金医院协助研究的工作机会，这又使他重新燃起了医生梦。他觉得，如果能够得到这个工作机会，就可以顺理成章地成为医生了。但是最终还是未能实现，他被留校到了组织胚胎研究组。"我哭了整整一个晚上。爸爸劝我说：'天涯何处无芳草。你要好好做，乐业才能有发展。'这句话我一直牢牢记在心里。"到了组织胚胎研究组，老师们手把手教他看切片、写综述。他的研究也一步步深入。此时的他看到了另外一个天地，一个依旧能让自己挥洒自如的天地。也就是在这时，他对自己所经历的挫折有了新的看法：有的时候，挫折往往意味着新的开始。

1964年，王一飞考取北京医学院的硕士研究生。但好景不长，"文革"的到来使他的学习暂时停滞下来，他回到上海第二医学院的组织胚胎教研组。在"文革"中，无人进行研究工作。直到有一天，"工宣队"突然找到王一飞，告诉他应周恩来总理的指示，要他组织进行男性避孕药的研究。当时的王一飞心里很高兴，因为他又可以去图书馆看文献，又可以做实验了。正是这样的一个契机，王一飞教授成了中国国内男性生殖研究的先行者。这是他人生当中的第三次转折。

自此以后，他投身于组织胚胎生殖生物学的研究工作中。1984年到1986年，王一飞任基础医学部主任。1986年到1988年，他任上海第二医科大学副校长，1988年到1997年任校长。从一个显微镜下看世界的研究者，到一个大学的管理者，这对于他来说无疑是一个挑战。但是在担任行政职务的过程当中，他从来都没有放弃组织胚胎研究，也不曾放弃对博士研究生的培养。他尽自己所能，保持在自己领域的前沿。

1997年，世界卫生组织前来挑选人类生殖特别规划处的官员。他们需要的人才既需要有生殖生物学的基础，还需要有行政管理经验。当然，英文水平也有很高的要求。这三个条件王一飞全部符合，便顺利到世界卫生组织人类生殖特别规划处任职。任职期间，他负责管理亚太地区生殖健康的研究和培训，并且代表联合国管理世界卫生组织分布在各国的合作中心。在联合国工作，视野固然更加宽广。但由于精力有限，他的研究和实验被迫停止，对博士研究生的培养也停下来。然而他依然没有放弃教师这个职业，被日内瓦大学聘请为客座教授。他一直工作到62岁联合国法定的退休年龄，才回到国内。

回国之后，王一飞任上海第二医科大学顾问，并兼任中国医学会生殖医学分会的首届主任委员。2008年3月，全球闻名的英国《自然》杂志与《亚洲男性学杂志》在张江上海药物研究所签署了出版合作协议，王一飞任主编，作为一本SCI期刊，它的影响力在本学科领域已居国际前列。

作为曾经的大学校长，王一飞教授有着他独特的教育理念。谈话中，他再三地强调："教育不是教学。教是由外向内的一种传授，育是由内向外的升华。"他所说的这一点正是我们当下高校教育最应该注意的。他认为，教育和教学是两个概念。大学的教育，要在"教"的同时，把"育"做好。现在社会高校的评价体系是量化的，论文的数量、科研成果的多少、出版物的关注度，这些东西成了人们评价一个高校的主要标准，王教授并不赞成这个标准。他认为一个大学最重要的是学生，是学校里活生生的生命。首先，学生的数量很大，是学校当中占有最大比重的人群。其次，学生是流动的。学生从四面八方汇集到学校当中，又带着一身学会的本领、学校的气质，再次走向五湖四海。实际上，学生才是学校最终的名片。学生是学校文化的传承者、继承者和发扬者。从这所学校走出来的学生的水平才是衡量一个大学的主要标准。王教授说："完全以成果来评价一所高校是不对的，一所大学最重要的事情就是培养人才，学生是最基本的。"

在王教授看来，学校最重要的是两点。第一是传授智慧。智慧和知识是不一样的。传授智慧意味着教会学生如何获取知识，如何运用知识，如何创造知识和如何驾驭知识。第二是人格。大学培养出来的学生如果没有人格就是失败的，对于医学专业的学生更是如此。试想一个医科大学的学生，没有健全的人格，如何救死扶伤呢？所以要想办法把学生的智慧和人格一起刻在学生的人生光盘上。如果学生的智慧和人格没有培养好，那么这样的大学就是不称职的。现行的社会主义核心价值观和素质教育都贯穿着这样的理念。大学更要秉承这样的原则。另外，医学学生也要培养艺术情操。现在中国的好多医学院在培养学生过程中都只盯着自己的医学领域。对于这一点，王教授感到非常遗憾。医学伦理学是相当重要的。在学校的艺术节开幕式上，他说："医学是科学和艺术的连接体。我们医学学生，不仅要知道T细胞、B细胞，更要知道莫扎特、柴可夫斯基。我们更要有竞争意识、合作意识和创新意识。"台下响起学生们热烈的掌声。

王教授对于教育的贡献，还在于高校教育改革。对于上海第二医科大学学生的教育，他从培养目标、课程体系、教学方法和评价体系四个方面进行全面的改革。在课程体系方面，打破原来支离破碎的分科，把同一系统的不同科目结合在一起进行教学。在临床上，学生们除了临床各科之外，要对六个综合性的疾病进行学习。这六个疾病都需要学生们运用临床各科的技能和知识。在学习方法上，进行真正的主动学习。王教授一直认为，完全背书的学习是没有用的。

提起对二医大建设所做出的努力，王教授这样说："我们二医大是个地方学校。想要办好一个地方学校是很难的，因为资源很有限。建设学校要做的第一件事情就是改变教育理念，把教学的概念改成教育的概念。我组织了八次全校教育思想大讨论。我要求全校每个人都要关心教育，不仅是教授、技术人员、医生、护士和员工都要如此。第二件要做的事就是学科建设，其中包括重点学科建设、薄弱学科扶持和学科群的建设。学科是细胞，是一个大学的基础。我们只有抓了重点学科，把重点学科搞成学科群，学校才能发展壮大起来。第三是梯队建设。我上台的时候，教师队伍青黄不接，二医大可以说处在一个困难时期。所以我搞了个破格提拔，通过打擂台的方式，不拘一格选拔人才。在改革中，我破格提拔了一大批人。现在医学院的院士都是那个时候三次破格晋升起来的。我到现在都觉得当时的力排众议是对的。最后是送教师出国培养上的改革。当时出国学习的教职人员回归率只有40%。为了遏制这个情况，我做了一个配套成熟出国的制度。有三种办法：第一种是派一个梯队出去。比如学心脏搭桥手术，我派医生、护士和麻醉师一起。一起出去一起回来，回来就可以直接手术。第二种是哑铃型的，由在国内的德高望重的学者统一安排。第三种是和美国、法国等主要临床中心建立姐妹关系。法国政府给我颁发一个荣誉骑士勋章，也是表彰我在中法的医学教育方面做出的努力。"

二医大有着独特的文化传统，重视临床，讲求实际，对新事物永远保持着敏感度。它做成了中国第一例心脏开心手术，做成了白血病的诱导分化。王教授认为，一个学校如果真的要做好，传统的文化和精神是都要保留下来的。传统的文化、精神、思维和哲学，这些才是文化软实力。中国梦是中华民族之梦，上海也要有一个梦，医学院更要有自己的梦。

王教授非常健谈，他的口才在我们采访的名师之中也是少有的。他就是这样一个人，一个永远秉承梦想和理想的长者。他刻苦钻研，追求卓越，也多才多艺，享受生活。他有着过人的智慧、深刻的人生哲学，也有坚毅的人格。生活的跌宕对于他来说，只是另一段生命的开始。"祸福所依"的道理，早已被这位知者看透。他知道，自己做的每件事情都不一定出类拔萃，但是自己一定要尽力而为。殊不知，他的尽力而为已经成就了这世间的"鹤立鸡群"。

"每个人都想长命百岁，但所谓'一百岁'是什么概念呢？是五千二百周，是三万六千五百天，是八十七万六千小时。但我觉得，人生都想活百年，这个'百年'是要健康的、有意义的百年。人生是没有'如果'的，只有'但是'。过去的就过去了。在我看来，人生只有三天——昨天、今天和明天。我总是和年轻人说，我们的生命长度是上帝决定的，而人生的高度、宽度和密度是我们自己决定的。"

如果说，每个长寿的名师都有自己独特的秘诀，那么王一飞教授的秘诀就在于他活出了生命的高度、宽度和密度。

（本文执笔人：郑雯）

① 王一飞教授

②③ 王一飞教授在作学术报告

④ 王一飞教授在办公室

⑤ 王一飞教授和采访组王耀发教授合影

科学养生　生命防治

——访我国著名"三防"医学专家王赞功教授

王赞功教授是我国著名的"三防"（防原子弹、防生物武器、防化学物质）医学研究者，曾供职于解放军军事医学科学院。他不仅积极主导和参与"三防"的研究工作，为军队医学和预防医学献出自己的一份力，还在自己的生活中大力倡导科学养生、积极防护的理念，如今已经90多岁高龄的王赞功教授已然成为了养老、养生的专家。2013年的一天，我们采访组采访了王教授，开启了一场有关养生之道的盛宴。

"我始终相信一个人的心态是最最重要的东西，而心态这个东西说到底是一个人人格的延展，而人格正是在我们的童年时代就形成了的。"王赞功一向提倡以科学的视角来看待养生问题，而不像某些所谓的"养生专家"将养生神秘化、玄学化。于是在访谈正式开始之前，他便向在座的各位抛出了自己对于养生的科学化观点。王教授成长在一个家教严格的家庭，父亲对他的管教遍布生活的方方面面，从学习到生活，所有的细节都有一个严苛的标准。这种严格程度会让今天很多年轻人感到不适应，但对于王教授来说，这却似乎成了一种养成好习惯的必要条件。"从小我就知道什么东西可以碰，什么东西不该碰；什么规矩是必须要遵守的，什么是可以灵活变通的，我认为这很重要。"王教授承认自己的童年不像一些小伙伴那样"热烈"，然而规矩严格并不等同于童年无法过得快乐，规矩多并不等同于抹杀天性，规矩更多时候是在告诉孩子，什么是可以做的，什么是不可以做的，这是一个价值观与是非观形成的过程。出乎我们意料的是，王教授觉得自己有一个非常愉快的童年，他更觉得相比于快乐，更重要的是他很早就凭着家教养成了一个严谨和明辨是非的本事。

在王赞功教授看来，一个相对成熟的人格是心理健康的基础，所以他也鼓励现在的年轻人不要"两耳不闻窗外事，一心只读圣贤书"，能较早地接触"人世常情"，培养出"好言好语"的本领，做一个正直而优秀的人，这比晚年再像求仙丹一样去找寻养生的捷径要好得多。相比于现在的年轻人，王赞功的成长历程是不平坦的。首先，他面临着乱世与战争。开始在上海求学，后来随着战时全国的政治重心向西南迁移，他也去了重庆。这样不安定的生活直到抗日战争结束才得以停止，他最终落脚于北京。

1947年，王赞功进入了北京协和医院学习医科。在协和医院学习的日子里，他更加意识到了自己性格上的优势。他说："我很难与别人争吵，从来都是就事论事地讲道理，当然也会碰到一些油米不进的人，这时候我会耐心地与他沟通交流，实在不行干脆就不说话了。"这样的性格让王赞功在医院里结识了不少老师和同学，其中很多人成了王赞功的良师益友，他们对他的成长提供了不小的帮助。

说起性格与心理，王赞功还向我们说起了一个非常有趣的小故事。那是新中国成立初期的暑假，王赞功和几个一同留校没有回家的同学被当时学校里的老师安排到内蒙古锡林郭勒盟去实习，实习的内容是防治鼠疫。在当时，锡林郭勒盟的医疗资源十分匮乏，能够让穿白大褂的医生看病是十分不容易的。当地人听说从北京来了一群医生，便簇拥着请他们帮病人看病。王赞功当时还是学生，出于谨慎自然不敢随便给人诊断，但耐不住群众及周边人的劝导，还是去给当地的居民看了病。"我当时就对那个病人说，你别急，我是北京派过来的，专门带了一种治疗这种病的药，你服下几日后便会好了。"王赞功微笑着告诉我们。当然，这种药到病除的神药是不存在的，那些药丸不过是一些简单的抗生素罢了。但王赞功深知心理作用的力量，果不其然，十几日后，当王赞功一行人要离开草原时，那位病人的病已好了大半，可以出门送别"医生们"了。这件事给王赞功留下了很深的印象，让他明白了一个人健康与否在很大程度上与个人的性格和心理素质相关。身体是否健康很大程度上是心理是否健康的外在表现，所以他一直认为自己良好的性格与平稳的心态是长寿的第一要素。

除了时时刻刻想到性格修养外，王赞功在专业工作上更以严格的标准要求自己。他不仅积极参与防护工作，还在后方备战科研，努力为我国"三防"事业水平的提高献计献策，如译有《美军在越南战争中发生的皮肤病（1965—1972）》等书。

同不少城市"巴马老人"一样，王赞功也认同身心统一论，即健康养生之道应在于健康的身体与健康的心灵的统一，二者缺一不可。关于健康的身体，王赞功认为"养生"这一概念不应仅和老年人挂钩，这应该成为一个全民都应注重的行为，"甚至是孩童也应成为养生的对象"。王赞功如此说道："现在很多年轻人十几二十岁的时候就养成了许多坏毛病，作息也好，饮食也罢，有了这些方面的坏毛病，还怎么能在晚年有个好的身体来给你养呢？"王赞功觉得许多人将养生问题本末倒置了，养生本就不应该是破坏了身体后再去休养，而是应该从根本上拒绝损坏身体健康的行为。因此他认为，养生应该从年轻的时候就开始，从根源上杜绝身体被破坏的可能性，这样即使年纪大了，身体也不会太差。相反地，如果年轻的时候以年龄为资本肆意挥霍身体，那么即使老了之后再注意养生也已然来不及了。

至于内心的健康，王赞功更是有一套自己实践出来的理论。前面提到，王赞功有一个强大的内心与严谨恭谦的性格，这不仅在他成长道路上有所帮助，更是他壮年和中年时自我安慰的灵丹妙药。除了在青少年时期经受战争阴影的影响，1949年以后，在解放军军事医学科学院工作的王老师还熬过了多次政治运动的波及，"文革"时期他曾多次被批斗，但最终都坚持了下来。

除了生活中遇到的种种困难，他的日常研究工作其实也是充满难处的。"三防"医学研究本身就充满各种意外，而王赞功的研究方向——寄生生物与细菌战研究——更是充满挑战或者说是危险。由于课题的研究需要长时间出差，去往田野调查，王赞功有很长一段时间没有待在北京，而是在南方的沼泽地附近生活，他需要实地考察沼泽地的生物样本，以明确解决沼泽部队作战感染生物传播疾病的治疗方法。因为这个课题，王赞功没少在沼泽地受苦，但他从没有抱怨。"你想想那些训练和作战的士兵，他们在沼泽地里实战时吭过一声吗？没有！我这点事根本就不算什么！"凭借着坚韧和严谨的科研精神，这个课题取得了意料之中的优秀成果，王赞功也因此获得了两个三等功。

强大的内心是心理健康最基本的要素，只有在这个基础上才能谈论真正的"养生"，说到底，无论年老与否，我们大家最终都是面对着一个永恒的问题——死亡。如何看待死亡？如何看待自己剩下的生命？如何养护这有限的生命，让自己在其中享受乃至大放光彩？这些才是一个养生者最应该考虑的问题。如果只是单纯想要延长自己的寿命，而不去思考生命的意义，那养生就变成了一个毫无意义的空壳。

"现在这个世界，多了许多致命的因素，"王赞功在谈到养生的外部环境时这样说道，"动不动就是致癌的雾霾、致癌的食品添加剂、致癌的烟酒，等等，仿佛来这世界走一遭就是为了得个癌症的。"王赞功觉得在这样充满危险的世界生活并不容易，如果要养生，就不得不从"排毒"开始，而为身体"排毒"的最好办法，便是运动。通过运动增强身体的技能与代谢，将毒物顺利排出体外。运动的方式和强弱程度有千万种，每种运动都有不一样的特性，其适应人群与事宜进行的时间也全不一样。但对于老人来说，运动适度是最重要的，太过强烈的运动，身体难以承受，强度太弱的运动则达不到锻炼的效果。这其中的度是很多人都把握不好的。

退休以后，王赞功平时的休闲时间基本都被低强度的运动占据着，慢走（早期甚至是短时间的慢跑）、保健操、太极拳等，变着花样地搭配排列，让每一次的运动都充满新鲜感与挑战。运动能让一个人看上去有饱满的精神与气色，这足以说明身体与心理是联结在一起的，足量的运动能让一个人从内到外地重新享受生命，焕发生命的光彩。

除了运动，王赞功还十分看重心灵和精神的修为。一方面，他会阅读一些养生的书籍，不是现在出版商热衷于出版的所谓养生秘籍。现在出版的许多养生秘籍看似洋洋洒洒长篇大论，实际上很多都自相矛盾，连作者自己都解释不通。这些书就像现在网上流行的毒鸡汤，看似能给人带来帮助，实际上并不能对读者的生活产生实际的影响，有些甚至还是有害的。对于这些所谓的养生秘籍，读了还不如不读。

相比于这些养生秘籍，王赞功更推崇古人的病理或药理经典书目，比如被许多中医奉为传世经典的《黄帝内经》，这是王赞功年轻时就开始阅读的书，直到如今仍爱不释手。他说自己虽然看了很多遍，但是每次重新翻阅都能理解一些不一样的东西，其中不仅能读到中国古典医药学的精髓，更能从中总结出自己的养生方法。"这些经典书目其实才是真正的养生秘籍，只是大多数人都忽略了。"王赞功这样评价这本书。除了读书，王赞功还会去参加佛教讲道，去听僧侣讲学释经，虽然不是佛教信徒，但他始终保持着一颗宽容的心，可以容纳一切解释世界的方式。王赞功表示："听了几次讲经活动，觉得自己还是有所收获的，至少多听几次我就能将《金刚经》等经典经文背诵下来了，平常不时回想一下，既能锻炼自己的记忆力，还确实有宁神的效用。"

王赞功教授至今仍坚持着自己的养生观念——"身要动，心要静"，这与他一直以来的为人处世风格和个性特征十分吻合。他自己也说："一个人从别人那儿学会养生是很难的，甚至是没必要的，只有找到适合自己的方式，与自己的做事方法、生活习惯相契合的养生理念，生命才会生发出从内向外的蓬勃气质。"每个人都有自己独特的人生经历，并由此发展出全然不一样的身体状况与心理状况，所以，养生就如同做人，守护生命就好像防治病患，总是需要因地制宜、对症下药，才能生出防护的屏障，才能结出健康长寿的花朵。

（本文执笔人：王琛）

① 1951年，王赞功教授在北京协和医院

② 1951年，王赞功教授在协和医院与同事合影

③ 2016年，王赞功教授与校友在一起

④ 2017年春节，王赞功教授于崇明望湖观景

夕阳正好　老骥伏枥

——访诗坛名宿叶元章教授

2015年一个秋高气爽的日子，我们采访组拜访了叶元章老先生。叶先生毕业于上海财经大学经济系，却以诗歌闻名于学术界，他是中华诗词学会发起人暨首届理事，后又为中华诗词学会和上海诗词学会的顾问。如今，已94岁高龄的叶老依旧步履矫健、思维清晰，面对我们的采访，气定神闲，将自己的人生故事娓娓道来。叶老讲述了老一辈人的艰苦奋斗，表达了对年轻一代的希冀，也聊了聊他的养生之道。虽然采访只有短短的一个半小时，但是诗人叶元章先生给我们留下了很深刻的印象，这位老者的苦难回忆使人扼腕叹息，但他的信念与坚守却令人动容。

叶元章先生1922年12月生于上海，浙江镇海人。早年从事新闻工作，著有《流叶集》等。新中国成立之初，毕业于上海财经学院（现上海财经大学）经济系。后曾任编辑，中学及高校教职，从事汉语、中国古代文学教学研究。曾于1955—1956年参加上海作协青年评论小组，并发表过不少作品。1959年远赴西宁，直至"文革"结束又恢复笔耕。二十年间，所作散文、杂文、随笔、作品赏析、文艺评论等约百万字，诗词近千首。除已正式出版的诗集《九回肠集》，他与徐通翰主编的《当代诗词精选》在20世纪90年代也很有影响力。毕业于经济系的他，最后以诗歌闻名于学术界，这其中有着这位老者难以言表的辛酸与无奈。

采访一开始，叶老便说："我们这一代做学问不如老一辈，但是解放后的遭遇有些相似之处。现在想起来，有很多东西值得回忆。"1957年反右派斗争时，叶元章先生被划为"右派"，下放到青海劳动。历史与叶老开了个残忍的玩笑，从那以后，叶老离开了自己心爱的工作岗位，背井离乡去农场劳动。

"我被下放到青海农场后，在那里一待就是27年。当时，我们在那里开荒、种粮，但是大家都知道，青海是高寒地区，是不毛之地，无法种出粮食。我们每天只能吃到稀糊糊，饿得不行，没有力气还要参与高强度的劳动。最惨的是1960年大饥荒，很多时候我们连野菜都吃不上，只能吃草根、树皮。在农场里干活的人一个接着一个倒下，我也不例外，在一次劳动中饿昏过去，幸好家属接我回上海休养了一年多。当时全国都饿肚子，上海的情况还比较好，一些食物能够照常供应。经过家人的悉心照顾，我才死里逃生，活了过来，但是我的很多同伴都饿死在那里了。只能说，活过来就是幸运。记得那段时间，每到夜里，狼群总是会围着帐篷转，非常阴森恐怖。而那些死了的同志则往往被拖出去埋在雪地里，尸体大多被野狼叼走。"回顾这段苦难的生活，老人的眼中流露出了难以言表的沧桑感。

"这27年，我坐过牢，和家里隔绝联系，天天劳动，根本没有学习的机会。直到改革开放，我才重新恢复名誉，开始工作。那时我已经快60岁了，整整30年没有摸过书本。但是没有办法，逝去的时间已经失去了，我只能抓住人生最后20年的时间，做了一点事，有一点成果。如此而已，可惜已经老了。"叶老说完这句话，我们都沉默了，历史强加在他以及那一代人身上的伤害不禁使人唏嘘。而面对逝去的黄金岁月，在他人选择颐养天年的时候，叶老却选择秉烛夜读，使人心生敬意。

回首往事，叶老说，那些年，文科专业是全国的重灾区，因为知识分子单纯，看问题尖锐，爱讲真话。他们这一代人的心里总是有气，老是觉得委屈。"我的青春岁月在苦难中度过，不论是精神还是肉体都受到了伤害，也浪费了自己的智慧。我们这代人很多都因为这样的经历，身体垮掉，留下了后遗症，子女因为成分问题上不了大学。"然而，尽管历经坎坷，叶老还是很乐观豁达，他笑着说："不过我也看得比较开，不是很计较了，比起死在雪地里的人来说，活过来就是幸运。我相信，历史终究是历史，不会被掩埋，在将来时机成熟的时候，这30年的阶级斗争痛史会通过我们自己周围的人、小辈的讲述被公开，给更多的人教育与警醒。"在这段艰难的岁月里，诗歌成为了叶老寄寓情感的最佳方式，或表达思念之情，或直抒苦闷之绪。这作于1966年的组诗《寄内（四首）》是叶老在坐牢期间给仍留在上海的妻子最动人的家书：

一

小别芳卿甫一春，回头几似百年身。
从今愿效双飞蝶，永作妆台不叛人。

二

见说河湟别有春，强驱病骨逐征尘。

岂知原上花开处，遍是鸣锣喝道人。

三

娟娟清影下阶墀，闲读青莲《静夜思》。

吾亦有家归不得，伤心岂独月明时！

四

强别妆台赋远行，玉关闻笛怨难平。

年年腊月初三夜，斜倚枕头哭到明。

（腊月初三：阴历十二月初三，乃作者结婚之日）

"文革"的结束成为了叶老一生的转折点。1978年后，叶元章先生离开原分配单位——青海人民出版社，改教高中语文，四年后恢复名誉，回到高校，在青海民族学院中文系执教五年。退休后，受聘于宁波大学，继续工作十年。"我虽然被分配在青海人民出版社，但当时基本都在劳动。'文革'期间我还坐了五年牢，所以基本上没有怎么工作过。出版社让我做文艺编辑，搞文艺我是半路出家，所以补了一点课，但也补不了多少。总的来说，1978年到1995年间，我出成果基本上就在这一段时间。恢复名誉后，我的工作热情高涨，拼了命地干，天天啃书本。但做学问，我们还是说不上，没有这个底子、基础。不像老一辈在解放前已经储备了很多知识，一回到原岗位就能继续做学问。当时压力大，要杀出一条血路，教好书，弄出成绩来，心里有这样的想法。我教了四年的高中语文，连续三年被评为先进。四年后我到青海民族学院中文系教书，主要负责教古代文学和中国文学史，准确地说，出成绩是从这个地方开始的。"正是这样的信念，这样的艰苦奋斗，使叶老抓住了人生中最后辉煌的20年，做出了成绩。"1995年我退休，不上课了，就专注于搞研究，写点东西。真正停下来是80多岁，回到上海的时候已经85岁了，稍微写点小东西，出了本散文集、两本诗集。"往事历历在目，这一生的跌宕起伏被诗人一字一句写在了作品之中，组诗《自题（四首）》就将他的无奈苦闷与满腔悲愤描绘得淋漓尽致：

一

小学雕虫愧未工，文章憎命古今同。

臣迁获罪相如病，老死孤村陆放翁。

（迁、相如：指司马迁、司马相如）

二

曾将彩笔傲公卿，才气纵横薄有名。

落魄江郎饥欲死，儒冠毕竟误平生。

（江郎：指江淹）

三

行年四十劫何多！破袖遮颜唱挽歌。

流落人间谁得似，卑田院里病元和。

（元和：即郑元和，见唐人传奇及元杂剧）

四

平生际遇与谁论，难起汨罗水底魂。

多少禁城驰马客，老来悬首正阳门。

（特许紫禁城驰马，是清代对臣下的一种特优待遇）

谈及现在的年轻人，叶老很是怒其不争："现在的年轻人生于安乐，不知天高地厚。作为老一辈，我们有责任告诉他们在我们身上发生的事，要把苦难史记下来，传下去。"叶老还语重心长地说，精神财富是不朽的，一辈子享用不尽，好好掌握传统的文化、美德才是根本。如果社会大众的观念再不纠正过来，这对于国家的发展是不利的，甚至是很危险的。他希望即使在好的环境下，青年还是能好好看书，继续保持艰苦奋斗的精神，不要变成无知愚昧、浅薄之人。

叶老诉说了他的人生历程和对青年的希冀之后，又和我们聊起了晚年生活和养生之道。"我们这一代人要想活过来是很不容易的，和我一起去农场的人很多都死在了那里，侥幸活下来的大多也因为长期吃不饱、操劳加上内心的不平而垮了下来。我呢，心态调节得还比较好，还不用拐杖，能吃能走。"说到这儿，老人发出了爽朗的笑声，并继续说道："晚年的确要讲究养生、健身之道。其实对于知识分子来说，年龄的界限并不是很明显。思维是不会老的，90岁也可以继续著书立说。所以，第一是要维持思维的正常运作，不能让它退化。现在我每天都要花几个小时读书看报，每天晚上还要写写日记，偶尔有心得还会写点小东西。第二呢，就是始终要动，动则不衰，这可以保持关节柔软。我从小就喜欢运动，爱好打乒乓球、踢足球。即使在艰难困苦的时候，在牢房里，我还是坚持运动，做健身操。现在我一天做两套健身操，我决心再过三年也不用拐杖。只要自己下决心，就能延缓衰老。"

谈到日常饮食、作息，叶老的回答却很随性，显得有些出人意料："我喜欢吃肥肉，但每天也吃蔬菜、水果。不喜欢吃米饭，喜欢吃面食，这是长期去外地养成的习惯，粗粮也吃。我每天晚上11点睡，看电视看到9:20左右，然后开始写日记，写日记的习惯我也保持了几十年了。白天大多数的时间我都用来读书看报，中午休息一到一个半小时。我的睡眠状况还不错，一天可以保证五六个小时的睡眠时间。"和大多数的老年人不同，叶老的生活作息趋于年轻化，饮食习惯也显得较为随意，没有过多的忌口。但或许正是对文学的热爱以及几十年压抑于心的不平之气使他保有青年人一般的旺盛精力。

除此之外，老人幸福的晚年生活无疑也是他长寿的因素之一。叶老的夫人比老先生还大两岁，已是96岁高龄，夫妇二人共育有六个子女。令人意想不到的是，叶老一家八口都是教师，曾经还有报纸特地采访，写了一篇名为《八骏图》的文章。子女们现在都还在工作，对老人的晚年生活也都很关心、照顾。在采访中，叶老的大儿子始终陪伴在他左右。最后，他和我们说道："我的父亲出生在大户人家，后来却几乎死在监狱里，能活过来很不容易。尽管如此，他心态调节得比较好，还是很尊敬共产党。在'文革'时期，因为我父亲的缘故，我们几个兄弟姐妹都受到了冲击，我被分配去新疆。在入党方面，因为成分不好，不能转正。但是我的父亲还是常常教导我们要走正道，做好人。"叶老的大儿子用以下四个词语总结了叶老的一生：信念、奋斗、努力、刻苦。的确，在叶老身上，我们看到了超乎常人的毅力，他以对文学的无比赤诚，在人生晚年一次次实现目标，一次次书写辉煌。采访至此，我们已深深感受到老人乐观豁达、积极向上的心态。我想，正是这种积极的人生态度使他笑看人世百态，使他延年益寿吧！

在叶老的身上，我们看到了芸芸众生的渺小与脆弱，看到了人夹杂在历史洪流中的痛苦与无奈，但我们更感动于老一辈知识分子在创伤之后的原谅与释怀，感动于人之为人的信念与坚守。在此摘录叶老90岁时所写的一首咏怀诗，愿老人身体健康、诸事顺利，愿属于这代人的痛史不被后代遗忘！

九十抒怀

今秋宁波文化界与佛寺方丈为贱辰有
祝寿之会，感愧之余，缀小诗以酬。

已登骀背不知非，仍欲濡毫咏紫薇。
翰墨凋零诗梦冷，江湖寥落足音稀。
未能泥首求黄纸，肯为攀龙弄布衣。
晚向窗前斟半盏，由他木叶又纷飞。

（本文执笔人：徐悦）

① 叶元章教授

② 叶元章教授给杜行中学捐款10万元，图为叶教授与杜行中学校长交谈

好学肯做　重于实践

——乐美龙校长访谈录

2016年3月14日，在上海海洋大学的一间普通的办公室里，我们有幸采访了德高望重的乐美龙校长。85岁的乐校长看起来神采奕奕、身体健朗，仿佛只过古稀之年。眼前，乐校长的苍颜白发浓缩了悠悠岁月的风霜雨雪，然而面对我们的采访，乐校长用十分平实的话语述说了自己的经历，那听来平淡顺畅的人生背后，必是历经了大风大浪。在困难面前，乐校长始终怀抱赤忱之心，秉持勤奋好学、不怕辛苦的人生信条，跨过了一道道坎，令人无限钦佩。

乐美龙校长1932年出生于上海闸北，祖籍浙江宁波。家中兄弟姐妹三人，他排行老三。由于日本侵略者的战火，他们举家搬到租界里居住。"抗战的时候没有办法，住的房子很小，小孩子都睡在地板上。"乐校长回忆着童年的经历。抗战胜利后，乐校长的父亲和大哥相继过世，家中只剩下母亲与姐姐，连续的变故使得这个原本就困难的家庭雪上加霜。学习成绩优异的乐校长，高中毕业后无力继续求学，在邻居的介绍下，到华东海军后勤司令部的一个打捞公司做打捞员。"我有个特点：好学、肯做。我当时很好奇，水下打捞到底是如何操作的？我提出要下水试试，老师傅们都很赞赏我，觉得这个小青年什么都肯干。"也许在冥冥之中，乐校长一生便是要和水产捕捞相遇的，也正是他那一股子好学肯干的拼劲，让他在海洋水产领域越游越远。

从事打捞的短暂经历让乐校长意识到"没有一定的科学知识，连总结报告也写不出来"。于是，他决心放下工作，继续求学。1951年，乐校长分别考取了上海水产专科学校、上海工专以及沪江大学。最终，出于家庭条件的考虑，他选择了免收学费与伙食费的上海水产专科学校。1954年，乐校长毕业留校。"当时，学校毕业分配只有两个去处——上海海洋局和舟山。结果，其他同学都被分配了，就我一人被留下来。系主任说：'这个学生不错的，一定要把他留下来。'所以我就留下来了。但是我自己也想不通为什么只有我一人留校了。"乐校长笑着说道。

于是，乐校长开始了他的教学生涯——做几位讲授造船课程的上海交通大学教授的助教。他一边辅导学生，一遍自学船舶动力学、船舶静力学等。"我缺乏基础，因此向组织提出到上海交大补上流体力学等课程，老校长同意了我的请求。于是我每天一早从家里骑车到交大，在路边随意吃些早点就去上课了。就这样，我坚持了整整一年，把交大最主要的五门课程都学习了一遍，这段学习经历对我的帮助很大。"除了去交大上课，乐校长还经常代课。"学校聘请的船舶设计院的老师工作繁忙，有时候会临时通知我代上第二天的课程，在这种情况下，我只能通宵备课。虽然过程很辛苦，但非常锻炼人，为我后来从事渔具理论和捕捞技术的研究奠定了基础。"1956年，国家全面学习苏联，上海水产学院也引进了一批苏联的教材，这对原来的教学模式冲击很大。为解决教材的问题，乐校长颇费了一番功夫。他结合自己的学习基础，整合了苏联教材与日本20世纪40年代的权威教材，重新编写了一套适合我国国情的教材——《渔具一般计算原理》。之后，乐校长又将理论教学和技术实践相结合，编写了《渔具理论与捕鱼技术》。这些教材受到行业内广泛认同，并被推广到全国的水产专科院校使用。乐校长先后承担船舶原理与结构、渔具理论和捕鱼技术等课程的教学和科研工作。他始终认为教师应不断输入新知识、新概念、新技术，丰富自己的知识库和思想库，百尺竿头，更进一步。

1958年，乐校长前往舟山码头参与水产捕捞的生产劳动。"胡友庭书记跟我说：'你要去舟山呆一段时间，下去锻炼锻炼，这有利于成长。'我很赞同老书记的话，于是就下基层去了。跟渔民打交道，关键是要肯做，只要勤劳肯干，渔民们就非常欢迎你。"在冬季，乐校长和渔民们一起出海前往浙江大小嵊山捕捞带鱼，渔船一直跟随着带鱼南下直至福建沿海一带。"渔民的工作全是按海上天气的变化而定的，风静则下网，风起则收网，也没有什么八小时制，如果没有大风，不管白天黑夜，连续作业。但是，当渔民们休息的时候，我们也不能休息，要总结带鱼捕捞的特点和经验。"冬去春来，到了清明时节，又要跟着船队到吕四捕捞黄鱼。"我们和渔民一样，渔民吃什么我们就吃什么，当时捕捞黄鱼，我们就一天到晚吃黄鱼。渔船无法随时靠岸，买不到油盐酱醋，饮食上非常艰苦。劳动更不用说了，打捞起网全靠两只手，全凭一身力。"说到这里，乐校长不禁激动起来。1961年后，乐校长调往上海渔业公司下基层实践，那里不再如渔民那样抢着风停的时候连续作业了。但是回想起在舟山的日子，他感慨万分："下舟山实践的经历对我的帮助非常大，人一定要趁着年轻多多锻炼，老了以后再去做就没有机会了。所以我主张，年轻的时候一定要在海上锻炼，既能打好业务基础，又能和渔民打成一片。古话讲'天降大任，苦其心智，劳其筋骨'，否则当不了水产专业的好老师。到现在，舟山沈家门的渔民还会想到当时有一个乐老师。"1964年，乐校长还带领教师在实习船上从事单船拖网的试验研究工作。他后期开设的海洋法、渔业法规和渔政管理课，也都力求将知识与操作实务相结合。乐校长就是这样身体力行，勤劳肯干，在实践中总结生产经验，并不断推进水产捕捞领域的发展和创新。

1972年末，乐校长突然接到指示，调往北京农林部从事国际海洋法研究，参与联合国海洋法会议以及与周边国家签订渔业协定等工作。和多年前受命担任自己并不熟悉的造船课程教学的情形一样，对于海洋法，当时的乐校长所知甚少。面对一个新的领域，他又拿出了年轻时的那股子好学肯干的拼劲，一头扎进国际海洋法中去。他虚心向外交部著名国际法专家倪征燠、黄嘉华等教授学习，逐渐掌握了国际法的基础理论，并研究了有关国际渔业协定的条款和典型案例。1973年，乐校长作为中国政府代表团顾问前往纽约，第一次参加联合国海洋法会议，负责领海、专属经济区、大陆架、公海等海洋法问题的讨论和起草等工作。"我的海洋法基础很薄弱，起初我心里很紧张，但是我想勤能补拙，就把所有国家代表团的会议发言内容都记录了下来，并且把我们团内各个专家的研究汇报都逐一做了记录，自己回去慢慢分析。就这样完成了专属经济区方面的提案，这份提案当时也获得了老专家的肯定。"靠着99%的努力和1%的天赋，乐校长用五年时间从一个门外汉逐渐成长为国际海洋法领域的专家。另外，乐校长作为中国政府代表参与了中日双边渔业协定的谈判。"领导指派我负责与日方谈判的具体事宜，这个任务事关祖国利益、民族尊严，非常艰巨，需要做好万全的准备。我在联合国大会的资料室里找出了日方在'二战'时期及'二战'结束之后与他国签订的所有协议，做了充分的研究。国际谈判是一场持久战，文书的措辞等细节也非常讲究，有时要对一个词、一句话的表达进行长时间的争论。当时，双方就'处理结果'这四个字产生很大分歧，日方代表团的态度非常强硬，他们十分傲慢地表示：'日本过去的协定中没有使用过的词汇是无法使用的。'但是我明确指出，一是日方签订的协定，无须中方提供文本；二是日方肯定用过上述词汇。后来日方就这个问题妥协了。"说起这段经历，乐校长显得很自豪。正是乐校长充分扎实的准备和个人的胆识，带领着中国代表团取得了胜利，维护了中国海洋渔业的权益。他的博闻、胆识也让日本外交官员十分钦佩，后来，一位日本农林水产省的负责员来中国进行访问时，还特地拜访了乐美龙校长。他坦言，当时日本代表团都不相信乐校长仅仅是一位从事水产捕捞的老师。乐校长的突出表现多次获得中央有关部门领导的赞赏。后期他还曾担任过农业部渔业局海洋法工作组组长，研究有关国际渔业管理等重大问题，并在全国水产院校首次开设海洋法与渔业法规课程，为上海水产学院培养了一支高水平的国际渔业法规和国际渔业管理的师资队伍。

在北京农林部、国家水产总局任职时，乐校长依然牵挂着他曾经学习工作的水产大学，牵挂着与之打了一辈子交道的海洋渔业。在结束了国家水产总局的行政工作后，他又回到上海水产学院任教。1983年，他被任命为上海水产学院副院长，1985年任上海水产大学校长。

1980年，上海水产学院刚迁回上海时，条件很艰苦，乐校长想方设法利用自己的人脉资源抓住了世界银行的教育贷款，更新学校的实验设备，提升师资力量等。当时，我国远洋渔业刚刚起步，人才匮乏，技术薄弱。面对严峻的现实，乐校长一边和农业部合作组建远洋船队前往西非开发渔业，并多次派出外语水平和专业能力优秀的青年骨干教师参与远洋领航和捕捞指导；一边扩大学校的专业领域，由近海渔业转向远洋渔业，加强渔具装配工艺、航海技术、外语等方面教学，推广鱿钓产业发展，并加强和其他院校的合作，推动了学校的教学、产业改革，让水产学院焕发新的生机。

乐校长也一直关心着我国及全球的海洋渔业发展，他面对镜头讲出了自己的担忧："由于过度捕捞，海洋渔业资源越来越少，主要体现在经济鱼类数量越来越少。另外，目前的养殖行业也存在很多问题，养殖户只考虑眼前利益，不顾长远发展，总投喂人工饵料，这对水质环境有很严重的污染。北欧的三文鱼养殖是一个很好的范例，他们在不同时段投放不同的饵料，每一步都是严格按照法律规定执行的。我们也应该向他们学习，要有计划、有部署地进行，希望我们国家的渔业发展越来越好。"

1997年12月，乐校长退休，但实际上他是退而不休，每天依旧忙忙碌碌。如今，85岁的乐校长依旧坚守在教学的第一线，每周五都要到远在浦东临港的新校区为研究生上课，还承担本科生渔业导论课的部分教学任务。除此之外，还负责学校校志的编写，为学校新老专业、相关课程的发展进行规划，等等。可谓是宝刀未老，不移白首之心，白发红颜，依旧精力充沛。

面对我们有何养生秘诀的提问时，乐校长谦虚地摆摆手说："没什么，我一日三顿饭，不吃补药。健康长寿么，大概是要归功于生活规律吧。我一直坚持早晨6点起床，7点到办公室，中午回家吃饭，下午在家写写东西，晚上10点之前就休息了，每天如此。其他方面真的没有什么特殊的。"或许是乐校长年轻时出海锻炼，不怕吃苦，大风大浪的捶打赋予了他一个健康坚实的身板；又或许是他的好学肯做、勤于动脑让他一直紧跟时代步伐，保持思想和精神的活跃；更或是他对海洋事业的热忱、对国家和世界海洋渔业资源的关心使他保有一颗热情而充满活力的心。

乐校长说："到今天，我能取得一点成绩，多亏得国家解放和祖国的培养，如果在旧社会，哪里会有不付钱就可以上学的机会？解放以后才能有这种条件。"我们感受到了，乐校长怀着一颗感恩的赤子之心，在文教和科研的第一线兢兢业业地奋斗着，将生命奉献给他热爱的大海和祖国。

（本文执笔人：陆秋尧）

①  ②

① 乐美龙校长

② 王耀发教授采访乐美龙校长

匠人匠心：我这一生都没离开过书店

——访上海出版发行行业见证者刘华庭先生

刘华庭先生1924年生于浙江宁波，曾任上海书店出版社现代编写室主任、副编审，共编辑出版书籍200余部，代表编辑作品有《民国丛书》《文史资料》等。刘老一生没离开过书店，始终都在和书打交道。刘老爱书，毕生致力拯救古籍读本，编辑发行珍贵书册，为历史资料的保存和延续做出了很大贡献。他见证了上海出版发行行业的起承转合，见证了一批批爱书写书人的起伏跌宕。与书结缘，刘老很幸福。

书店·相依

刘老最初任职的地方是三联书店。上海刚解放第一天，三联书店就进驻上海，在江西路开出门市部，后来在南京路也开了门市部。之后公私合营，商务印书馆、中华书局、开明书店、世界书局和联营书店，五家书店实行公私合营。其中，前面四家书店都是老字号，联营书店是在党的支持领导下后成立起来的。五家书店组织了一个大型的出版发行机构。后来出版局被划出去，专门搞发行。这是非常了不起的。

再后来，刘老参与到出版业务中。当时的出版工作相当不易，出版规模很小。怎么办呢？那就从复印故事、珍贵书开始，一点一点发展，规模一点一点扩大。虽然只有几个人，但事情做得多。刘老负责三个出版单位，另外还要负责组织稿子、出版、发行和宣传等。一套《文史笔记》，责任编辑就刘老一个人，为了完成全部编审，他找来几个有经验的老审稿、老校对帮助，这本书就这样出来了。后来，刘老又转到新成立的世纪出版社工作，直至退休。

古籍 · 相伴

刘老小时候很喜欢看书，一本很厚的小说一两天就看完了，看完后还不会忘记，能从头到尾复述出来。新中国成立后，三联书店里有关于马列主义的书、毛泽东的书，在那动荡的年代还能保留下来是非常了不起的。刘老当时很疑惑，书从什么地方来呢？他和三联书店的老师交流后才知道，马列主义的相关书籍很早就进来了，被打包藏在仓库里，新中国成立后，书拿出来就开门市部了。1949年以前出版的书全部集中在书店里，一般不公开卖，1949年以后出版的书会放在书店里卖。

刘老所在的古籍书店做了非常多有意义的古籍收集工作。他印象最深刻的一件事是，有一个读者拿过来一捆没用的旧报纸，面上包的报纸是非常旧的，他拆开来一看，是八一起义当天的《南昌日报》，这是非常珍贵的，上面八一起义当天的名单和涉及的领导人姓名悉数尽在。后来刘老在晚报上刊登了篇报道，被《人民日报》转载，中央军事博物馆、南昌八一起义纪念馆都希望能够收藏这份报纸。后来，原版报纸给了中央军事博物馆，并复制了一张给南昌八一起义纪念馆。鲁迅在日本留学的时候读矿产专业，他曾写过一本《中国矿产志》，这本书非常少见，刘老他们在旧书店翻出来一本非常罕见的版本，结果鲁迅博物馆等几家纪念馆争先收集。

古籍书店原来规模很小，发展壮大后出了很多大部头图书。最多的一部是书橱角落里的《民国丛书》，就是关于民国时期出版的艺术、制造等编的一套书籍，周谷城任主编。还有全国博物馆联合编纂的《文史资料》，由上海书店出版，也非常珍贵。这套书籍后来还获得最高文化奖。此外，刘老将100个作者的代表作编成一套文学丛书，非常珍贵，出版后影响颇大。

期刊在新文化运动中发挥着重要作用，如创造社编的杂志非常珍贵，而且几乎很难凑齐成套。当时刘老他们通过多方人脉关系搜寻，从作者手中以及各个图书馆拼凑，拼不齐的部分再去私人家里借，最后配套印出来。"这项工作非常有意义的，保留了当时的文化资料，许多东西都是原始资料，现在根本找不到了。"刘老说。

作家 · 相知

刘老与作家关系密切，对上海的很多作家都非常熟悉，巴金、许杰等都是他合作过的作家。

俞平伯先生年纪大了，听力下降，新闻记者去他家里采访常常被拒。但是刘老去的时候，俞先生特别关照。刘老与俞先生关系非常好，也给他出了好几本书，彼此之间已经不单单是一种工作关系，而是在工作中逐渐磨合出感情和友谊。《俞平伯书信集》出版时，俞先生的后代问刘老有没有俞先生的信可以提供，刘老提供了几十封信，后来也一并收录进去。

胡风先生，刘老曾为他编了一本期刊，1949年以后都被烧掉。刘老到北京去看他的时候，希望为他复印一份。"胡风先后平反了三次：第一次是你有错误，但现在认识到了错误，所以对你宽大处理，他的爱人梅志不同意；第二次是问题是有的，那么问题搞得重点，他的夫人还是不同意；到第三次，就彻底平反。刘老去的时候，胡风先生大概刚刚出来，第一次平反，那个时候人块头还是蛮大的，坐在太师椅上，讲话乌鲁乌鲁根本听不懂，梅志在刘老旁边做翻译。刘老说他要给胡风先生重版一本书，让胡风先生写一篇序，梅志和他说了，他之后马上就写了，人很谦虚。他写的有几个弄错的地方，刘老给他修改好征求他意见，老先生很谦虚，说没问题，你改你改。刘老很佩服梅志，她在北京艺术大学里工作，为了要帮助胡风，辞职自己去吃官司，到监牢里去陪胡风，这里面多少苦啊，她放弃一切享受，能够同甘共苦，一直到胡风放出来为止，一直为胡风平反的事情尽力，真的令人感动！这种时候，很多人会选择脱离关系，表示清高，她反倒和胡风在一起。当时胡风已经话也讲不清楚，她去陪他，做他的精神支柱，真的非常了不起！"

上海复旦大学的贾植芳，也是跟着"胡风事件"吃了不少苦头。他被放出来后，与刘老关系一直很好，曾书信一百余封。这个人交友甚广，中外友人、华侨伙伴等都喜欢找他讨教、买书，他就一封信介绍到刘老这里。这位先生颇为有趣，他是山西人，吃素、长命、好客、本色，他没有文人骚客的清高和孤傲，不管你什么时候去他都欢迎，和你促膝长谈，滔滔不绝。批斗他的时候，他头都昂得很高。他曾说，根本是我看不起他，不是他看不起我，不是我抬不起头，是他抬不起头，我就是跑过去看他们怎么表现，他们做戏，不是我做戏。斗了他之后，他说今天倒霉吃了苦头，要买点好吃的犒赏犒赏自己。有一次斗得厉害，他受不了了，还要提高自己的待遇，买1角钱的高粱，买2角钱的猪头肉，他说他要庆祝。刘老眼中的贾先生真的是有骨气。他的爱人知道他被打成反革命之后，也去找他，和他一起吃苦头。

田家英，在刘老眼中，这是位顶好的人，年纪轻，有才气，没架子。田家英后来与中央档案馆主任逄先知共事，逄先生当时会拍一些与马列主义、中央有关的电影，小说也都归他保管。田家英和他搭档，两个人像亲兄弟一样，关系很密切。田家英喜欢书，经常跑到书店里来，角落里再脏他都会跑上去找书。他爱书，爱好书，爱读书，所以学问都是用功得来的。田先生也爱好画，他喜欢诗人的笔迹、日记。他后来研究明清的资料，买书买起来用麻袋打包，他来一次总是要买几大包回去，是一个很真实的人。

胡乔木先生也是位爱书之人，他来的时候是中央领导，他要的书刘老他们都尽量满足他。胡先生和刘老的关系还要好，他退休之后来上海修养，成了书店的常客，经常还没上班他就已经等着了，下班的时候他还不肯走。胡先生这么大年纪了，还经常爬上爬下找书，木头楼梯很低很难爬，每次书店员工看见都很担心，但是胡先生很执着。胡先生的记忆力很强，他看过一本书就记住了，等他静下心来，仓库里第几个架子第几本他都记得，非常了不起。他为中央档案馆买书的时候，这本书怎么好，书中有哪些金玉良言，他都会详详细细在下面批注。他要买的书都抄清单，他每本书都要批，都要介绍。人也没架子，几番来往大家就熟了。他去看电影，也会送两张电影票给刘老他们，让他们一起去。他的子女弃文从商，后来他们写《胡乔木传》时来访问刘老，刘老疑惑道："你们父亲买了这么多书，你们不接班啊？"他们笑笑，说不搞文字工作了，不喜欢。

健康·相随

退休后，刘老一直保持着健康的生活习惯，胃口也好，睡眠也好。刘老闲暇时的爱好就是看书，看书会给他带来快乐和满足，看到好书时更是让他身心愉悦。采访刘老时，他表示近期在看南怀瑾先生的著作。刘老笑说，原来看到"南怀瑾"这个名字有种江湖郎中的感觉，读了他的作品后再看，觉得这个人是真正有学问。南怀瑾先生通晓中外古今的文化知识，他不是钻在故纸堆中，而是活学活用。他的这本书，把孔夫子的理论根据他的体会，好在哪里，不好在哪里，一个一个讲解给你听。对或不对，读者自己考虑。有许多了不起的事情，自己经历过以后，就能够深切体会。

（本文执笔人：李初旭）

① 刘华庭先生

② 刘华庭先生的获奖证书

③ 刘华庭先生接受采访

躬耕杏坛育桃李　春风化雨润万物

——东华大学朱辉教授访谈录

像每一个从艰苦岁月中走来的学者一样，东华大学机械工程学院的朱辉教授深知教育的重要性。在40余年的执教生涯里，他始终低调而勤恳地工作着，将自己的一生都奉献给了教育事业。他不仅是东华大学机械工程学院的学科带头人，更是东华大学成长的见证者。

2015年11月26日，我们采访组和朱辉教授的初次见面，是在东华大学的一间会议室中。古稀之年的朱辉教授虽然已满头白发，但精神依然很好。在采访的开始，朱辉教授就谦虚地表示自己口拙，可能讲得不好，这种"敏于行而讷于言"的性格，或许正与老人家春风化雨、诲人不倦的一生相契合。

朱辉是苏州人，但高中毕业后就来到了上海。一晃眼，将近半个世纪过去了，但朱教授的话语中还留有些许软糯的苏州口音，对于故乡风物，朱教授也依稀还有印象。大概是心情愉悦的缘故，朱教授先跟我们分享了一点儿时的趣事和故乡的风俗，再缓慢地将自己的生平娓娓道来。

朱教授的经历具有浓郁的时代性：在战火中陆续读完小学与初中，新中国成立后获得进入高校学习的机会，又因为成绩优异得以留校，在讲台上一站就是40年……轻描淡写的几句话就概括了大半辈子的风风雨雨，面对我们的赞叹，朱老不好意思地笑着说："我和大家都是一样的，不特殊。"

回想起当年刚刚工作的场景，朱教授觉得仿佛还在昨日。那时候的机械工程学院还叫纺织机械工程系，是当年华东纺织工学院建校初期的三大系之一。那时候的机械工程系可谓人才济济，各个教研室主任都是从海外著名高校回国的老先生，在强大的师资力量的号召下，机械工程系吸引了不少学子前来就读。朱教授说："那时候刚解放，国家正处于百废待兴之际，大家都卯足了劲儿要干一番事业，为新中国的建设贡献自己的力量。"受到这种氛围的有力感染，机械工程系师生同心，上下协力，着实地干出了一番业绩，华东纺织工学院的纺织机械工程系也因此在上海的高校中闯出了一定的名声。

20世纪70年代末，各项工作重新开始，朱教授被安排到了工程制图教研室工作。工程图样是表达和交流技术思想的重要工具，是工程技术部分的一种重要技术文件，这门课程也是机械工程系的基础课程之一。但就是这样一门必不可少的学科基础必修课程，当年却连一套像样的教材都没有。眼见学生们无法得到系统的科学的学习，朱教授心急如焚，思前想后，决定自己编写一套教材。在朱教授的大力奔走下，这件事得到了高教局的重视，局长亲自出面召集了上海高校的十余名教师，由朱教授带领着开始了教材的编写工作。

在编写教材的过程中，结合着自身的教学经验，朱教授敏锐地察觉到，由于这一课程涉及空间几何问题及绘制，加上还需要阐明阅读工程图样的理论与方法，单靠文字的表达和平面图形的描述不足以让学生直观地感受。因此，朱教授萌生了制作动画来辅助学生理解的念头。这一想法得到了系领导的支持，甚至还帮忙联系了制片厂，并提供了资金，使得这部动画得以顺利完成。后来，朱教授将成果上交给了教育部，教育部对这一匠心独运的教学方式大加赞赏，在全国高校中挑选了机械工程专业的骨干教师来到东华大学，依照这一思路编写了一套供全国使用的教材。朱教授始终参与着这一教材的编写工作，为了增强课程的趣味性，方便学生的理解，除了制作和教材相互配套的动画，朱教授还绞尽脑汁地设计和制作了许多搭配使用的教具。

20世纪80年代初，《画法几何及工程制图》这本凝聚着朱教授心血的教材顺利出版并投入使用，现今30年过去了，该书经过不停地修订再版，仍然是机械工程系工程制图课程的主要参考书之一。一本好的教材能够唤起学生学习的积极性，能够在一定程度上减轻教师的授课压力。如今市面上看到的《画法几何及工程制图》已经是第七版了，足见这一教材是经得起时间考验的。

除了编写教材这种基础性建设，朱教授在自己的专业领域也有所建树。可以说，朱教授是中国率先推动服装产业自动化的一批人。传统的纺织绘图主要是人工绘图，朱教授结合自身的专业优势，创新性地提出了用计算机来研究服装的想法："因为人体是立体的，服装自然也是立体的，传统的纺织行业用的却是平面的图形，我就想，能不能应用计算机技术，把平面的图形立体化，给设计者更为直观的感受。"再后来，朱老又动起了用计算机技术来进行服装生产的心思。通过和纺织工学院合作，他开发出了一种"自动线"技术，用机器自动的走线来代替人力，极大地推动了服装产业的自动化。这些成就都获得了国家的奖项。

对于已经取得的这些成就，朱教授并没有放在心上，也明显不想多提，只是反复地谦虚道："我只是尽我自己的能力做了很微小的一些事情。"在将近两个小时的采访中，朱教授跟我们讲的最多的，是对下一代的关心与挂怀。

20世纪90年代初，朱教授被学校公派到俄罗斯去访学，从北京坐火车到莫斯科的那个星期，给他震撼最大的不是沿途的异国风光，而是苏联解体对老百姓生活的影响。"我们在莫斯科的商店里看到，一些质量明显不过关的衣服公然地挂在橱窗里，可见即使是这么强大的国家，一旦国力下降，老百姓的生活也会受到影响。"朱教授沉重地说。在访问期间，朱教授更是积极地跟当地的学者交流，主动了解俄罗斯高校的教学方法与教学模式。朱教授告诉我们："所以说人还是应该往外走的，一直待在国内就犹如井底之蛙，对外界的变化一概不知。看到俄罗斯的现状，我们应该引以为戒。"回国之后，朱教授结合着访学期间的所见所闻，对自己的教学进行调整和改革，这些工作在后来还得到了国家的肯定。

60岁的时候，朱教授从教学一线退了下来。因为两个孩子都在美国工作的，朱教授与夫人一同在美国待了两年。虽然已经不用再操心教学工作，但朱教授的职业习惯却让他不自觉地留意起美国高校的情况。在以往的教学工作中，朱教授和纽约一些高校的机械系教授有所联系，在客居的闲暇时间里，朱教授就到对方学校的实验室、教室参观访问，有时候还会跟着学生一起听课、讨论，了解相关领域的学术界现状，也了解美国高校该领域的教学模式，一旦有所启发就立刻记录下来，回到家里再整理成笔记。

朱教授回国之后，在学校的再三邀请下，又投入到了关心下一代的工作中。对此，朱教授自谦为"奉献余热"，在美国客居时写下的那些笔记也有了用武之地。结合着自身多年的教学经验和访学经验，朱教授往往能给年轻老师提出许多中肯的建议。经过他的指导，一些年轻老师已经晋升为教授。朱教授满意地告诉我们："现在他们的课都上得很好，对于他们的工作我也比较放心，所以教材的一些修订工作也逐渐放给年轻人去负责了。"但朱教授还是会时不时地前去听课，替这些年轻的教师把把关，给出一些指导性的建议。

回首在机械工程学院度过的这40余年，朱教授表示他十分满足。机械工程学院舒适的办公环境及良好的人际关系留给了他许多美好的回忆。朱教授动情地说："我一直觉得自己的工作能如此顺利，和系里的关怀是分不开的。"在我们的追问下，朱教授给我们总结了一下他的工作经验。在他看来，一个院系乃至一个学校的发展有这么三个要素：其一是领导的高瞻远见，只有领导真正重视了，各方面工作才能顺利开展；其二是要有一批经验丰富的老教师，所谓"大学之大，非谓有大楼之谓也，有大师之谓也"；其三是有一批谦虚好学、力求上进的青年教师队伍。这样一来，才能心往一处想，劲儿往一处使，做起事情自然就事半功倍了。

以东华大学的机械工程学院为例，朱教授进一步解释道："我们系的发展和这三点是分不开的，绝不是一人一时的功劳。"在朱教授看来，早期的纺织机械工程系的老教授们从海外带来了先进的技术和理念，为院系的发展奠定了良好的基础。院系乃至学校的领导更是时刻关注着院系的发展，朱教授举例说："我担任教育水平组的组长时，每年都要和校领导进行两到三次座谈，把我们发现的问题反馈上去。而在不开会的时候，我们也会制作简报送到各个领导手上，领导们对此也很重视。"而年轻老师也乐于向前辈们请教，朱教授除了通过听课的方式对青年教师进行指导之外，还时不时与青年教师举行座谈会，对他们的工作和生活表示关心。就在这么一种其乐融融、同心协力的氛围之下，东华大学的机械工程学院有了今天的成就。

现在，考虑到朱教授年事已高，再加上对他身体情况的担忧，学校另外挑选了一个更年轻的老师担任教育水平组的组长，以减轻朱教授的工作量。但是，在闲暇的时间里，朱教授还是会跑到学校去，认真仔细地听上一节课，跟任课老师进行交流。对于朱教授的这个习惯，院里的老师都表示十分欢迎。而在没有听课安排的日子里，朱教授就在家里看看书，写写字，有时候还会去周围走一走，散散心，饮食和睡眠也比同龄的老人要来得好。朱教授笑言："《今日关注》就是我的闹钟，每天晚上我看完《今日关注》就去睡觉，一觉醒来就是第二天的6点了。"或许是曾经经历过苦日子的原因，朱教授深知"落后就要挨打"的道理，对国家的现状和发展都十分关心，除了锁定中央电视台的相关频道外，朱教授依然保持着阅读报纸的习惯。近年来又学会了上网浏览时事，紧跟民生热点、关注社会问题成了朱教授退休后的另一个兴趣所在。平衡合理的一日三餐，早睡早起的优良作息，张弛有度的文化活动使得朱教授的退休生活简单而又充实。

《钢铁是怎样炼成的》一书中有这么一段话，笔者想可以作为朱教授一生的写照："人的一生应当这样度过：当他回首往事的时候，不会因为碌碌无为、虚度年华而悔恨，也不会因为为人卑劣、生活庸俗而愧疚。这样，在临终的时候，他就能够说：'我已把自己整个的生命和全部的精力献给了世界上最壮丽的事业——为人类的解放而奋斗。'"这位在困难年代成长起来的老人，始终把爱护下一代、关心下一代作为自己工作的重心，时刻想着如何为下一代多做事、做实事，扎扎实实地为祖国培养、输送了一批又一批优秀人才。在他身上，我们既感受到来自长者的如同春风化雨般的关怀，又能体会到一代学人谦虚谨慎的科研态度。或许正是这种安之若素的态度，使得朱教授虽然已到古稀之年，仍然能保有一种积极向上又健康饱满的精神状态。我们也真挚地希望，朱老的晚年幸福安康！

（本文执笔人：江满琳）

① 朱辉教授

② 朱辉教授接受采访

执着教育　乐观生活

——采访上海师范大学老校长朱鸿鹗先生

在朱鸿鹗先生89岁高龄之际，我们采访组一行六人拜访了这位将毕生精力都奉献给了教育事业的老先生。朱鸿鹗1926年生于江苏无锡。曾任上海师范大学校长，历任第七、八届全国政协委员。朱老擅长电路分析与电路设计，著有《黑白电视机原理及设计》、《电路的计算机设计与方法》等。

谈话伊始，朱老跟我们分享了他早年的求学和工作经历。1937年，随着上海局势的恶化，先生随家人先是从上海逃难到武汉，然后又到四川，抗战胜利后才回到上海。他在四川考取了十二中，一直读到高中毕业，回到上海后于1946年考取了上海交通大学物理系，1950年大学毕业并留在交大物理系担任助教，开始走上了教师这一岗位。而先生工作时间最长，真正让他与师范教育结下一生情缘的地方则是另外一所学校——上海师范专科学校，即现上海师范大学的前身。解放之初的上海有近200所普通中学，在校学生16万人左右，而教师却只有不到6千人，远远不能满足中学教学的需要。为了培养更多的优秀中学教师，提高中学教学质量，上海市教育局按照上海市政府的指示，于1954年筹建上海师范专科学校，并从上海教育系统各单位调入了一批优秀教师组建起教师队伍。先生也是在这个时候服从组织的安排，来到了上海师专，并由此开始了在师范院校40余载的执教生涯。

说起早年的生活，只能用"苦"来形容："日本人打进来后，四川万县那个地方都没有盐，饭也吃不饱，穿的鞋都是自己打的草鞋。"艰苦的岁月却也磨练了先生吃苦的精神。考入交通大学后，虽不用交学费，但仍要解决吃饭、买书的问题，于是先生大学四年里前后共做了三年半的家庭教师，靠自己打工赚钱完成了学业。

1955年，先生参加了北京师范大学举办的理论物理进修班。当时的进修班学员大概有40人左右，基本上都是各师范院校物理系的优秀青年教师，其课程先后由我国著名物理学家张宗燧先生和另一位苏联专家讲授。经过为期两年半的系统学习，这些教师回到各自的工作岗位之后，大多都成为各自科研、教学单位的骨干力量，先生便是这样。说起在北师大的生活，因为他们都是教师身份的学员，因此与普通的大学生不太一样，待遇也好。平时除了上课，先生也会和进修班的其他教师一起去北京的商业街或者旅游景点看一看。这样的经历，也让先生不管在理论学习还是在人生阅历上都有很大的收获，更重要的是让他结识了一批志同道合的同事，对于以后的工作影响很多，用他自己的话讲，"基本上全国的教理论物理的都认识"。

1957年，先生结束了进修班学习回到了上海师范学院，继续从事物理教学工作。先是教理论物理，但上海师院刚成立不久，物理系的许多课程都缺少教师，于是先生又担负起了无线电专业的教学任务。"文革"期间，学校正常的教学秩序受到干扰，此时的先生也被分派到上海无线电四厂进行"劳动"。由于是理科出身，又是物理专业并从事过无线电的教学，因此到无线电厂的先生还是可以发挥其专业之所长的。1973年底，当时的第四机械工业部组织包括上海无线电四厂在内的30余个厂家做黑白广播电视接收机的联合设计，先生也参与了电视机的设计工作，并在科研实践的基础上与他人合著了《晶体管电视接收机原理及设计》（上、下册）一书，后由人民邮电出版社于1979年出版，并成为大学教材。

"文革"结束后，先生重新回到了校园。除了平时的日常教学，在科研方面，受设备等条件限制，很难再继续从事晶体管电视机的研究工作，所以先生又把目光转向了当时更为前沿的计算机技术。20世纪70年代到80年代中期，正是我国计算机工业的形成和初步发展阶段，计算机技术有着广阔的发展前景，于是先生与系里的其他老师一起果断地开设了计算机专业。后来在先生担任校长期间，计算机专业在其亲自主持下从物理系独立出来，并于1985年成立了计算机科学系。但计算机系的设立却费了一番周折："我们学校是教育局办的，要成立计算机系，最初教育局说什么都不肯，因为那时中学没这个需求。但我们还是坚持办了下来，事实证明，这个决定是正确的。"

1983年12月，先生被任命为上海师范学院院长。此时的先生需要考虑的是整个学校的运转和发展，他感到身上的担子更重了。但先生还是坚持一贯的工作原则，即上级安排做什么工作，就去做什么，而且一定把它做好。先生担任院长期间，上海师范学院教职工和学生总数已经达到五六千人，而当时整个学校一年的财政经费才2 200万左右，只够维持正常的运转。在先生看来，教育事业的发展就需要有一支坚强的教师队伍，而要稳定扩充优秀的教师队伍，就必须提高教师的待遇和社会地位，"为他们的工作创造条件，切切实实解决一些实际问题"。作为院长，为了不断提高学校的教学、科研水平，为了保障学校教职工和学生生活待遇的提高，先生不知疲倦地忙碌着。

1984年，也就是先生担任院长的第二年，上海师范学院迎来了其发展历史上的两件大事，即30年校庆和更改校名。上海师范学院经过30年的建设和发展，已经成为1949年以后上海创办的规模最大的一所综合性高等学校。为了使学校能得到更好、更高层次的发展，学校领导根据学校的实际情况，向上级部门提出了更改校名的申请。经过全校师生的共同努力，上海师范学院于1984年10月被批准更名为上海师范大学。看似只是一个名称的简单变化——从"学院"到"大学"，实际上却标志着学校的发展打开了新的局面。更名后的上海师范大学从1985年起，逐渐由上海市教育局主管过渡到由上海市高教局主管，上海师范大学不再受某些限制，在办学规模、发展方向等方面进入了一个新时期。之后，学校在教学机构、专业设置上进行了调整与充实，教育、教学的改革也在党中央改革精神的指引下开始了新的探索与实践，上海师范大学步入了一个崭新的发展时期。

1986年底，60岁的先生从校长的职位上退了下来，继续专注于自己的教学工作，直到1996年离休。先生长期从事物理、无线电电子及计算机辅助设计的教学和科研工作，多次主持国家级科研项目，在电视机设计、应用方面做出了重要贡献，曾于1979年荣获上海市政府授予的"上海市劳动模范"称号。1991年，先生与他人合作的"电梯设备与工作程序监视仪"项目还获得了国家专利。

退休在家的朱老生活很有规律，每天清晨都会去附近的公园晨练，平时在家看书，写毛笔字，画国画。近几年，因腿脚不方便，先生活动得少，但仍坚持早上7点半起床，晚上9点半睡觉，白天到楼下自己走走路、买买菜，看看电视，平时吃饭多吃水果、蔬菜。朱老眼睛、耳朵都还好，只是腰椎间盘突出，每周要做两三次推拿理疗。

问起长寿之道，先生觉得没有什么特别之处，就是心态比较好。先生回忆道，过去的生活确实苦，自己只有几十块钱工资，却要养活一家六口，而且先生的爱人精神状况不好，子女一直由他来照顾，"文革"期间还被判为"反革命"，所以生活和精神压力都很大，但先生硬是凭借乐观的心态挺了过来。如今得益于国家的发展，生活条件好了，还享受离休干部待遇，看病不花钱，所以过得很舒适，心情很好。

问起对现在年轻人的建议，朱老就是希望年轻人一定要努力，"勤勤恳恳地学习，勤勤恳恳地工作"，做个对社会有用的人。而对于现在年轻人面临的买房等生活压力，朱老也特别理解。祝愿朱老身体健康，生活幸福。

（本文执笔人：崔勇勇）

① 朱鸿鹗先生

② 朱鸿鹗先生接受王耀发教授的采访

球场争雄　生命怒放

——记姚明的"篮球祖师爷"李震中教授

2015年4月11日，一个全中国乃至全世界都熟知的面孔出现在了一场庆生宴会上。姚明，这位篮球健将来到上海师范大学校园，然而他并不是这场宴会的主人公。只见姚明手拿一只篮球，缓缓地带着敬意将球放到了一位坐在轮椅上的老人手中，这位老人，才是今天的主角。

李震中是上海师范大学体育学教授，中国著名的体育学家、篮球教练，早在新中国成立之前他就代表中国参加过奥运会，后来更是在上海市篮球队奋力拼搏，在国内外数十场比赛中都取得了很好的成绩。今天，是李老师的百岁寿诞，"老东家"上海师范大学为他举办了庆生会，并举办了"李震中体育教育思想理论"研讨会，以鼓励年轻学者沿着李老师的学术脉络继续将体育教育发扬光大，培养更多的实干运动员和理论研究者。而早在2014年9月24日，我们采访组一行六人就在李老师家里做了采访，与他畅谈教育之道、生命之道，并从老人的口中听到了许多激动人心的故事。

初到李震中老师家的人，会先被贴满墙壁的画作、照片和书法作品吸引住眼球。照片里的李老师一会儿被众人所围，欢呼雀跃；一会儿独自一人，对着镜头微笑。这些都是曾经真实发生过的意义重大的历史瞬间，对于李老师来说，再没有比这更好的墙壁装饰了。"松鹤延年"，房间里最大的一幅书法作品上赫然写着这四个大字，这是当年上海市徐汇区党委统战部送给李老师的，他一直将这幅作品挂在显眼的位置。这是一种祝愿，其实也是一个预言，年近百岁的李老师仍然精神矍铄，特别是在谈到自己的过往记忆时，眼眸里总是闪着明亮的光。

"我叫李富贵，哥哥弟弟们的名字里也都有一个'富'字。"李老师一开口便使在座的诸位感到惊讶。原来，李震中老师1916年出生于天津市，在他出生时和整个成长过程中，家里的经济和生活条件都非常不好，于是父母将改善生活状况的愿景寄予在几个孩子身上，在他们的名字中都安了个"富"字。李老师的本名就叫李富贵。李富贵14岁那年，初中毕业了。由于高中的学费太高，家里承担不起，他又不好意思再向父母要钱，于是就休了学。当其他的孩子都满怀希望前往学堂时，他只能在街上游晃。李富贵的游晃不是闲云野鹤式的，自然也不是地痞混混那般的，他有自己的目的。李富贵爱看人打篮球，有时候自己也上场打一打。"那时候的篮球场差不多都在租界啊，我只能跑很远的距离去看，看完又急忙跑回来。"对于他来说，能够看到自己的偶像们打球，跑再远的距离又算得了什么？李富贵的偶像正是当时在天津篮球界叱咤风云的"南开五虎将"，他们身手矫健，长相帅气，更重要的是，他们的投篮、走位无一不精准干练，专业感十足。才14岁的李富贵哪里会晓得，自己有一天会远比这五位偶像更厉害、更专业，走得更远。而这一天，他并没有等很久。

在看了许多场比赛，甚至自己亲上球场之后，李富贵被一位篮球老师注意到了。"当时家里虽然穷，但我长得却挺高的，再加上在球场上不错的表现，没多久就被恩师发现了。"李老师至今还记得那时的场景：老师看着他，然后询问他，对他说愿意训练、培养他，甚至供他读书。李富贵受宠若惊，但回答的权力却不完全握在自己的手上。李父李母对于孩子打球一事是颇有意见的，一来他们认为读书才是正道，二来高强度的训练势必带来高能量需求，而这就意味着家里本就拮据的粮食供应变得更加困难了。然而，孩子对篮球的迷恋最终还是将父母打动了，看到他每天发自内心地热爱和参与篮球训练，父母也就不再说什么。一天，教练兼恩师对李富贵说："富贵，我一直安排你打中锋位置，你发挥得非常好，前途不可限量。我和你父母一起商量过，想给你改个名字，叫震中，震住中锋，你看好不好？"就这样，李富贵转眼就成了李震中，一个在赤贫线挣扎的毛头小子转眼就成了篮球场的主力。然而，这并不是故事的结尾，命运女神还在前方等着他。

李震中在球场上异常出色的表现让他一下子就出了名，那可不是什么小名气，而是足以撼动"南开五虎将"地位的。在当时同为篮球精英的唐宝堃的邀请下，李老师加入了天津良华篮球队，并在1932年的万国篮球赛上与队友一起夺得冠军，被誉为"良华五虎"，那年，李老师才16岁。1934年，在教练的建议下，李震中决定继续深造，当年便考取了南京体育专科学校，系统且专业地学习篮球技艺。在读书过程中，李老师始终执念于球场，仍然坚持参加多场国内外的重大比赛，并同队友们一块儿取得了很好的成绩。1936年，也就是日本全面侵华战争打响的前一年，李老师从南京体育专科学校毕业了。这时，他面临着一个重要的抉择。篮球场固然是他燃烧生命的希望之所在，但比赛并不能为他带来较高的、稳定的收入，而他的家庭条件本就不好，这使得李老师不得不考虑转行。同年，他前往青岛，在那里的一家银行里做起了办公室职员的工作。"汗水洒多了的人怎么受得了每天都在办公室里坐着？而且当时那家银行里的工作确实太过轻松，我都忍不住要出去走走跑跑，甚至就看看电影也好。"李老师坐不住办公室，或许命运也帮了他这个忙。次年，战火烧到山东，李老师离开了青岛，离开了银行的办公室。

在之后的日子里，李老师也像许多文化、体育界人士一样，为宣传抗日献出过自己的一份力。他和队友们一起到海外去打比赛，以篮球比赛的形式为抗日战争募捐。即便在这种情况下，他和队友们仍保持着极高的胜率，27场比赛赢了26场，仅负一场。作为"球场豪杰"回国后，卸下这一身份，李老师仍然需要面对现实的生活，特别是处于战争中的家庭如何维持生计，说到底还是养家糊口的问题，而李老师还是没有逃脱在银行与球场间做出选择。他待在沦陷后的上海，不仅面临着求生的压力，还有被侵略的悲哀。他以"李雨辰"（将震字拆解）为化名，先后做过保险推销、影院检票等工作，勉强维持生计，直到抗战胜利。

抗日战争结束后，李老师重新恢复了"李震中"的名字，同时恢复的还有自己对篮球竞技的热爱与追求。1946年，李老师进入上海交通大学，开始从事篮球竞技方面的教学工作，这对于李老师来说当然是再好不过的工作，既能重新接触自己深深喜爱的篮球事业，又能将自己的所思所为传授给年轻的篮球运动员们。然而，随之而来的还有一些苦恼："我到学校教书之后才知道，原来篮球教练是不能参加一般的篮球竞技比赛的！也就是说，我基本上就丧失了篮球比赛的参赛资格了！"李震中老师对此十分伤心："如果不能上场比赛了，那我还待在球场上做什么？"但是，李老师只是不能参加一般的比赛，总有一种特殊情况，能让他将自己对篮球的热爱发挥得淋漓尽致。这个特殊的比赛情况，就是参加奥运会。

1948年，李老师通过层层选拔，进入了参加奥运会的篮球运动员队伍中。作为球队的核心人物，李老师需要在赛场上掌控所有的情况。"有一场比赛，跟一个欧洲队打，眼看着就要赢了，结果最后一秒被人家把分数逼平，当时真是哭的心都有了！没办法，接着打加时赛。我必须要先稳住自己的情绪，然后才能有效引导队员配合。"李老师明白自己身上承担着的责任，这份责任在国际赛场上是国家和球队的荣誉，在学校里是教学育人的任务。新中国成立后，党和上海市人民政府看重的是李震中老师的责任感和真本事，请他到新成立的上海师范专科学校（上海师范大学前身）任教，将他的平生所学传递给下一代篮球运动员们，让他们继续为国争光。这一传递便是60余载光阴，从师专到师院，再到师大，李老师见证着学校的变化，校园也见证着李老师渐渐老去。

李震中老师早就退休了，可正如他曾经在青岛某银行工作时所说过的那样，他从不轻易让自己停歇下来。"我觉得自己的心态挺好的，不会太在意年纪大这个事情，其实说真的，你再怎么在意不还是阻止不了时间给你留下痕迹？"所以对于李老师来说，不存在服不服老这个问题，因为衰老是一个避免不了的生理过程，既然避免不了，也就无需过于在意。李老师的好心态体现在生活的方方面面，晚辈们都说从没见过李老师发脾气，他虽然话不多，但为人处世相当和善。"性格都是岁月打磨出来的，经历过战争、贫苦，看到过一些生死别离后，心态不好不行呀。"李老师这么说着，但流露出来的却不是无可奈何，而是一种坚定的神态。一路走来，没有思考过衰老这个问题的李老师或许恰恰怀抱了一种最积极的状态，当他不理会岁月留给身体的痕迹的时候，谁又能说他真的变老了呢？

除了修心养性，李老师平时还积极关注时事，订阅报刊，阅读新闻，每每有国家大事发生时，他都想要发表意见，积极参与。或许是因为自己童年的贫苦遭遇，他总是想要为改善他人的困苦生活尽一份力，汶川地震、玉树地震时，他都义无反顾地捐献了财款物资，还号召亲戚朋友们慷慨相助。

李老师还十分在意身体休养。退休之后，他的生活简单而规律，每天三顿饭都是定时定量的，不早不晚，不多不少，而且口味都偏向清淡，吃的食物也以营养丰富的菜品为主。李老师多吃时令菜，依据季节变化，特别是气温的变化来改变自己的菜谱。李老师认为只要在食物上多加注意，养生也可以是一件容易的事情。他笑着说："其实本来我的口味还挺重的，但退休了以后，儿女们都建议我慢慢把口味降下来，现在我习惯了清淡的口味。"不仅吃得清淡，李老师还喜欢吃水果，每天都会在饭后食用不同种类的水果，促进消化吸收，补充营养物质。李老师的起居时间也比较固定，一般来说，早上6点多起床，晚上9点左右上床入睡，按他的说法，早睡早起，这样才能保持一整天的好心情。

李震中老师的百岁人生跌宕起伏、有甜有苦，可谓是一部自己的人生经历与国家局势变迁结合起来的私人历史。李老师这些年在写一本名为《我的篮球生涯》的自传，相信能更详细地向我们展示他的生命之花是如何在球场内外和人生路上怒放的。我们也别忘了，这位长寿老人在养生方面同样为同龄人乃至年轻人提供了宝贵的经验和指导。

（本文执笔人：王琛）

注：我国著名的体育教育学家、篮球教练李震中教授，于2017年2月24日17时25分在上海市第六人民医院逝世，享年100岁。李震中教授曾代表国家参加过奥运会，为国家培养了许多优秀的体育人才，姚明也是他的学生之一。体育届的同仁们对李震中教授的逝世表示了深深的怀念和沉痛的哀悼。

①

②

那场比赛中国男篮赢了100分

③

④

⑤

① 青年时的李震中教授在球场上

② 新闻报道中的李震中教授

③④ 姚明看望恩师李震中教授

⑤ 李震中教授在家里接受采访

老骥伏枥　白首之心

——伍汉霖教授访谈录

2016年3月1日，在一间老式公寓的简朴客厅里，上海海洋大学教授伍汉霖老师满面笑容地接待了我们采访组。在窗外淡淡的阳光的映照下，坐在蓝色沙发上满头银发的伍老师越发显得谦和慈祥。他慢慢地讲述起自己一生的学习和工作经历，还特别介绍了他在有毒和药用鱼类研究中的心得。当聊起与日本明仁天皇长达30多年的交往经历，那份君子之交淡如水的友谊令人心生敬意又为之感动。

1934年，伍汉霖老师出生在广东省肇庆市。4岁时，日本侵略军入侵广州，随即伍汉霖全家逃往上海。"我的童年是在旧社会度过的，那时受到了各种各样不好的待遇。"伍老师的父亲是一家公司的小职员，母亲靠踩缝纫机贴补家用，全家八个兄弟姐妹，靠着父母微薄的收入，日子过得十分艰苦。伍教授回忆："每天中午，父亲从公司回家，路上买点面条，白水煮面条就是全家人的午饭了。有时候，我们会去烤鸭店买点烤鸭油，拌着吃，很香。"

初中毕业后，伍汉霖考入了上海市江湾中学，但由于付不起伙食费，一个学期后便辍学了。15岁的他听从父亲的安排进入先施公司当售货员，售卖牙刷。1950年，伍老师在偶然间看到了吴淞水产专科学校（即后来的上海水产学院）的招生广告。冲着免收学费的优厚条件，伍老师决定试一试，最终成功考入捕捞专业。"当时1 200人报名，录取30人，我能考进去算是不容易。我也总算有书读了。"伍老师长叹一口气，笑着说。

伍老师非常珍惜这次来之不易的免费学习机会，在学校艰苦的环境中发愤读书。"当时，教室是用马粪纸隔开的，一不小心就打穿了，可以看到隔壁班上课的情形。"就在这样艰苦的环境中，伍老师如饥似渴地学习，克服了许多困难。他回想起最初的学习生活，虽然辛苦但也十分快乐，水产专科学校租借了当时大夏大学的宿舍作为教室、办公室以及学生宿舍，课余时间，同学们常常划着船漫溯丽娃河。由于家里条件困难，伍老师没有钱坐车，于是每周步行20多公里往返家和学校。在一次车祸意外中，伍老师的右手臂被撞脱臼，祸不单行，他又被误诊导致肘关节坏死，使右手僵直无法劳动和写字。伍老师担心，这样的身体条件是当不了船长了，于是就从捕捞专业转系到了水生生物专业，并且努力练习用左手写字，克服了右手受伤带来的不便。"1957年，学校有了公费医疗后，我接受了五次手术，把右手关节换成人工关节，右手才得以重新转动自如。但是我后来上课都用左手写板书，已经习惯了。"

伍老师毕业后留校，成为了著名鱼类学家朱元鼎教授的助手。回忆起那段助手岁月，他感慨万千："我跟着朱老学了很多东西，首先是为人之道，其次是专业的基础训练。"学术世界是寂寞漫长的，做学问需要有甘于坐冷板凳的功力，这并不是任何人都能做到的，然而伍老师在这条学术的道路上默默耕耘，并结出了累累硕果。在担任朱元鼎教授的助手期间，朱老先生要求助教每天晚上都要到办公室里看书学习，直到9点半才可下班，其间还会加以巡视并给予悉心的指导。"那个时候，整个学院的学风非常严谨。朱老的严格要求和言传身教，以及研究室浓厚的学术氛围对我产生了极大的影响。"伍老师对此十分感激。也是从这时起，伍老师开始了真正对鱼类王国的探索。

从事鱼类分类研究的第一步是采集标本，伍老师和同事们要到全国各地采集鱼类标本。由于当时的条件限制，他们只能将用福尔马林浸泡的标本放在铁皮箱中，再将铁皮箱封好。铁皮箱重达几十斤，经常需要自己扛着，标本采集回校后，还需要进一步整理写成文章。当时，伍老师参加了由朱元鼎先生主编的《东海鱼类志》的编写，而后又参加了1958年全国海洋鱼类区系的调查和编写工作，这是新中国成立后的第一次全国性海洋调查，在黄海、东海、南海同时举行，研究对象包括了整个沿海的海况、潮流、水文、气象、水生生物等。伍老师负责东海海洋调查的鱼类试捕项目，他和同事及学生们一起前往沈家门海军码头进行海洋生物调查。调查过程是艰辛而充满危险的，他们出海时遇见过12级的强风，面对过惊涛骇浪，经历了难以想象的晕船，但他们都坚持下来了。同时，通过集体的努力，上海水产学院的鱼类标本库也变得更加丰富，标本种类和数目都位于全国前列。"这段时期的锻炼对我而言是个巨大的考验，但也促使我成长。在编写的过程中，我们遇到了很多难以解决的问题，或是自己查资料找答案，或是请教老师，这让我在鱼类分类方面有了扎实的学术积累。这段经历对我的帮助非常大。"

在所有的鱼类研究领域中，伍老师最感兴趣的是有毒鱼类、药用鱼类和虾虎鱼类的研究。1978年，伍老师根据多年的研究积累，与人合作编写了《中国有毒鱼类和药用鱼类》一书。这是中国第一部全面系统介绍有毒和药用鱼类的专著，填补了学术界的空白。该书出版之后引起了鱼类学家们的广泛关注，成为了该研究领域的重要参考文献，首印的9 000册很快便销售一空。后来这本书由日本鱼类学家耗时十年翻译成日文版，在日本出版销售。伍老师说："这本书涉及许多复杂的中医药名词及名称，如果没有一定的中医学知识是很难翻译的。"说起这些，伍老师谦虚和缓的语调里透出些许自豪来。这的确是值得自豪的作品，是值得载入学术史册的研究成果。伍老师默默努力着，为中国鱼类学的发展做出了重要的贡献。

20世纪70年代，伍老师参与编写《福建鱼类志》，他负责虾虎鱼部分的编写。由于虾虎鱼种类繁多，鉴定复杂，他翻阅了许多资料却还是进展缓慢。一次，他在国外论文中了解到日本明仁亲王是著名鱼类学家，对虾虎鱼更是颇有研究，于是他提笔给明仁亲王写了一封信，请教他一些有关虾虎鱼的问题。没想到，不出一个月，他就收到了来自日本的回信。自此，他们通过书信往来交流虾虎鱼分类问题，互换标本和研究材料。没想到，小小的虾虎鱼牵出了一段跨越国界的友谊。

1989年，明仁天皇即位。伍老师接到邀请首次访问日本，安排在东京赤坂御所做短期虾虎鱼类研究。在这次访日之行中，服丧期间的天皇破例在东宫与伍汉霖教授三次会面，设宴欢迎他的到来，并邀请他在宫内标本室进行研究。他们在兴趣相同的领域里纵情交谈，超越了语言的障碍，没有因国别和身份的不同而有丝毫隔膜，他们谈到中日两国有三分之一以上的鱼类是相同的，因而双方都极为重视对方的研究成果和信息，都表示今后要加强联系，互通有无。"明仁天皇还很高兴地告诉我，他最近发明了一种虾虎鱼感觉管染色法，十分成功，还热情地要把这种方法传授给我。会见结束前，他还把注射器械和药品送给我，让我带回上海，这些在国内都不易买到，还送给我许多日本虾虎鱼类的标本。我能够成功编写关于虾虎鱼的书多亏了明仁的帮助。"伍老师感慨道。至今，伍老师与日本天皇共有12次会晤，已经成了30多年的老朋友了。每年春节，明仁天皇都会给伍老师寄来全家的合影照片，并用汉字题词以表祝贺。伍老师拿出了他珍藏的一沓新年贺卡向我们展示，从一张张照片里，我们可以看到岁月的流逝，更能感受到两位志趣相投的老友深厚真挚的情谊。

朱元鼎教授过世之后，伍老师继任鱼类研究室的主任，一直工作到1999年退休。在退休之后，伍老师出于对鱼类的不泯之兴趣，笔耕不辍，利用业余时间主编或与人合作编写了7本著作，有《拉汉世界鱼类名典》、《拉汉世界鱼类系统名典》、《有毒、药用及危险鱼类图鉴》、《中国有毒及药用鱼类新志》、《中国动物志·硬骨鱼纲鲈形目虾虎鱼亚目》等。伍老师阅读广泛，同时有一股探究到底的精神。"我在医学杂志里看到，鱼胆会使人中毒，但是我记得李时珍的《本草纲目》中记载鲤鱼胆无毒，可以治疗眼疾，而中国南方一带民间用鱼胆治病。于是我通过做动物实验最终得出，鲤科鱼类的鱼胆有毒，其中鲫鱼胆毒性最强。"伍老师通过实验修正了《本草纲目》中的说法，并且在再一次呼吁人们不要吞服鱼胆。

2007年，上海海洋大学将校址迁至浦东临港，伍老师着手整理鉴定学校所收集的鱼类标本。"学校对我非常好，给我安排了招待所，于是我白天整理标本，晚上就住在招待所里，直到去年五六月份才整理结束。这不只是一项整理工作，我在鉴定标本的过程中，随手记录，也写下了许多文章。"这项工作整整进行了七年，共整理出11 000多瓶标本，共2 700种鱼类，上海海洋大学所拥有的鱼类标本种类占到全国鱼类种类的80%。

当我们询问长寿秘诀时，伍老师笑着说道："没有什么的。我退休后大部分时间都在写书，若说有什么兴趣爱好，那就是集邮。现在开始写我人生的最后一本书了，我要解说3 000多种中国海洋鱼类，现在已经进行了两年了。"伍老师透露，1987年，中国鱼类协会曾动员全国鱼类学家将鱼类系统做成解说表，而那之后再也没有人写过，读者纷纷要求出版这样的工具书。"但是没有人敢啃这块硬骨头，那就我来做，农业出版社和我已经约好了，要在前书的基础上扩展内容，并且使用图解的方法让解说更加清晰。前两年因为其他事情的牵绊，迟迟没有动笔，现在终于开始了。"也许是对鱼类研究的热情和喜爱，促使了伍老师在学术之路上越走越远，也激励了他能够一直保有旺盛的体力写作。对国家渔业发展的赤忱奉献之心，以及一颗永不退缩的事业心，使他年入耄耋而脑力尚健，思路清晰，过去右手的旧疾也丝毫不影响他的生活。

同时，伍老师对身体健康也十分重视。他生活规律，并且坚持每天早晨去家附近的上海理工大学内锻炼，每天快走8公里，腰腿都很好。另外，家庭和睦、知足常乐也是健康长寿的重要保障。伍老师很欣慰地告诉我们："夫人身体也过得去，女儿住在上海，儿子定居在美国，如今大孙子也已经考上大学了，我前一段时间还到儿子那里去探亲呢！"生活上，伍老师一直都是由师母照顾安排的。在饮食方面，师母透露，伍老师平时最喜欢吃鱼，尤其喜欢吃非养殖的海水鱼。伍老师一辈子都在和鱼打交道，深知鱼的药用价值，对身体有益。"养生重在平时积累，多吃健康的食物，广告上的那些补品，什么深海鱼油，其实都只是噱头。野生的海水鱼中不饱和脂肪酸含量高，吃了对身体好。像小黄鱼、带鱼、剥皮鱼、三文鱼等都是野生海水鱼，平时经常买三文鱼头，煮汤喝，或者煎来吃，都很好。"

采访结束了，我们从伍老师朴实无华的言语中，从他和明仁天皇维持30年的友谊中，深切地感受到了他的人格魅力。伍老师不怕任务艰巨、迎难而上的精神，以及甘坐冷板凳的勇气，都值得当下每一位青年学者学习。老骥伏枥，志在千里；白首之心，金石之坚。即便岁月花白了头发，但仍无法消磨伍汉霖老师对河海鱼类的喜爱，对学术研究的热情，以及在真理的道路上勇往直前的勇气。

（本文执笔人：郑雯雯）

① 伍汉霖教授在鉴定鱼类标本

② 2014年，伍汉霖教授在"两岸海洋生物多样性研讨会"作报告

③ 伍汉霖教授和夫人在美国旅游

谱写生命的"语法"

——访我国汉语语法界学术泰斗张斌教授

张斌教授已经退休很久了，但心里却一直记挂着自己的学生和学术界的动向。虽然已经90多岁高龄，但他仍坚持去学校教授博士生课程——语法专题研究，不少年轻教师也前去听讲，该课程受到了师生们的一致好评。直到2013年，他才正式从讲台上退了下来。身为中国汉语语法界的学术泰斗，张教授曾为汉语语法研究作出过卓越贡献，他对词类问题和析句问题的独到见解受到了国内外学界的一致认可，并出版了《汉语语法学》、《现代汉语语法十讲》等影响深远的重要著作。在注重学术研究的同时，张教授对自己的身体也丝毫没有倦意，所以即便早已过了鲐背之年，他的身板依旧硬朗，各项身体指标都还不错。2014年的一天，我们采访组来到张教授的家，正是想从他老人家这儿一探健康长寿的奥秘。

张斌教授出生于1920年的长沙，那是一个艰苦的时代，那个年代的苦难，不仅是物质和身体上的，更是心灵和精神上的。在那个动荡的时代，正值青春年少的张斌没有像其他青年那样放弃自己的学业，而是将自己的才华一心挥洒在了读书与写作之上。虽然在师范学院里主攻教育，但他对各个学科和各种知识都充满了好奇心，经常可以看到他捧着一本与专业无关的逻辑学或数学的书津津有味地阅读。所谓博览群书，大抵不过如此。张斌对文字的热爱不仅体现在阅读上，还体现在笔尖上。求学时期的张斌曾经召集了一帮志同道合的好友，共同成立了一个校园杂志社，并创办了一本名为《观察》的杂志。这本杂志以针砭时弊为主要特色，由此受到学院学生们的推崇，在学校中引起强烈的反响，甚至引发了阅读狂潮。在当时，针砭时弊并不能引起政府的反思，相反地，它极有可能造成政客们的反噬。果不其然，在《观察》杂志尚未形成气候之时，国民党当局以"含有不宜传播内容"为由取缔了这本校园杂志。这对杂志社的创办者们，尤其是张老师来说，无疑是十分沉重的打击，不仅仅是因为所付心血俱已成灰，更是因为对这个会因言获罪时代的厌恶和哀恸。虽然这次杂志被取缔的事件对张老师造成了不小的打击，但是他并没有因此被打垮。张老师没有因此失去学习的动力，也没有放弃对这个国家的希冀，他依然坚信，知识普及是这个国家的未来与希望。如果一条路被封住了，弱者会选择就此偃旗息鼓，而意志坚强者则会选择开辟一条全新的康庄大道。无疑，张斌属于后者，他另辟蹊径地走上了另一条道路，而这条道路恰恰是他将来的成就所在。如果张斌当时选择放弃，那么一代语言学大师恐怕就不会出现了！

著名的语言学家索绪尔曾经说过："对语言发生兴趣的意想不到的后果是，没有任何领域曾经孕育出这么多的荒谬观念、偏见、迷梦和虚构。"作为一个现代学科，语言学发端于18世纪，相比于许多古老的学科，它还是比较年轻的。因为年轻，这个学科充满无限的可能性；也因为年轻，这个学科尚未形成稳定的学科框架。这也是为什么生活在19世纪的索绪尔仍旧说这个学科内部存在着大量认知错误与偏差。现代语言学在中国的产生时间就更晚了，对现代汉语的研究一般只追溯到20世纪的新文化运动。在新文化运动之前，汉语一直是一门只可意会而不可言传的学问，只能通过几本相对经典的古典著作进行传承。而这样的传承实际上能影响到的民众是十分有限的。新文化运动打破了这种僵局，而张斌正是出生并成长于这样一个新旧交替的时期。可以说，张斌不仅是我国语言学界特别是现代汉语研究的个中翘楚，更是重要的奠基人之一。从师范学院毕业后，张斌来到了一家杂志社工作。由于工作并不繁重，他拥有了不少可供自己支配的业余时间。张斌便利用这些时间一头扎进了语言学相关书籍的阅读和研究之中，特别是在语法方面，他阅读了大量的相关书籍，并发表了一系列的研究成果与心得。"那个时候发表了一些语法领域的文章，有些观点受到了学界的重视，甚至引起了国外一些理论家的注意。"张斌的观点一经发表便得到了认同和赞赏。从此，张斌走上了语言学研究的道路。或许正像索绪尔所说的那样，语言学中的迷思太多，误解太多，张斌竟就这样投入了一辈子的精力去化解，去释疑。

1954年，张斌离开了杂志社，来到了上海师范大学的前身上海师范专科学校任教，没想到这一教就是近60年，即便退休了也不舍得从讲台上退下来。张斌可谓是上海师范大学的历史见证人，用他自己的话来说，他是"看着师大一步步成长成今天的样子的"。"当初我刚来师大的时候，那时还叫师专，后来又成了师院，我一辈子就跟师范结了缘了。"说完，张斌教授开心地笑了。的确，从师院毕业、学习教育学的张教授最终还是走上了教育者的岗位，将自己的所学所成传播给下一代、下下一代。

我们常说学习需要有一个适当的环境，做研究亦是如此，而上海师范大学在当时就是一个非常适合的环境。这里的"适合"并不是说学校的教研室有多么宽敞，而是说学校的整体氛围非常适合静下心来做研究。张教授就这样在上海师范大学开始了自己对现代汉语的研究，他的研究兴趣主要集中在词类问题和析句问题。他认为在这两个问题上，现代汉语仍存在着如索绪尔所说的那样的"差错"和"迷思"，他想把这些都梳理清楚，并试图以一种科学化的态度和视角切入所有的现代汉语语法问题。这也是为什么张斌不仅注重理论工具，更注重研究方法，因为他认为"理论常新，只有掌握了有效的方法，才能切入更多的问题，寻求更准确的答案，毕竟语言学是一门社会科学，我们不能仅凭经验去验证问题，而是必须坚持以科学方法找到答案"。秉持着这样的理念，凭借着这样一句话，张斌用了一生的时间，努力探求着汉语语法的终极奥义，这无法不令人动容。然而不仅仅如此，张斌更是一位出色的教师和学科建设者。一个老师如果不能将自己的研究知识、方法以授课和著作的方式传给学生，那么他便不是一位完整意义上的好老师。所以张斌不仅治学严谨，更是在讲台上挥洒着自己教书育人的热情。他一直坚持在教育的第一线，培养了一批又一批青年教师。张斌是上海师范大学语言文学学科的第一位博士生导师，在几十年的教学生涯中，他一共培养出了22位博士，这其中还包括了为韩国培养的第一位汉语语法博士。这在当时可以说是一个开创汉语国际化的创世之举。即便到了古稀之年，张斌仍旧事必躬亲，主持并带领着自己的学生成功地完成一个又一个国家课题，并取得了一系列优秀成果。此外，张斌为上师大语言学学科的发展贡献了不小的力量。他领导创建了上海师范大学语言研究所，是首任语言研究所所长；指导创建了上海师范大学现代汉语（今汉语言文字学）硕士点、博士点；参加创建了上海师范大学语言学及应用语言学硕士点、博士点；创建了上海师范大学博士后流动站等，可谓是上海师范大学语言学学科的元老。毫不夸张地说，没有张斌教授，就没有上师大现代汉语专业的今天。

就像当年坚持耕耘一般，如今已95岁高龄的张斌教授虽早已退休、赋闲在家，但却一直坚持着自己制订的一套"休养生息"计划，没有停歇。"我一直将自己做事的主要条件归纳为两个方面，一是自己的努力，二是环境的塑造。"张斌教授在介绍自己这一辈子的生活心得时如此说道。这样的"二分法"不仅在工作中得到充分发扬，在退休后的生活中也是一样。张斌教授认为一个人的个人修为是非常重要的，而这种修为不仅体现在学术研究等脑力活动上，更体现在日常的生活习惯中。所以直到今天，张斌教授仍坚持着每日进行阅读和写作。早报、晚报、《参考消息》，这些经典报纸都是每日必读的。"由于职业习惯，我阅读报纸书刊的时候，会有意识地分析文字句法，甚至在自己的脑海里对这些文字进行再加工，看看能否更通顺、更完整地表达出新闻的意思。"由此可见，年龄对张斌来说并不算问题，一些习惯一旦养成，是你想改变也改变不了的，而张斌认为正是这种对文字"钻牛角尖"的态度，让他晚年的脑力活动仍能维持在一个较高的水平。张斌教授至今还在写小文章和论文，其中不少被发表在了《咬文嚼字》等期刊上。他培养出来的那些在高校系统工作的学生一旦出了著作，也往往邀请他为书写序，他是来者不拒的。就是这样，张斌教授退休后一直保持着这种近似于未退休的状态。

张斌教授对生活的要求不高，但他对自己生活态度的要求却不低。"我从不挑食，吃东西也没有什么大忌讳。但我对自己说，不管生活变得如何，你对待生活的认真不能改变。"正是因为如此，张斌过着十分规律的老年生活，每天几点起床、吃饭、读书写作、锻炼、与亲人陪伴、睡觉等，都有着严格的时间规定，日复一日，从未停止。即使工作任务繁重，张斌也坚持早睡，而且从不赖床。他认为，保持良好的睡眠习惯是自己身子一直硬朗的主要原因，还甚至打趣地说，这恐怕是现在每天熬夜的年轻人最需要向他学习的地方。"生活与心情都要有规律，就好像语言中'节奏'的概念一样。"说起来，张斌真是将自己的学术研究与生活理念紧密地结合了！在吃食方面，张斌虽然不爱蔬菜，却极爱食用水果，每天都要变着花样吃一些，他说这既有利于消化系统，更是真心出自自己的喜爱。在运动方面，张斌的运动方式较为简单，天气好的时候会在小区空地里慢走；天气不好的时候，完成了读书写作，就在家里做一做操，都是些适合老年人的小幅度运动方式。值得一提的是，张教授如今是一个人居住，但儿子和儿媳妇就住在隔壁，许多亲戚都住在周围。他说，这种居住方式是在保证自己生活独立、自由的前提下的最好方式，既能有各自较为独立的生活空间，又能欢聚一堂，享受家庭幸福，岂不快哉？

在采访的最后，张教授给年轻人留下了这样的劝告："做人就像做学术，都是一个人的事情，这种'孤独'不是负担，而是享受。当我们学会了面对生活不卑不亢，面对他人不做比较时，才是在真正地享受人生。"希望后生们能对这番话有所体会，也衷心祝愿张斌教授健康长寿！

（本文执笔人：王琛）

：我国著名的语言学家、上海师范大学中文系原系主任、语言学会副会长张斌教授，于2018年3月31日在上海逝世，享年98岁。张斌教授是海内外著名的语法学家，他不仅发表了诸多高水平、高质量的学术论著，而且编写出版了一批影响深远的现代汉语教材，培养了一大批语法学家和语法研究者，为我国的语言学事业作出了重要贡献。

① 张斌教授

② 张斌教授在书房中

随顺自然　所以长寿

——记大器晚成的余有为教练

张爱玲曾说，出名要趁早，但在成功的路上，往往有人大器晚成，曾任中国男排主教练的余有为先生就是其中之一。余教练身材高大，精神抖擞，昔日风姿依稀可见。通过两个小时左右的采访，余教练对体育事业的贡献以及对排球的执着深深打动了我们。他还不时讲故事给我们听，他的乐观开朗和幽默风趣使得采访现场其乐融融。

余教练1944年出生于浙江，他曾是国家男排主力队员。1974年至1982年任上海男排教练。1982年8月至1984年9月，余教练赴南斯拉夫援外，任萨格勒布市男排教练和南斯拉夫国家男排主教练。在他的带领下，南斯拉夫男子排球队在1983年成为欧洲杯第8名，1984年则获得了第2名的好成绩，同年参加巴西世界杯比赛，又获第4名。1986年1月回国后，余教练出任中国男排教练员，并带领中国男排走向巅峰。1986年第十届汉城亚运会上，中国男排获得冠军。1987年，中国男排又获第十四届世界大学生运动会和第四届亚洲锦标赛亚军。

"机遇像个淘气的孩子，不定啥时候就突然撞进你怀里。"这是余教练摘录在剪报本上的一句话。在采访中，每每讲到余教练所做出的功绩时，他总说："我余有为是有点本事，但是本事也不是很大。我一辈子走过来，感觉机遇很重要，抓住机遇才是本事。"或许，正是这种平和而乐观的心态使得余教练健康长寿，也促使他面对采访和摄像机时依旧能够谈笑风生。

外界都称余教练"大器晚成"，在采访一开始，他就向我们解释何为"大器晚成"："我从小就喜欢体育，尤其是篮球、足球，我都特别擅长，但是搞排球却是误打误撞。1963年高中毕业，当时我想报考篮球系，但我的老师对我说：'那么瘦的人，打篮球没有出息，可以去打排球。'于是我报考了体院的排球系。在这之前，我从来没有接触过排球，能被录取可以说是幸运。当时体院排球教练组的主任看到我会篮球、足球，运动技巧比较好，所以就把我推荐给上海青年排球队。20岁学打排球，这在当时一般是没有的。去排球队试训时，教练看我球性好，就录取了我，我才开始正式接触排球，所以说我是'大器晚成'。"

"高中毕业开始打排球的好处，就是当时我思想比较成熟，所以天天加班，训练刻苦。我知道自己基础不够，如果不刻苦就肯定赶不上人家。我从不会打球到成为上海青年队主力只用了八个月的时间。"说到这里，余教练露出了自豪的笑容，而说到现在国内运动员的训练时，余教练也表示出自己的担忧："再看看我们现在，大家都说'从娃娃抓起'，那些孩子还很小的时候就要让他们从事专门的一项体育运动，这有些操之过急，往往会适得其反。我以前在国外生活过一段时间，国外的教育就不一样，他们让孩子在操场上自己玩自己的，让他们在实际的运动中找到自己的兴趣爱好再加以发展。而我们呢，现在每个班都要有足球队，这种做法不太合理，我认为应该要先训练运动基础，然后再进行专业训练，要让孩子自由发展。"说到这里，余教练还提到了他们一家都是搞体育的，他自己以及妻子、孩子都是打排球的，他的儿子曾经是上海队队长，后来进入国家队，而女婿则是国家水球队队长。但他也表示，他们在家里从来不谈球，他不会强迫子孙的职业选择，希望他们能顺其自然。

余教练的父亲是资本家，在20世纪的政治环境中，这样的出身在一定程度上限制了他的职业生涯。回顾这几十年的人生历程，余教练感慨地说："我的一生是有起伏的，最痛苦的是"文革"那一段，不给我打球；还有就是因为我出身不好，人家出国去，我去不了。1966年，我23岁，因为父亲是资本家，所以'文革'期间有几年我不能打球，也没有去成中国青年队，这让我觉得很痛苦。父亲常常教导我：'针不可以做两头尖，要戳手。'所以，我决定要先打好球，不太去考虑别的事，常常被他们称为'白专'，认为我没有政治觉悟。直到28岁，我才真正开始为国家做贡献。1970年我到北京，直到1990年亚运会结束，整整20年，一生中最好的时光，我一个人在北京。这20年，我们夫妻相聚的时间很少，当我第一次见到我儿子的时候，他已经14个月了，当时排球队为了备战伊朗奥运会在北京集训。那个时候，我们还和我的父母住在一起。我从北京回来后，我们三个人就挤在20平方米的小房间。每天晚上，只要我在房间里，孩子怕生就不肯睡，只有我妻子哄孩子入睡之后，我才能进房间。"回顾这段往事，余教练似有无限感慨。他也坦白道："所幸，我们这些人还搞出了点成绩，但其实更多的人并没有得到上天的眷顾，也像我们这样过了十几二十几年。当时我们打球是没有一分钱的，是为革命打球，为祖国而战，为荣誉而战。不过现在条件已经好多了，运动员很辛苦，也需要给予适当的补贴。"

回忆往事，余教练说："对我来说，最痛苦的是三次出国政审通不过。中国队出国了，而我却留在国内。"说到为何依旧坚守在自己的岗位时，余教练很谦虚地说："当时我身边的朋友都为我抱不平，但我还是留下来了，这不是说我思想境界高，毕竟我更喜欢体育。"他当时还有这样一个信念：既然我出不了国，那我就要打得更好，让中国队少不了我。正是这样的韧性与勤奋刻苦，为余教练争得了一次难能可贵的机会："后来上面觉得我思想觉悟好，不计较个人得失，所以给我做了担保，我才有了出国的机会，我第一次出国是去朝鲜。"

"很多事情，有机遇就要抓住，运气也是很重要的。"这是余教练常挂在嘴边的一句话，他认为自己是受到上天眷顾的，一生中有几个转折点。"我的运气还是不错的，当时我打球打到34岁，那个时候是1978年，我也考虑过去工厂，但是体校觉得我有一技之长，就让我留下来当教练的助手。当上助手不久，教练被提拔，位子空了出来，我就正好上去了。至于我当上国家队主教练也是一个巧合，1988年，一共两个人竞选主教练。一个偶然的机会，我当上了国家队主教练。算是机遇吧，我余有为是有点本事，但本事不是很大。"

正是机遇和良好的心态使余教练在职业生涯中取得诸多优异成就。在他的运动员时期，他所在的上海队五次获得全国冠军。当助理教练时，中国队获得了1986年汉城亚运会冠军。1990年北京亚运会上，作为中国男排主教练，在外人不看好的情况下，余教练带领中国队夺得冠军。他使中国男排的水平达到了高峰。说到这里，余教练给我们讲了一件有意思的事："北京亚运会时，大家都不看好中国男排。作为东道主，我们的压力很大。刚进亚运村一个月，我就瘦了15斤，很紧张。在亚运会之前，我们去广州集训，有个老板说绍兴有个庙很灵验，可以去烧个香。所以我就带着队员们一起去那个庙烧香。虽然这有点迷信，不过这也表明了队员们心很齐，都希望把球打好。"

带领中国男排走出低谷的余教练，曾多次赴南斯拉夫担任教练，并取得了不俗的成绩。1982年第一次去南斯拉夫执教时，在两年半的时间里，他带领"青春"男排6次夺得全国冠军，还摘取了欧洲杯男排赛银牌。为此，《南斯拉夫排球运动40周年年鉴》在卷首印上了余有为的彩照，并写道："南斯拉夫排球为跻身欧洲列强奋斗了20年，是中国教练余有为率领'青春'男排，实现了这个梦想。"

在采访的最后，余教练还和我们聊了聊他的晚年生活。他说："现在，我的生活还是比较丰富的。偶尔会和老朋友碰碰头，和以前熟悉的教练员碰头。退休之后，我还是关心体育，每天都会收看体育节目。回想起来，我还是感谢排球事业，如果现在需要我再做什么，我还愿意发挥余热。"

对于老年人来说，饮食是日常起居中很重要的一环，余教练说："我早年因为做运动员受过伤，心脏做过手术，年轻的时候不注重保养，所以现在还有糖尿病。在饮食方面要少吃，要清淡一些。现在我还要控制体重，想当初我最重的时候是110公斤，现在减到了95公斤。"谈起家庭生活，他说："我和老伴两个人住在这里，平时我们没事就养养动物、花草。我有一个儿子和一个女儿，现在小孩的事业、家庭都很好，这是最主要的。他们也常常会回来看我们，和我们聚聚，吃顿晚饭。"丰富多彩而祥和的晚年生活是余教练健康的又一秘诀。

在经历了大半生的起起伏伏之后，这位老者依旧谈笑风生，保有随顺自然且积极乐观的心态。或许，正是这样豁达的人生态度使余教练健康长寿，永葆青春！

（本文执笔人：徐悦）

①

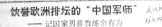

②

③

④

① 余有为教练

② 新闻报道中的余有为教练

③ 1989年，余有为教练带领国家队参加世界排球联赛

④ 1974年，余有为教练和袁伟民一起赴伊朗参加亚运会

得失两忘　乐业一生

——上海大学张直明教授访谈录

每一个真正的科学工作者心中都有着自己独特的执着和热忱。名与利在他们心中，不曾占据过任何的位置。他们生命的意义在于这世界前进与发展的强大推力。2015年10月16日，我们采访了上海大学张直明教授。

张直明教授的研究领域为机械学和摩擦学，重点研究方向为流体动力润滑理论及转子轴承系统动力学。此领域的研究对我国科技发展至关重要。1952年8月起，张直明历任助教、讲师、副教授、教授、博士生导师，并兼任中国摩擦学会理事、上海轴承学会副理事长、中国机械工程学报编委、国家摩擦学重点实验室学术委员、国家教委摩擦学开放实验室学术委员等职。

张教授1931年出生在上海。那个时代的上海沦陷于日本侵略者的魔掌之中，生活格外艰辛。这也给幼年时期的张直明埋下了一颗希望祖国富强的种子。1937年至1942年，他在上海太华小学读书，1942年升入上海民立中学，1946年考入上海大同附中二院，1948年顺利考入上海交通大学机械系。

交大的教育对于张教授之后的科研生涯产生了深远的影响。众所周知，交大的教育特点就是基础广。"基础广对于学生的培养是非常重要的。"据张教授说，他在学习大学课程时，数学类的基础非常扎实。1952年7月毕业后，他留校任教。担任助教时，他也对自主学习非常重视。"我们做助教的人都认为，作为'灵魂的工程师'，教师自身的学习基础是非常重要的。刚刚毕业做助教的人都会拼命地学习。在图书馆一坐就是一天。还到复旦大学听数学课程。"这样的学习为张教授日后开展科研打下了坚实基础。

1957年，上海交通大学迁校到西安。张直明也随同到达西安交通大学，原定短期支援工作，后来他的短期支援却变成了27年的长期工作，一家人也跟随他来到西安。后来，由于家庭的原因，一家人才被调回上海。1980年10月，张直明教授作为访问学者去卡尔斯鲁厄理工学院进修一年。从1984年开始，张直明教授一直在上海大学任教，直到1998年底退休。

张直明教授一直从事机械学、摩擦学的教学和研究工作，成果显著。1965年，他首次研制轴承计算机大型程序，完成一机部20万千瓦汽轮机轴承研究课题；1978年，他创成解算润滑理论问题的特征矢量法，奠定了中国汽轮机滑动轴承标准计算法基础；1980年，他首次实现用数值法解算圆柱轴承的临界泰勒数；1982年，他的"流体润滑理论及滑动轴承"研究成果获国家自然科学四等奖；1986年，他完成的"流体润滑理论及大型高速滑动轴承"项目，获国家教委科技进步二等奖；1988年，他负责的"圆锥滚子轴承内圈大档边型面优化及工艺"研究，获上海市科技三等奖；1992年，他承担的"转子系统不平衡响应分析"研究课题，获上海科技振兴三等奖；1990年，他主持的"流体润滑理论及应用"研究项目，获国家教委科技进步三等奖；1992年，张直明教授被美国传记学会（ABI）收入《国际杰出领先人物名录》；1993年，他应邀赴香港理工大学、东京大学讲学。

据张教授回顾，1958年，三峡发电站项目即将上马，却面临了一个巨大的问题。三峡发电站的水轮机非常大，这个巨大的轴承如何计算，如何保证流体润滑，都没有解决，甚至连一个计算办法都没有。此时，张直明教授临危受命，承担了这个项目研究。"我先看了外国人是怎么解决这个问题的。一个著名的科学家用模拟实验得出了数据，于是我也想学他进行模拟实验。可是这个模拟实验需要比较大的电流，身体反应很大，我们都不敢做了。这个计算方法，放在我们现在看，是相当落后的。但当时想，外国人得出这些数据也是非常不容易的。"

他们不断地摸索，在数字计算上，起初是用人工一点一点算，后来有了手摇计算机，虽然计算速度快了一些，但是手摇计算机也让研究人员患上了肩周炎。再后来，电子计算机的使用使得计算速度大大提升。可是当时的电子计算机质量不高，频繁跳字，也无法进行正常的运算。之后，张教授又带着研究员们学习新的计算机语言，并投入到大量的数据计算当中。在此基础之上，张直明教授也开始了汽轮机的研究。但在研究的初始阶段，条件并不理想。当时国外的资料不能及时获取，导致很多基础的数据都需要从头摸索和计算。虽然在研究过程中，大家有一些小的创造，比如在一些计算方法上进行改进，提高了效率，但是对于整体的研究而言，还是和别人一样。经过艰难的探索，他们才开始摸索到这个领域中别人还没有解决的问题。艰苦的条件，虽然在一定程度上阻碍了科研工作的开展，但是从另外一个方面来看，正是这样日复一日的工作和努力，才为他们日后的创获打下了坚实的基础。

"我觉得一个人要真正把兴趣放到科研里去才能做出一些成就。"在全国摩擦学学会成立30周年的大会上，张直明教授这样说道，"很多人的科研只在于完成指标，但是只有兴趣才能成为科研进入的真正动力。"在这次谈话中，我们也明显地感受到张直明教授对于科研的热情和执念。科研在他心中，必须是要有足够的兴趣和渴望才能进行的。至于利益和商业价值，他并不在意。这也是一直以来他心中坚定的信念。在这样的信念之下，张直明教授成果斐然，紊流润滑理论就是其中之一。

20世纪70年代，张直明教授在西安交通大学工作。对于紊流润滑理论，当时国际上已经有几种简单的原始计算模式。虽然后来在逐渐地进行改进，但还是处于一种尚未完全解决的状态。有一位中国籍的科学家，提出了一个半经验半理论的模式。由于在当时相对先进，被大家广泛运用。后来，西方学者希尔什提出了更新的理论，这个理论在国际上引发了很大的反响，紊流润滑理论的研究再一次被推向风口浪尖。当时张直明教授看了希尔什的文章，发现其研究过程当中的理论计算和实验的实际数据有一些差别。虽然希尔什对于这些差别也做出了解释，但是张直明教授经过仔细的研究，发现他的理论基础本身就是错误的，而且在一些具体的实验中也出现错误的结果。于是，张教授提出了自己的见解，并发表在交通大学的学报上。

润滑油在机械内部的速度分布，是无法通过实验室中的实验得出的，只能从理论方面推论。1989年，张直明和加拿大的一位教授完成了一项研究，他们经过放大实验，准确地测量了润滑油的速度。这个数据可作为新理论的依据，并且可以鉴定现有理论所存在的问题。于是，在国家科学课题的支持下，张直明教授带领自己的团队建立了自己的理论。直到现在，他所建立的紊流润滑理论仍旧处于世界领先地位。

这样的研究过程更让张直明教授认识到，要做科研，就要把自己的心思完全投入进去，也要把这个领域的发展和要求都放到心里。抓住条件，看准契机，才能一气呵成。

基于高级紊流模式构造的紊流润滑理论，动因始于1978年，至1990年方才因条件成熟而完成，同时实现相应的紊流雷诺润滑方程解算方法。张教授首创的滑动轴承非定常油膜力数据库及相应的转子—轴承系统非线性动力学仿真技术，再现了Pinkus超高速转子轴承实验的全部复杂现象并作出了机理阐述，在20世纪90年代于西安举行的国际学术会议上，该技术被主旨报告人东京大学教授崛幸夫列入近期世界上在此领域的成就。紊流润滑理论是大型机械的基础。谈话中，张直明教授一再强调，在科技发展和进步的过程中，理论基础是非常重要的。"现在很大一部分的研究者，只要完成任务就行了。但是一定要有一些研究者是对科研抱有热情和兴趣的。只有这样，才能做到真正的科研强国。"

除了滑动轴承方面的研究，张教授也很关心滚动轴承方面的问题。"这种轴承和滑动轴承完全不一样，里面存在强度和弹性形变的问题。"对于这个问题，在张教授深入研究之前，学界也是只有一个基础的理论解读，但是实际的运用和理论是有一定差别的。对于学界来说，这个问题亟待解决。各国学者都做出过不同的努力，但结果都不甚理想。当时张直明教授一直在思考这个问题，他想出来的方法和美国斯坦福大学的一位教授想到的办法十分相似。但这种方法的计算量很大，需要巨型计算机。已经古稀之年的张教授并没有精力往返于巨型计算机中心，研究也无法进行了。

就在我们采访张教授的四个月之前，他又开始了一项中小型滑动轴承的研究。上海大学一位物理学方面的老师十年前创办了一间专门提供中小型滑动轴承的公司。由于具有强大的理论基础和动力学基础，公司虽小，却有很大的生命力。负责人找到张直明教授，希望他能够帮助把一些轴承的物理问题转换成数学问题，从而完成新项目的推导和设计。拿到资料之后，已经耄耋之年的张教授马上着手推导。不出一个月，数据也全部完成了。

退休之后的张直明教授，过得也是怡然自得。他的长寿秘诀，也在于保持轻松的心态和充满活力的大脑。现在，孩子们都在国外安家立业，也不曾依靠家里一分钱。张教授开玩笑地说："孩子结婚，我们就支持300元人民币。"张教授的兴趣很广。他是一个古典音乐迷，也是一个摄影爱好者，还经常带着老伴四处旅游。张教授认为，人老了以后一定要注意锻炼身体、锻炼脑筋。学校里年轻的同志遇到问题喜欢和张教授讨论，张教授也会帮他们细致考虑。"我不断参加这些研究活动。自己有兴趣的自己做，别人来找我的我来研究。"所以直到现在，他还保持着活跃的思维能力。饮食上，张直明教授崇尚健康、均衡，富含蛋白质的鱼、虾和富含维生素的果蔬经常出现在张教授家的餐桌上。现在的他，每晚都会和老伴一起去公园散步，睡前还是会和年轻的时候一样，读英文小说。

生活当中的艰难坎坷终将过去，也终将成为花团锦簇下的一片红泥。而生命的意义，始终在于心之所至。这永不停止的科研的脚步也激励着年轻的学者：得失两忘，唯不忘初心。

（本文执笔人：郑雯雯）

① 张直明教授

② 张直明教授和夫人

大医老骥伏枥　拓伸基础医学路千里

——仁寿长者汤雪明教授访谈记

从医学的角度来讲，医学细胞生物学是基础医学和临床医学的重要基础，通过细胞生物学研究可以探索人类生老病死的机制，研究疾病的发生发展和转归的规律，为疾病的预防诊断和治疗提供新的理论、思路和方案，最终为战胜疾病、保障人类健康做出贡献。2016年6月11日，我们采访了医学细胞生物学专家、上海交通大学基础医学院的退休教师汤雪明教授。

汤老师就读于交大医学院的前身——上海第二医学院（后改称上海第二医科大学、上海交通大学医学院），毕业后留校任教，并曾担任学院院长职务，他的一生绝大部分时间都在基础医学院。面对我们的采访，汤老师一直谦虚地说自己一生没什么成就，主要与大家分享下他与交大基础医学院一起成长的经历。这位年届八十的长者，不仅和基础医学院一起走过60年的风风雨雨，更是见证了我国医学细胞生物学的发展及交大基础医学院的辉煌历程。

汤雪明先生1938年生于浙江嘉善西塘，这是一个有着小桥流水人家、青荇软泥招摇的江南古镇。他在这里读完了小学、初中，在古朴典雅、宁静而温婉的水乡怀抱里度过了愉快的童年时代。1954年，他来到上海读高中，与已在上海市政府任职的父亲一起生活。然而，来沪不到一年，他就遭遇了人生第一次大变故：父亲在反右派斗争中因为同情"资本家"的言论而被调往大西北工作，只留下他一个人继续在上海读书。没有了经济来源，他下课后就跑到桥头帮人推车，以此获得一两毛钱的报酬维持生计。他的高中三年就是这样在学习，打工，感受风雨、尝尽酸甜苦辣的生活中度过的。高中要毕业了，因为母亲身体一直不好，汤雪明一直希望长大后做个医生，于是他高考填报了上海第二医学院。功夫不负有心人，命运在高考时并没有开玩笑，他被录取了。未来，终于有了曙光。1957年，汤雪明来到上海第二医学院。他所就读的基础医学部刚成立两周年，还是个有待发展的年轻院系。不过，在接下来的50多个春秋冬夏里，他的命运一直和这里紧紧相连。

二医大是1952年由三个大学的医学院合并而成的，而这三个大学医学院都有西方文化背景，分别是有法国背景的震旦大学、美国背景的圣约翰大学和德国背景的同德医学院。虽然汤雪明刚入校时，基础医学部条件差、面积小，但师资力量却是异常之强。这主要得益于学校合并后，来自三个医学院的20多位著名教授一起进入基础医学部，他们在很短时间内就建立了基础医学的各个教研室、实验室，编写了各种实用教材，使基础医学院教学很快走上了正规。他们专业基础扎实，讲课生动，对学生要求也甚为严格，非常重视基础知识、基本技能和基本素质的培养，使20世纪50年代入学的学生有了坚实基础。然而，这一时期的二医大还是一所教学型大学，科研力量很弱，教师很少做研究工作。尽管如此，基础医学教学的特色还是十分明显的，主要体现在海纳百川、兼容并蓄，广泛吸收西方各国医学教学的精华，结合中国具体情况开展教学，受苏联教学模式影响相对较小。这与二医大的前身有关，教师基本上都是从西方留学回来的，丰厚的西方文化融合了本土文化，从而成为二医的鲜明特色。

大学时代，汤雪明印象较深的有两件事：第一是弃俄文学英文。小学、初中时外语学的是英文，但是受时代影响，从高中开始到大学一二年级，学的都是俄语，到大二时已能熟练阅读俄文书籍了。但在与基础部教授们接触的过程中，他发现他们的桌子上放的都是英文原版书，图书馆的医学书籍和医学文献也多为英文，这带给他很大触动。他领悟到如果想要在医学上有所发展，必须要学习英文，否则后患无穷。于是汤雪明和王一飞、张清才一起从大三开始自学英文。三个同学边学习边动手翻译，甚至在几个月内用业余时间合译了一本罗伯底斯（Robertis）编著的《普通细胞学》（*General Cytology*），尽管未出版，但打下了英文基础。他们就这样一本一本看下去，然后回过头来复习语法。

第二件事是当时教授让学生做文献综述报告。一次，他在翻译《普通细胞学》的时候遇到问题去请教余贺教授，余老师看到书中有核酸内容，便问他是否知道DNA双螺旋模型，并要他看这方面文献，做一个文献报告，回答DNA双螺旋模型是怎样研究出来的。由于当时国内生物化学书中还没有核酸内容，再加上他刚学英文不久，他花了近两个月时间看文献，才知道核酸是什么，以及沃森（Watson）和克里克（Crick）是怎样提出双螺旋模型的。通过此事，他明白了知识不仅仅是书本上的和老师教的，更重要的是通过科学研究和实验结果，并经过科学家缜密思考得出来的。这两件事让他印象深刻，使他对细胞生物学产生了浓厚的兴趣，改变了准备做外科医生的初衷，影响了他一生的专业方向。

1962年，汤雪明毕业后留校任教，投身于基础医学的教学和细胞学研究的工作中。这一年，国家科委在广州召开科学工作会议，周总理做了《论知识分子问题》的报告，广大知识分子感觉到"科学的春天"要来了。基础医学部的教师有着改变二医基础医学科研力量弱的强烈愿望，汤雪明便被分配到生物物理教研室从事细胞学研究，开展一些与附属医院的合作项目。受学生时写文献综述的影响，加上看到沃森和克里克获得1962年诺贝尔奖的消息，好奇心让汤雪明决定做DNA的X衍射分析实验。由于该实验要在低温条件下开展，他只好利用冬天北向的房间接近零度的室温，从兔脾中抽到足够的DNA，自制X衍射照相装置，用土办法控制湿度，最终居然成功拍摄到DNA的A型和B型线衍射图。虽然这只是一次重复国外的试验，但大大提高了自己做科研的兴趣和信心。此时，基础部正在动员青年教师报考研究生，到中国科学院、中国医学科学院等单位深造。当时汤雪明也考取了中国医学科学院生化专业的研究生，希望接受系统的科研训练，从事DNA研究。后来由于学校决定要新建细胞研究和激光科研相关实验室，让他参加实验室的建设和研究工作，故未能成行。

当时，尽管正逢国家困难时期，但大家艰苦奋斗，努力工作，都在为基础医学的发展尽心尽力，为基础医学部翻身大展宏图。但不久，"文化大革命"开始了。学校停课了，汤雪明也去了五七干校劳动。

"文革"结束后，二医大逐步步入正轨。庆幸的是，王振义、陆德源、金正均、史奎雄、史秉璋、郭寿延等一批老教授还在，基础医学部各教研室很快恢复了生气，汤雪明等一批中青年教师先后被选派到国外公费留学，他们回国后又给基础医学的发展带来了新的动力。汤雪明在20世纪70年代末至80年代中期，先后两次到加拿大麦吉尔大学学习和工作，他的细胞生物学知识得到了快速扩充，科研能力有了较大的提升。他注意到，当时国际上先进的医学院都重视发展细胞生物学、分子生物学、免疫学和神经生物学四大生命科学前沿学科，医学院主干学科的研究正在深入到细胞和分子水平。他决心回国后努力推动学校向这一方向发展。

20世纪80年代中期，基础医学部的教学工作已经恢复到"文革"前水平。第一批出国进修的20多位中青年教师都已回国，成为各教研室的主要骨干，基础医学部出现了前所未有的大好局面。当时他们的一些研究成果，如高尔基体等细胞器的功能研究和国外已较接近，有些甚至被国外的教科书和杂志所引用。但形势依然严峻，由于多年来国家对地方院校的投入远比对部属院校的低，学科建设和科研力量也落后不少，基础医学尤其。面对挑战，最终校领导决定走新路，改变目前国内通行的教学体制，和国外接轨，重视、优先发展细胞生物学、分子生物学、免疫学等前沿学科，建设重点学科，并通过学科群建设以点带面地发展基础医学，使基础医学深入到细胞、分子水平，并把前沿学科与临床学科进行交叉，形成二医特有的学科优势。

1989年5月，学校在基础医学部的基础上成立了基础医学院，在此后的十多年中，随着国家经济实力的提升，中央和上海市的投入迅速增长，基础医学院进入了教学和科研并重的发展期。汤雪明走马上任成为基础医学院第二任院长。在担任院长的十多年间，他目睹了基础医学院的快速发展。教学方面，建立了面对多学制、多专业的一套稳定的教学体制，探索减轻医学生课程压力、提高教学质量的教学改革；在科研上，出现了各学科高度重视研究工作、研究项目和研究成果快速上升的局面；重点学科、重点实验室建设以及"211工程"建设使基础医学教学和科研条件得到了巨大改善。人才建设上，优化了教师队伍，提高了工作效率，同时优秀人才的引进和培养使学院教师队伍有了更强的竞争力。汤雪明所在的细胞生物学学科，在他的带领下，不仅建立了细胞生物学实验室，建立了向全校开放的细胞生物学技术平台，还于1986年跻身上海高等学校细胞生物学重点实验室行列，成为上海市教委和"211工程"重点学科。在此期间，他为本科生和研究生新开设医学细胞生物学和细胞生物学技术课程，承担了两项国家自然科学基金重点项目和多项国家自然科学基金面上项目和其他项目，取得十余项科研成果。

20世纪末，在身兼学院院长、细胞生物学实验室主任、重点学科负责人数职的情况下，忘我的工作和研究使他的健康状况出现了问题，甚至心脏都装上了起搏器。他辞去了领导职务，把精力集中放在科学研究上。他还着力推动两件事：一是改革现有的科研体制，提高基础医学院的科研层次和水平。二是开展深层次的教学改革，学习哈佛大学医学院的先进教学方法，开展以能力培养为核心的教学改革。

2005年，二医大与上海交通大学合并，这给基础医学院带来了新的发展空间：一方面是生源更加优秀，与二医大作为地方院校时的生源不可同日而语；另一方面，交大是"985工程"院校，资金有了更多的支持。新任院长以崭新的面貌将基础医学院向更高的目标推进，而汤雪明自己想做而没有做的两件事，目前进展得比自己想象的还要好。医学院目前每年拿到的基金数占整个交大的一半以上，科研成果亦是如此。医学院正一步一步从教学型变革为教学研究型，成为国内一流的医学院。

汤雪明教授从事基础医学教学、科研和管理工作40余年，成绩卓著，荣获上海市劳动模范、人事部"有突出贡献的中青年专家"、教育部"全国优秀教师"等荣誉称号；获得国家级、部级、上海市科技进步奖共12项；主编《医学细胞生物学》、《医学细胞与分子生物学》等专著。面对过去的荣誉和辉煌，汤教授一直到最后都在说自己没什么成绩，说他的工作主要是为后人铺路。也许正是这种虚怀若谷的境界、兢兢业业的工作状态，让汤教授这样的老一辈名师带领我国医学教育事业走出最艰难的时代，创造了今日稳步上升的良好局面。年届八十的汤教授，神采奕奕，中气十足，在此祝愿汤教授健康长寿！

（本文执笔人：刘向培）

①

②

③

④

⑤

① 汤雪明教授在办公室

② 20世纪80年代，汤雪明教授在国外大学访问

③ 20世纪90年代，汤雪明教授在实验室工作

④ 2003年，汤雪明教授与毕业学生合影

⑤ 2010年，汤雪明教授参观上海世博会

寻找通向数据库技术前沿的阶梯

——访何守才教授

2016年11月4日，我们采访组采访了何教授。何教授热情地接待了我们，他说："感谢各位来采访，其实我本人成果少，跟那些知名专家都不一样，他们都是大专家，而我不是。"何教授风趣幽默，体现出一种谦虚、泰然的人生态度。

1937年，何守才出生于正值抗日战争时期的合肥。"日本人打过来了，我随着父母，举家迁往六安，到了农村，一直到抗日战争胜利后才回到合肥。"在那敲锣打鼓、鞭炮阵阵的抗战胜利之时，回到合肥的何守才该是读小学的年纪了，读了两年半，然后按部就班地到了初中。"我因为比较年长，比别的小朋友们略微懂事，我喜欢为大家做点事情，所以从初一到高三都担任团支部书记。到了要念大学的时候，本来保送我到泗安，但是后来我被挑选到合肥工业大学无线电技术专业就读（无线电工程系），在校读了五年，其中休学了一年。五年当中都是国家培养的，心里很感谢毛主席。那时我拿到了国家助学金，感谢祖国的培养。

"毕业之后，本来是分配我到总参谋部，但由于我夫人在上海第二医学院，所以我毕业后就留在了上海，进入上海第二工业大学，当时还称为上海业余工业大学，后来叫上海半工半读大学，1984年改为上海第二工业大学，现在将近有1 000亩地的校园，硕士生、本科生都招。刚入校之时，我教授脉冲数字电路，还担任无线电仪表实验室主任。

"'文革'时，我带领学生下工厂劳动，后来搞半导体电路，一年翻译了两本书，其中一本为编译，叫《超大规模集成电路设计》。正因为编译了那本教材，积累了相关学科的先进知识。当时，包括上海无线电机厂在内的两个厂都请我去授课，讲有关集成电路如何设计，其中有一个厂还请我帮助开展设计工作。后来，元件五厂也请我去讲课。大家都是搞集成电路的，我要是那时坚持这个领域一直到现在，那就真是不得了，不过那时国家的相关产业发展暂时停下了，于是就放弃了。

"现在，上海和北京都是集成电路产业发展的领军区域。国内最大集成电路制造商现在是华宏，我国的集成电路制造业在世界规模，是相当巨大的，集成电路最好的是我国台湾地区制造的，大屏幕是韩国做得好，另外韩国的手机做得挺好。我们的优势是数量，现在的质量和技术也正在提升，也做得比较好了。当时我去美国看到的单晶硅这么大，我国也开始制作单晶硅，现在能制作得更大。

"'文革'后，我带着学生去五十四厂参与制造台式计算机，那是第一次制造台式计算机，当时的台式计算机体积非常巨大。1968年到1969年，我又被调回学校，那时学校有四个分校，我在闸北分校研究计算机控制。后来四个分校合并，分设三个专业，一个是计算机专业，一个是工程控制专业，第三个为电子工程专业。从1977年开始就招生了，就是1978年高考恢复时开始招收本科生，后来我又提出增设计算机专升本学制。

"这里有一个小故事：有一次，我们好不容易先从南京获得了一台计算机，后来又通过努力从北京获得了五台更好的计算机。那时，连清华、北大都还没有这样的先进设备平台，上海第二工业大学在当时、在上海都是非常了不起的。大型体积机器的引进，使得我们赶紧为之准备房间进行建设。之后与市科委签订了一个项目，主要为上海市培养计算机应用复合型人才。1983年，上海第一次大批量引进了十多台计算机（PC），那时是非常了不起的。这些发展所带来的效应与后来浦东成立数字化研究所是密不可分的。

"纵观我的学术生涯，初期的专业是无线电通讯，然后开始搞计算机，最后定下来我的授课内容是操作系统（Operating System）。"何老用标准的英语进行了强调，"在当时，操作系统以一人之力是很难做好的，所以我决定又转一个方向。为此，我于1982年到湖南大学参加由机械部教育局主办的研修班，开始学习数据库（Database）。其中美籍华人杨超植教授主讲数据库系统原理，授课长达三个月。我们一个班就有30多人，我坚持在那里听课三个月。之后，1983年，我又去复旦听施伯乐教授主讲的数据库系统应用研修班。通过这两位老师，我对数据库的各个方面开始理解，对数据库的建设逐渐开始有些眉目，包括数据库要如何设计、如何建立以及如何管理。就是以上这些课程，引领我走进了数据库研究领域，并且学到了三个重点。

"此后，我从每年去参加中国数据库相关学术会议，到后来参加国际数据库学术会议，开始了数据库研究领域的转型生涯。记得第一次是去日本京都，涉及超大规模数据库设计。后来去了加拿大、西班牙、德国，参加数据库全球学术会议。于是我把研究方向最终定为数据库，就开始编写与数据库相关的工具书。编撰工具书的生涯就此开始了。

"其中有一本工具书名为《数据库综合大辞典》，我编写了三年，获得了教育部颁发的二等奖，华东地区一等奖。此后，我便小有名声了。上海市教委找到我，花了三年编写了另外一本工具书。后来市科委也来找我，要求编写一本《网络通信技术实用大全》。此书分为上、下两册，发行的第一天，市教委的一位领导就致电我，说这本书非常之实用，因为自己正好在开展网络建设。此后，市通讯管理局请我编写电信大典，这次电信、移动、联通、网络，四位老总都和我见面，邀请我来做副主编。

"这本书出版后，紧接着又出版了一本《数据库百科全书》。该书的价值非常高，花费了五年时间，其中除24个省的数据库专家，我国香港、澳门和台湾地区的多位专家也参与了编写工作，编写组之阵容可谓强大。虽然有了前面四本书打下的基础，但这本书的出版也是一波三折，刚开始遭遇出版社的变故，最后在上海交通大学出版社的帮助下，我们完成了最终的出版。

"第五本还是工具书，像这类在国内出版的工具书是不多的，作为一名数据库专家，我起初也不懂百科全书的撰写格式。那我想就买一本作为样本，总共买了50本，给一位专家一本，大家一起学习如何编写百科全书。学的时候重点我都画出，对于如何写百科全书、百科全书的词条有哪些特点等问题都进行思考和确定。百科词条具有标准格式，编写着实是具备一定难度的。在编写的三四年中，家务琐事都由夫人全权包办，真是非常感谢她的鼎力相助！"妻子非常关心、爱护何老师，体现了满满的爱。"这本书交付印刷之前，我又用了至少半个月仔细浏览了一遍。我的一位好友也从头到尾帮我看了，并且提出了十个问题，在此也非常感谢他。这本书同样花费了很大的代价。

"我在校从事的很多研究领域，都不能超过同行的学者们，但是我认为很多东西都很快会被淘汰，而工具书很难被淘汰。如今大数据时代来临，'互联网+'概念的诞生都是以此为基础的。大数据在我们那时候叫作海量数据，我之前编写的书里有一篇就叫海量数据，与大数据的概念非常接近，也就是现在大数据的前身，当然现在还要再加上一点人工智能的成分。"何教授非常自豪地告诉大家，其实我们现在所取得的成就即是站在前人研究的肩膀上，不能忘记他们当年在前方开拓的汗水和成果。

编写如此多的工具书，说明何教授不但有着非凡的热情，同时也具有强大的号召和组织能力。何教授少时爱看《三国》、《孙子兵法》，培养自己的战略思想，这对于编写书籍时的人员组织和内容组织具有非常大的帮助。同时，所编写的工具书主要针对专业人员，定位明确。

"我的科研做了不少，国家教委、上海市科委、上海市经委等的项目也参与了不少，奖也得了不少，嗯，不过都是地方的奖牌。"何教授的话语中总是蕴含着客观的、对事实不夸大的态度，始终秉承着严谨的治学态度，同时也不失幽默风趣。

在采访的最后，何教授现场给我们精简地介绍了奠基的书中的五种通讯技术，并联系现代通讯技术以目前家用的设备为例，为我们解说。谈笑间，我们在座的每一位都听了一次寓教于乐的现代通讯讲座，收获很多。

何教授对于目前的物联网、电子行业、快递行业都进行了较为理性的评价，深切地对国内软件安全问题的发展给予了希望，并表示对我国的技术发展具有信心。

"对我个人来说，最有影响力的，就是编写了这些书！"何教授边说边将编写的工具书取出给大家浏览。脸上洋溢着自豪的笑容。这些工具书所取得的成果无疑是超前的，是里程碑——这就是创新，这就是一颗装着未来的科研工作者的事业心！

（本文执笔人：劳勋）

数据库40年特别贡献奖

家中书房

① 何守才教授

② 何守才教授所建数据库获数据库40年特别贡献奖

③ 何守才教授主编的信息化工具书

④ 何守才教授获得政府特殊津贴

⑤ 何守才教授向王耀发教授介绍他的研究成果

吟诵历史　歌颂生命

——访"唐调"第一代传人陈以鸿先生

我欲乘风归去，
又恐琼楼玉宇，
高处不胜寒。
起舞弄清影，
何似在人间。

　　唐调的《水调歌头》（明月几时有）就这样被陈以鸿老先生轻缓却又铿锵地吟诵了出来，在座的听众无不感叹这音韵中饱含的深情与韵味。在较狭促的客厅里，空间基本上都被书本和字画占据，而被陈老先生的唐调所浸染的，是他所收藏的那些书籍，其中不少还是绝本，留白的地方也充溢着书香味，不是那种带着油墨味道的新书气味，而是散发着幽幽古香的旧书味道。这种书香味层层叠叠，捉摸不定，似乎要你仔细地闻，而说不定这一闻，就能闻出什么古训或新知，闻出什么历史的踪迹。这种深厚，恰如陈以鸿老师本人，是无尽的历史宝藏的源头。今天来探望陈老师的这一行人，正是要探一探这历史宝藏，闻一闻这历史的吟诵。吟诵，总是要从最早的诗句念起。

　　1937年，在上海某律师事务所做文员的陈季鸣先生，心急火燎地给江阴某地寄了一封信。这信是寄给他家里人的，信的内容不长，因为要交代的事情的紧急程度已经不允许他做过多无谓的寒暄。如果非要用两个字来概括信的内容，那就是"逃吧"。

　　在这封信寄出的15年前，也就是1923年，陈季鸣先生与妻子在江阴生下了自己唯一的儿子，他给孩子取名"以鸿"。陈季鸣是一位老派的先生，他长在保守的书香家庭，在私塾受教学习。他想着，自己的孩子也应该接受同样的教育，因为这才是最可靠的。于是，陈以鸿在父亲的督促下，安稳地长大，直到父亲去沪谋职，留下他和母亲、姐姐、两个妹妹守着江阴的老宅。平稳的人生总是显得不真实，可能正是因为这样，老天让陈以鸿一家人在国难中经历了更多的磨砺。当日本全面侵华战争开始时，收到来信的陈家五口下定了逃离江阴的决心。事实上，现实状况也已经逼迫得他们不得不逃离——身为隘口重镇的江阴，首当其冲被日军包围了。往哪儿逃呢？西边吧，总得离日军来的方向远点儿。陈家五口便逃往常州，投奔亲戚。"那个时候逃难，哪里想得到是往哪逃、怎么逃，完全是看哪里还有路，哪边还没有日本军，就往哪里走啊！"陈老师回想起当时的情景，不禁感慨万千。

陈家人在常州只待了几个月，脚步都还未落定，战事便又吃紧。眼看常州也保不住了，他们只能又一次逃难，只是这次可不止五个人，而是有十七口人一起逃亡。15岁的陈以鸿就这样眼睁睁地看着战争离自己越来越近，母亲和姐妹们越来越惊恐，逃难的队伍也越来越大。再往西吧！再往西能去哪儿呢？南京。

1937年底，陈以鸿跟随着十几个人的队伍逃难来到南京。刚到南京城，陈母就察觉出了异样，南京人心惶惶，完全不像是能死守到底的情形。果不其然，陈家人落脚还没多久，南京也沦陷了。这边，市民们哭天抢地地逃离城区；那边，日军大部队已然铁蹄在临。逃？往哪儿逃！"当时，我们的逃难队伍被人群裹挟着，在城里到处逃，结果最后也没能逃出南京城，一家人已经急得不行了。"错过了逃跑良机的陈家人只能滞留在南京城里，不过后来，他们听说有外国人在租界设置了"国际安全区"，那里日本人不能进入，便赶紧直奔那儿。"当时我们不知道，这个'国际安全区'就是大名鼎鼎的德国人拉贝设置的，只知道躲过去逃命。"在大约只有四平方公里的安全区里，挤满了无数逃难的中国人，陈家人过着局促的生活，但好歹命算是捡回来了。但与此同时，在安全区之外的南京城里，正发生着惨绝人寰的南京大屠杀。

身在上海的陈季鸣几个月没有收到家人的消息了，十分着急，他听人说妻子带着孩子们到了南京，又打听到他们刚到时的落脚地址，就拜托一个前往南京的尸体掩埋队带一封家书。吊诡却又庆幸的是，一队本是去南京处理死人的人马，最终却将一个好消息带给了苦苦挣扎的十七个活人。机缘巧合，家书最后竟辗转到了陈母手上，就这样，分居两地的一家人又彼此联系上了。按照父亲的提议，陈以鸿一家五口随着队伍去了上海，虽然此时上海已经沦陷，但毕竟还能够生活。

"我和母亲、姐妹们离开江阴的时间是1937年8月14日，我清楚地记得，我们到达上海的时间是1938年3月15日，整整七个月的颠沛流离。"陈以鸿老师激动地述说着这一段战争往事。这七个月是陈老师印象最深刻的战争记忆，曾经离敌人那么近，曾经离死亡那么近。只要跨过一条人为画出来的线，就会立马被日本人斩决，像对待畜生那样，而且是在自己国家的土地上，这一切令陈老师既震惊又气愤。怀抱着复杂的心态，陈老师来到了上海，他想要用自己的努力来改变自己的命运，也试图为改变这个国家的命运做出努力。

"刚到上海，父亲在自家门口迎接我们，看到我们五个人下车，他懵住了。他想把我们带回屋子里，但弄堂门口的保卫根本不让，他压根儿就不相信我们是一家人！"原来，在安全区生活了几个月的陈家五口，根本就没有什么机会洗漱，基本上就过着蓬头垢面的日子，如今急急忙忙地逃出南京，来到上海，还没来得及洗去身上的污垢，换件干净衣裳。

陈以鸿在上海沦陷区求学，长大。他通过努力考上了上海中学的高中部，并最终顺利进入上海交通大学电机系学习。"由于父亲和战争的影响，当时年少的我非常要强，什么都想拿第一。在得知交通大学的电机系是上海乃至全国最难考的院系之后，我笃定要念这个专业。"没被战争吓倒的陈以鸿自然也不会被一次考试、一次录取难倒。只是考上容易，但读不读得完却是未知之数，在特殊的战争时期，什么都是有可能发生的。果然，他在交通大学念书的第二年，太平洋战争爆发，美日开战，日军攻入上海租界，学校闭门休学。交通大学是读不下去了，在父亲和老师的介绍下，陈以鸿这一次做出了一个跟随了自己内心的选择，他去了无锡国学专修学校，学习国文——一门在父亲影响下他从来都爱不释手的学问。

1945年，抗战胜利，陈以鸿也在这一年从专修学校毕业了，他在交大复了学，重新修读电机专业，一直读到1948年毕业。"我的求学经历其实非常简单，就在这两所学校待过，最后还留在了交大。我的教职经历更简单，先任助教，然后是编审，一直到退休都没变。"说起自己看似"简单"的履历，陈老师笑了，这与刚刚讲述战争故事时的态度完全不一样。

事情的确朝着好的方向发展，陈以鸿老师虽然顶着助教的职称和名位，但一直从事的是教材翻译和编校工作。由于中苏交好，中国的大学亟需引进和翻译苏联教材，熟知俄文的陈老师便成了教材翻译的不二人选。陈老师先后编译了12本教材，并在交大主办的《自然》杂志做编辑工作，处理过许多重要的文献翻译工作，经手了许多有名的专业论文。编辑工作一做就是近40年，直到1988年陈老师正式退休。

在这么些年与文章相伴的日子里，陈老师愈发感觉到写作与读书于自身生命的不可或缺。于是，退休之后的陈以鸿老师仍然过着充实忙碌的生活，只是此时忙碌的"工作"，全然是为了自身的修为。

工作了这么些年，天天与文字句读打交道，等到退休之后，陈老师才想着将这些年来自己所作的诗词、对联和文章结集出版。这么多年为他人做文字编校工作，如今也该看着自己的文字结集成册了。"12年出一本，也算是慢工出细活了。"的确，陈老师最近的一本书《雕虫十二年》还是2005年出版的，离上本书的出版整整过了12年。陈老师喜好书法，从隶书到篆书，他几乎每天都要练上一阵子，用现在年轻人的流行话说就是不练会"手痒"。同时，陈老师仍旧坚持写文章，主题大多集中于传统文化的发展和传统学问的进路问题。他特别提到了现在的高校文言文写作和应用教育极度匮乏的问题，认为这是当代大学生人文素养普遍不高的症结所在，希望高校能够大力推进国学教育，特别是加大古文教育的力度，提升当代大学生的国学修养。

但是陈以鸿老师最喜爱的还是诗文吟诵，这是陈老师退休以后的"重点任务"。陈老师循唐调，这是曾任交大校长的唐文治发扬光大的诵读音调，如今世上已无几人熟知且能够运用唐调，陈老师是其中一人。"唐校长的吟诵唱片资料我反复听，反复学，如今收藏的好些唱片早已成了绝版，而且被我播放太多次，已十分脆弱，不能再轻易使用了。"陈老师不无可惜地跟大家说道。不过，唐调的精华已被他习得，唐校长的衣钵也算是得以传承。"别看我现在给你们读的是词，但其实唐调运用得最好的地方是散文，读得出味道。"说着，陈老师又拿出了一本范仲淹文集，给大家来了一段，抑扬顿挫，十分精彩。

谈到自己平日的生活习惯，陈以鸿老师也有话说。"我没有仔细思考过长寿这个问题，但我想一个人活一世，而且活得时间还不短，"说到这儿，陈老师停顿了一下，笑了笑，又说，"总会有一些自己独到的经验，或许真可以说出来让别人参考参考。"说完，陈老师就开始跟大家分享他的长寿小诀窍。饮食方面，陈老师并不刻意挑选食材，只是特别注意饮食的时间，比如中饭和晚饭的时间就非常固定，除开饭点之外，不再多吃东西，水果也是在饭后食用，保持一个完整而高效能的生物钟。陈老师把大部分时间分配给了吟诵诗词、阅读和写作，但这并不意味着他没有时间做身体活动，相反，陈老认为，任何时候都是运动的好时候。"有时候我念着诗词，脚可能就不自觉地跟着节奏动起来，然后我就会站起来走几步。"一边做着自己感兴趣的事情，一边也能够锻炼和运动，真是心灵和身体都在路上行走。除了时不时地走动，陈老师有时候早晚还会出门健身，走快步或做做操，舒展身体，让大脑更清醒，让自己更灵活地思考。健康的食和行对于一个舒适的生活来说是必不可少的，但同样不可或缺的是心灵的慰藉。有相同兴趣爱好的人聚集在一起，大家聊天，互相诵读诗句，互相谈论求知，以期共同进步，这是多么惬意的一件事情，而对于陈老师来说，这正是他的生活。

年逾九旬的陈以鸿老先生如今仍在写作和翻译，还与几位志同道合的朋友一起为交大校友刊物《思源》提供稿件，做编辑工作。当然，他还时不时地会被邀请参加一些吟诵研讨会，远至北京。他年迈的身体里住着一个不屈的灵魂，这灵魂见识并经历过战火，这灵魂追寻过自由的智识，这灵魂仍然在为达致更美好的生活而努力。如今，在陈以鸿老先生的吟诵中，我们听到了历史，我们远鉴着未来。

（本文执笔人：王琛）

① 陈以鸿先生

② 陈以鸿先生88岁寿辰贺礼

③ 陈以鸿先生在阅读

④ 陈以鸿先生和夫人、女儿在江阴老家

导演大师的戏剧人生

——访上海戏剧学院导演系陈明正教授

他，被公认为中国十大戏剧导演大师，所导戏剧在海内外引起轰动；他，在导演方面风格多样、兼收并蓄，改变了中国戏剧一贯的套路。他就是上海戏剧学院导演系权威——陈明正教授。

在2015年秋高气爽的一日，我们采访组一行人采访了陈明正教授。得知我们来访，陈老特意身着西装，佩戴领带，俨然一派大家风范。一进门，我们就被浓浓的艺术气息所吸引，陈老的家居摆设极为讲究，客厅里的盆栽、字画仿佛都经过精心安排与布局，而书架上满满当当的书籍则又为房间增添了袅袅韵味，这些都证明了导演大师不俗的品位。陈老现已85岁高龄，满头白发的他依旧精神矍铄，依稀间可见当年风采。他两眼炯炯有神，声音清亮，思路清晰，面带微笑地将他的戏剧人生娓娓道来。这位老者对艺术的炽热，以及对戏剧的执着，深深地打动了我们，或许正是这种赤诚与投入令他精力充沛，延年益寿。

陈明正出生于江苏南京，由于抗日战争，他6岁时便跟随父母从南京辗转到湖南、江西、福建一带。他说这期间的经历对自己有很大的影响，南方的文化艺术、美丽的山水对他的启迪很大。陈明正的父亲是中学体育老师，母亲则是音乐老师，转移到后方之后，他的父母便在山区和小县城办学，他就在那里读书。战争带来了艰苦与颠沛流离的生活，然而对于陈老来说，这一切的安排或许冥冥中自有天意，因为正是这个机缘巧合，陈老接触到了真正的湘西，看到了草台班子以及各种南方戏剧。回忆起丰富多彩的童年时光，陈老似有无限眷恋，他说："受父母影响，我从小就喜欢看戏。到了湖南一带，傀儡戏、木偶戏、影子戏，过节日时跳花灯、舞狮子灯、走花车等，都给我留下了深刻的印象。这对于我后来走上戏剧的道路有很大的影响，这是一种前期的铺垫，乡间的文化艺术给了我熏陶与指引。"

然而，真正促使陈明正走上戏剧之路还是在苏州的一段经历。抗战胜利后，陈明正到了泰昌后又辗转到苏州中学念书。所谓"上有天堂，下有苏杭"，苏州的美景与文化孕育出了无数的才子佳人，同样也对陈老产生了很大的影响。他这样回忆起他的中学时光："大家都知道苏州有四大才子，有很好看的山水，有四大园林。我对精致的园林和唐伯虎的诗画都有兴趣。我喜欢去苏州的桃花坞，但特别有兴趣的还是看大戏。我经常去苏州大戏院，当时没什么钱，一般都是溜进去的。戏院汇集了许多名角儿，整体的气氛也非常好。有一次，我出于好奇还溜到了后台，想去那里一探究竟。记得那一场戏演的是关公败走麦城，一到后台，只见唱戏的角儿都很紧张严肃，他们穿好戏服，排好队去拜关公像，显得非常虔诚。这一天，观众席也寂静无声，舞台两旁还烧着檀香，给人感觉相当庄严肃穆，这些都让我感觉到艺术是很神圣的。演员的严肃、现场庄严的气氛都将观众带入到戏剧的氛围之中，他们都带着悲剧、崇仰的心情看戏。"

对于这次看戏经历，陈老记忆犹新："这场关公败走麦城的戏一共只有两个角色：一个是马夫，一个是关公。照理来说，关公打仗，他骑在马上，马夫是不需要的角色，其实这里面却很有讲究。"说到这里，陈老露出了意味深长的笑容，"在这里，马夫一是作为次要角色陪衬主角，先出场给关公造势，同时呢，马夫还演出了很难在现场营造出的马的感觉。那个时候，我才恍然大悟，这就是象征性的表演，就是艺术，是超越自然的一种美的表现。从那个时候起，我便爱上了戏剧。"在懵懵懂懂的年纪，陈老被中国艺术的博大精深所震慑与吸引；同时，这一象征性的表演给了陈老很大的指引与启迪。

中学时期，陈老就已经开始自己写戏，组织剧团进行表演，偶尔还去别的学校排戏，这些早期锻炼都为他今后的戏剧道路奠定了扎实的基础。"解放初期，苏州有一个社教学院，那个学院有专门的戏剧系，有很多有名的老师，当时我免考就可以进去。但是当我去苏南地区的文工团询问的时候，接待我的人刚好是上海剧专毕业的，他鼓励我去考上海戏剧学院的前身，也就是当时的上海剧专。他觉得上海剧专专业性更强一些，同时也会有更多的机会。"最后，不想做"万精油"，立志成为一名戏剧专业人士的陈明正，因为"嗓子好"、"五官端正"、"灵活"，顺利进入了他梦寐以求的学校——上海戏剧学院。

提起自己的母校与恩师，陈明正显得格外兴奋与感慨："当时，戏剧学院的校长是熊佛西先生，他能写能导，对学生好，教育思想也很先进。我至今还记得他常说办学不是院长一个人的事，院长的职责与本领体现在请大师，聚集一批最好的老师让学校更加充实。熊佛西先生将文艺界、戏剧界的名人都请来上课，聚集了一批大师，这使得我们有机会近距离接触戏剧界的大亨。"正是在熊佛西校长兼容并包的治学思想下，陈教授等一批学子有了更多的机会接触当时一流的戏剧家。"我们接触的专家特别多，梅兰芳就曾经在我们的小舞台上讲话。他说戏剧不是空架子，里面还有生活，演员表演要有精气神。这些我至今都还记得。"谈起众多恩师，陈明正教授说："我们这一代人之所以成才，就是因为有这么多的好老师，我看到的、学到的培育了我的思想。"

1954年，陈明正毕业，恰逢苏联专家来华指导，热衷于戏剧艺术的陈教授自然不会错过这难得的学习机会。陈老说，那年毕业暑假里，留下的7个学生办了学习班，听了苏联专家一个半月的课。回忆起苏联专家以及短短的一个半月的课程，陈老难掩感激之情，他说："没有苏联专家，我们就没有这么好的底子，当时来上海剧专的三个专家正好代表了苏联戏剧三个不同的体系。他们很无私，带来了许多经验和戏剧理论。"苏联专家对陈老的影响很大，就是在那个时候，他开始注重体验的问题，通过动作来分析剧本，他明白了让演员体验类似生活才能更入戏。采访中，他还列举了排演《抗美援朝》和《无事生非》时的情况，向我们说明演员进入情境、入戏的重要性。

作为在新中国崛起的戏剧人，陈明正教授身上无疑体现出了大胆与创新。他这样回忆起自己早年的教学生涯："1957年、1958年，我上课做的练习都很精彩。当时我也很年轻，没有包袱，没有障碍，全部吸收而且敢于去用，这些给我打下了前期基础。所以可以说没有学校就没有我，没有这些老师、专家就没有我。我的身上有苏联专家给的东西，中国话剧给的东西，民族戏曲给的东西，而我所做的就是试着将这三者更好地融合起来。现在我正在写书，就是写这三者。"

在采访过程中，陈老给我们讲了他排演过的《牡丹亭》、《黑骏马》、《白蛇传》等戏。他的讲述绘声绘色，讲出了人物的喜怒哀乐，讲述了自己排戏中的困难与所得。他还模拟表演，声气十足，一个手势、一个眼神、一段台词都令我们切实地感受到了戏剧的魅力。他一直强调："话剧可以吸收民族的东西，戏曲也可以吸收现代的艺术。"而他自身正很好地结合了古典戏曲和现代艺术。比如他导演的《黑骏马》，这个话剧本身的戏剧冲突并不强烈，但在排演时，陈老便觉得内心独白很重要，最后，他敢于突破写实话剧，大胆地利用戏曲中写意的手法来排戏。《黑骏马》舞台上的道具很少，营造出了一种空灵、自由的时空，加以模拟动作、歌舞交叉，最终完成了一部舞、诗、乐交融的卖座话剧。1986年，《黑骏马》在上海、北京、呼和浩特演出，引起轰动，专家们给予极高评价，认为该剧可以代表中国冲向世界。陈老将民族戏曲的方法与现代艺术结合，通过大胆创新，使《黑骏马》脱颖而出。陈老也坦言，自己正是通过《黑骏马》这个戏，利用民族戏剧对写实戏剧进行突破之后出名的。在采访中，陈老不止一次地强调中国的导演、中国的演员要学习民族的东西，只有扎根在民族，才能获得最终的成功。

无独有偶，在《白蛇传》这部戏中，陈老也汲取了民族戏剧中的精髓。"在排《白蛇传》的时候，我没有用很多道具，但是很注重舞台空灵的感觉；同时，导演排戏时一定要产生自己的情感，要有丰富的想象。比如说，戏中有一幕是雷峰塔倒下的场景，当时我们也思考了很多天，怎么样才能把这个场景最好地呈现出来。最后我决定不要写实，而要用艺术的手段，呈现一种艺术的真实。"陈老所设想的方式就是让十条布幔从天而降，如塔似的罩住白蛇，而伴随着一声响彻云霄的婴儿啼哭声，雷峰塔一瞬间坍塌下来。在空荡荡的舞台后方，一盏灯射向观众，白娘子和小孩向观众走来。回忆起这一幕，陈老说："当时舞台上的布幔一下子撤下，再加上声音、灯光的配合，雷峰塔倒的场面可以说震慑了观众，获得了他们响亮的掌声。"通过超高的艺术技巧，这象征雷峰塔的布幔不仅很好地呈现了导演想要表达的戏剧内容，还体现出了一种美感，西湖美景的构造同样是由几条布幔灵动而飘逸的变化演绎出来。不得不说，在舞台空间创造方面，陈明正教授的确是匠心独具。

陈明正教授共导演了《八一风暴》、《以革命的名义》、《海鸥》、《悲悼》、《美国来的妻子》、《艺术》及昆剧《牡丹亭》，还有越剧、锡剧、蒙古剧等60余部。除了探索性戏剧《黑骏马》将舞、诗、乐融为一体，引起轰动，他的其他话剧也取得了很大的成就。如反映改革开放建设成就的《大桥》获文化部第二届"文华奖"、"文华导演奖"；话剧《OK股票》获"文华奖"、"文华导演奖"、"五个一工程"奖。此外，由于话剧《白娘娘》、《公用厨房》、《男人48》等戏剧的杰出表现，他被戏剧界誉为华语戏剧发展的先导。1994年，他所执导的具有现代意识和表现手法的民族小剧场话剧《庄周戏妻》，先后在上海、北京、台湾地区上演，并赴日本、英国、德国、美国演出，在海内外赢得极大声誉。1999年，他所执导的毕业剧目《家》，由于具有创新意识，反映了年轻一代新星的成长，该剧曾两次被邀请赴北京参加国庆50周年献礼。他在上海执导的史诗剧《共和国不会忘记》则获得了宝钢奖。除了戏剧舞台上的杰出表现，陈老还曾发表《论舞台注意》、《舞台想象》等系列学术论文，引起广泛重视；他还乐于言传身教，由他亲自示范教学的影视、舞台表演入门VCD在全国发行。

如今，陈老依旧爱看戏、说戏，戏剧早已与他的生命水乳交融，并给予他源源不断的创造力与生命力。陈明正教授对中国戏剧界的贡献令我们敬佩，他对戏剧的热忱更深深打动了我们。或许，正是这几十年来对戏剧坚定不移的热爱，以及勇于创新的奋斗精神，才使得年逾八十的陈老依旧谈笑风生，并继续谱写他的戏剧人生！

（本文执笔人：徐悦）

①

②

③

④

⑤

① 陈明正教授在新加坡导演话剧时的工作照

② 陈明正教授与谢晋在给学生讲课

③ 陈明正教授在给青年教师说"我"

④ 陈明正教授2010年执导的《钦差大臣》在北京公演

⑤ 陈明正教授与夫人在莫斯科旅游

甘为人梯育桃李　食品科学写新意

——陈有容教授访谈录

　　提起中国当前形形色色的食品，恐怕大部分人都会直摇头，甚至谈"食"色变。在我们这个生活着十几亿人的国度里，食品安全可谓是国人的"心头之痛"。这当然与食品安全监督管理直接相关，同时也与食品种类日益增多有一定的关系。食品生物技术的发展让我们对食品的安全担忧，但它同时也让我们可以尝到几十年前人们无法享用到的美味。2016年2月21日，我们采访了食品生物技术专家、上海海洋大学食品学院陈有容教授。

　　陈有容，1943年出生于四川，中学就读于上海。回忆起中学时光，他说，中学对一个人的影响是很大的。好几位华东师大毕业的老师的教诲，令他受益一生。虽然现在年纪比较大了，但他与一些老师到现在还一直保持着联系。其中一位数学老师，当年也是他的班主任，夫妇俩都是中学老师，陈有容每年都会去老师家里看望他们。老师70岁、80岁生日时，陈有容还和其他同学一块儿去给老师祝贺生日。这种师生情分不禁令我们在座的每一位动容。

　　到了高考的时候，不像如今我们上大学总是首选一线城市，陈有容并没有考虑报考的学校在哪里，只是想着学什么，最终决定填报了北京轻工业学院食品生物学专业。但因对数学的热情不减，自己做了很多数学习题。他笑言，如今看起来，当年的自己很傻。但也许正是这种热情，让他以后步入科研工作后拥有较好地数学基础。

　　1964年7月，陈有容从北京轻工业学院轻化工一系发酵工学专业毕业，后到天津轻工业学院（今天津科技大学）任教。刚成为青年教师的他，因为踏实肯干，为中国发酵工业的先驱金培松教授所赏识，金教授将他留在身边做些助理工作。

　　谈起金培松教授，陈有容怀着的不仅是一种敬仰和思念，更有对金教授在自己初入教师工作后给予的指导和帮助的感激。金培松先生又名金柏卿，1931年毕业于上海劳动大学农学院农艺化学系；1936年由国民政府经济部资助前往美国威斯康星大学生物化学系进修；1947年归国后，任国民政府中央工作试验所工业发酵实验室主任，同时在上海沪江大学和复旦大学教授生物学和酿造学。抗日战争期间，南京遭到日寇空袭，他顾不得个人及家庭安危，将面临轰炸的实验室内数百株菌种装入两只大皮箱，历经艰辛，一路护送到大后方重庆，而家人都未来得及一同转移。抗战胜利后，为表彰他的行为，国民政府为他颁发了抗战胜利勋章。1965年9月，金教授到河北轻工业学院（现天津科技大学前身）任发酵科研室主任，直至逝世。在当时生物发酵学领域这样一位重量级的学术泰斗身边任助手，陈有容觉得十分幸运。金先生当时要发表的俄语文章，或是和别人给他看的文章，都会让陈有容阅览，金先生修改过再给他看一遍，这对于年轻的陈有容来说，也是莫大的收获。

在他眼里，金先生对工作一丝不苟，同时又是一个很严厉的人，有时甚至会让人觉得不近人情。他从来不给孩子们零花钱，总说饭吃饱就行，比我们困难的人还有很多。在他美国留学回来后，研究所专门给他配备了汽车和司机，他都拒绝了，选择每天步行到研究所。但就是这样一个纯粹的学者，到了"文革"时，作为反动学术权威被批斗。陈有容也被定性为金培松反动学术权威的"孝子贤孙"，要陪着挨批斗。1969年，金先生突然高血压发作，第九人民医院却不敢接收，认为他是反动学术权威。当时陈有容主动接受劳动改造，然后跑到医院去看望先生，而此时，金先生已经陷入昏迷，不久就过世了。让陈有容没有想到的是，金先生的平反是因为1972年美国总统尼克松访华时，其随行官在访问期间问周总理，中国有一个微生物专家，叫金培松，他现在在哪，我想见他。于是安排有关部门查询，了解到他早在1969年在天津逝世了。周总理后来很关心这件事。1978年，国家为金先生昭雪平反。

1989年，陈有容到德国卡尔斯鲁厄理工学院、德国食品营养研究院进修和工作，而后又在德国、英国国际食品信息中心（IFIS）学习和工作。在此期间，他发现国外电脑已经比较普及了，国内电脑普及率却还很低。为了尽快提高电脑水平，陈有容经常在实验室埋头钻研，有一次甚至忘记了学校关门的时间，直到半夜才发现自己被锁在了实验室里。正是这种废寝忘食的学习，让他的电脑水平飞速提高。在筹备组织世界食品科学技术大会亚洲发酵食品分会期间，他利用电脑完成了交流沟通。除了计算机是自学的，连他能纯熟运用的英语也是自学成才。在他读书的时代，俄语是第一外语，当他发现英语在国际交流中越来越重要时，便转而开始学习英语。

1994年，陈有容调到上海水产大学（今上海海洋大学）任教。从1997年起，他使用英文原版《发酵工艺学原理》教材对硕士研究生进行教学。当然，计算机和英语只是基本工具，在天津轻工业学院工作的30多年间，同事们都称陈有容是"杂家"。他博学旁通，不仅在发酵生物学方面造诣颇深，并且什么书籍都爱看，尤其喜欢巴斯德、居里夫人、爱因斯坦等科学家和名人的传记。

陈有容对待教学十分认真，对自己的学生视如己出，十分重视对学生的培养。从事教学40余年，他始终坚持"教学相长"的理念，不仅在学习上循循善诱，给予学生启迪，对学生提的问题也耐心解答。

1994年，刚到水产大学工作的陈有容，就将实验团队带到了光明乳业实验室，使科研与产业紧密结合。他积极改革创新，不断更新教学内容。他早年掌握的计算机技术，使得他在全校非计算机类课程中首先全程使用电子教案进行专业课教学。他制作的《发酵工艺学》多媒体教学课件，在连续六年的教学实践中，取得了良好的效果，并受到了学生们的好评。

为了上好每一节课，他在备课时花足功夫：根据课程学时数、课程内容总量以及培养目标中知识结构体系，精选课程内容；分析课程各部分内容之间的关系，对教学情景进行总体设计。为了做好启发式教学，教科书、参考书、参考文献要准备充分，重点、难点、疑点要事先准备，胸有成竹；一节课的教学内容，其脉络层次设计分明；估计学生的生活经验和知识储备，设计易为学生理解的教学方案；最后还要考虑到学生在接受新知识时会出现的种种情形，准备好应急处理措施。陈有容风趣幽默的指导，生动活泼的课堂气氛，使得繁难的知识变得易懂好记。在上海海洋大学流传这么一句话："作为水产大学的学生，没听过陈老师的课，是一大遗憾。"如发酵工艺学等课程，陈有容改变以往学生被动学习、死记硬背的毛病，在考核上采用独立选题、写文献综述、论文答辩等形式，让学生从一个被动接受者变成一个主动学习者。他鼓励学生大胆设想，提出新想法、新见解，通过学生间讨论和争论及老师点评，提高了学生综合运用所学知识的能力和创新精神，大大激发了学生的积极性。他指导的本科生毕业论文，被评为上海市普通高校优秀毕业生论文的比例超过80%。他所指导的研究生获得朱元鼎、芳草、大北农等各种优秀奖，其中一名研究生的论文在韩国举办的第十一届世界食品科学大会上宣读，该生也是得到大会资助的来自世界各国的14名研究生之一，这在我国高校中尚属首次。

为了促进师生交流，提高教育教学水平，上海水产大学于2002年5月开始实施师生联系制度。陈有容从2002年起，一共与数十名学生建立了师生联系。这些学生的情况各不相同：有的在经济上有一定困难，有的是学习方面存在一些问题，有的则是品学兼优的好学生。对经济上有困难的学生，他尽量想办法，创造条件，为他们联系勤工俭学的机会，或是让他们参加自己的科研项目，给予一定津贴。对家庭经济非常困难的学生，他还和爱人取出部分工资予以资助。当学生在学习上遇到困惑，生活上出现难题时，陈有容总是义不容辞地伸出援手，热心地为每位学生解决问题。2003年起，陈有容多次被评为"师生联系优秀指导教师"。

如今，陈有容的学生遍布各地。谈起他和学生的友谊，他难抑自己内心的喜悦和欣慰。在美国出席食品界国际会议时，在美国的学生纷纷邀请他去家里做客。逢年过节，不少学生都会前来拜访这位已经退休，但仍然活跃在学科领域的老师。陈有容和学生无所不谈，无话不说。学生们说他是良师，也是难得的知己和益友。陈有容在学术研究上也成就斐然，他兼任中国食品科学技术学会理事、中国儿童食品专业学会理事、中华预防医学会微生态学分会委员、上海市食品协会常务理事、上海国际食品信息中心主任、上海市食品学会理事、儿童与营养食品专业委员会秘书长、上海预防医学会微生态学专业委员会委员、上海投资咨询公司专家人才库专家、国际食品联合会生物技术专家组专家、美国食品科学技术学会会员等多个学术职务。1995年，他作为代表团团长，圆满完成中国食品科学技术学会参加美国食品科学技术学会（IFT）年会的任务。2001年，在第十一届食品科学大会上，作为中国代表，他首次担任"全世界的亚洲发酵食品"分会场主席。

学术事业外，作为专家，陈有容也不忘为政府建言献策。1995年，他撰写的《上海要加大发展食品工业的力度》发表于《专家咨询简讯》，为市政府所采纳。1998—1999年为"金点子"工程征文评选委员会委员。1999年，他参与《上海生物技术发展战略研究》项目，执笔撰写了微生态制剂发展的专题报告。他曾获得普通高等学校优秀教学成果一等奖、师德标兵、教学名师奖等荣誉。退休后，他还两次获中国食品科学技术学会工作者（2007年、2011年），两次获得上海市高校退管系统"老有所为"精英奖（2006—2008年、2012—2014年）等荣誉。

学生时代与老师结下的深厚情谊，不仅让陈有容一生受益，他更是将这种温情薪火相传，用慈爱和智慧呵护学生的成长与成才，也许陈老师身上的闪光点对我们今日的校园文化建设有着巨大的典范意义。如今70多岁的陈有容教授，依然活跃在学术交流会、青年学者论坛、社区科普讲座上。名师出高寿，更出仁厚健康的长者。

（本文执笔人：刘向培）

① 陈有容教授

② 陈有容教授接受采访

春风化雨润物无声

—— 记东华大学原副校长沈焕明教授

无论是国家的繁荣昌盛，还是学校的发展壮大，都离不开领导者的指挥与掌舵。在我们的受访者中，沈焕明校长就是这样一位兢兢业业而又热情淳朴的领导者。他参与了东华大学的建设，见证了东华大学的发展，并将自己的一生都奉献给了教育事业。

初次见到沈老，是在东华大学附属老年大学的图书馆，满屋的袅袅书香似乎正象征着他春风化雨、诲人不倦的一生。87岁高龄的沈老已是满头白发，但面对采访者与摄像机，他依旧神采奕奕，兴致盎然。他向我们诉说了他的两大人生信条——信念与担当、宽容和理解，也谈及了晚年的自我保健之道。沈老对党的忠诚，为人处世的艺术以及豁达的心态都令人心生敬意。

回顾87年的人生旅程，沈老将其分为两个阶段，并以"学习在乱世，献身于盛世"加以总结："17岁以前，我一直生活在崇明县汲浜乡的一个农村，我种过田，读过私塾，也进过洋学堂。从17岁到87岁，我先是从华东纺织工学院（现东华大学）毕业，留校参与学校建设。上世纪80年代初，我又经公选被推到学校领导位置。"沈老出生于一个农村家庭，他的成功可以说来之不易。然而，出生平凡，且经受了种种历史风浪考验的他，至今依旧秉持着"信念与担当"、"宽容和理解"这两大人生信条。

信念与担当

说起"信念与担当"，沈老的眼中透出坚定与执着："我说的'信'是共产党员的大信，就是一切服从党的安排，到党最需要的地方去。'担当'就是相信群众，依靠群众，实实在在地干事。我一直都是信奉这个信条来做人的。"

1951年，从华东纺织工学院毕业之后，沈老留校工作，先后任系党总支书记、系副主任、基础部主任、教务处长、副院（校）长、党委书记、纪委书记等职。1986年7月，他还受命任武汉纺织工学院院长、党委书记。然而，外人难以知晓的是，这一系列头衔的背后却是一次次的考验与磨难。沈老说："我接受党的安排，并督促自己一定要做好，实实在在地干事。"

谈起最初几年工作上遇到的重重困难，沈老总是付之一笑。"上世纪50年代的时候，矛盾很尖锐，'文人相轻'的问题很严重。党委就决定下派党员去解决老专家们的矛盾，于是我就从校长秘书下放到当时最小的系——染化系——任支部书记。一开始，工作也是一筹莫展。为了解决这个矛盾，我逢年过节都要去老专家们的家里访问，沟通交流，关心他们，送去温暖。这样，矛盾才渐渐缓和。除此之外，我们还面临染化系如何发展的棘手问题。于是，在当时系主任的带领下，我们一方面派遣老师到国内外学习，另一方面联系工厂，积极挖掘人才。这样，染化系才渐渐发展壮大，为后来中国化纤的大发展作出贡献。"

在这位老党员身上，我们看到了智慧与才干，更看到了真诚与奉献。作为武汉纺织工学院的第一任院长和党委书记，他是这样说起他的武汉经历的："1986年夏天，上级安排我去接任武汉纺织工学院院长兼任党委书记。那时，学校的工作和生活条件都还很艰苦，经过三年艰难的工作，才让学校事业稳定下来，踏上正规。"回忆起武汉经历，沈老认为，这也是他人生中一次艰苦的磨练。

即使是在1990年退休之后，沈老还是坚守着他一贯的信条，到需要他的地方去，实实在在地做事。沈老说："1995年，当时我已经退休五年了，学校承担的一项重要研究任务需要完成——研制国家急需的洲际导弹外壳的新型保护材料。我记得那时我探亲刚刚回国，书记和校长就来我家，希望我参加，并领导项目建设。那是一个50多人的团队，我和大家日夜奋战，直到1997年11月，新材料正式通过鉴定，胜利完成上级交给的任务。"

1999年，学校要建立老年大学，校领导请沈老出任第一任老年大学的校长。当时老年大学有十个班级，但没有固定上课的地方，教室是流动的，开展教学困难重重。经过沈老的努力，老年大学得到了校领导的支持，终于在2002年解决了教学活动场地，使老年大学初具规模。现在，东华大学附属老年大学一共有百余个班级，几十门课程，规模达3 000多人次。2005年卸任后，他还亲任主编，出版老年大学刊物。

工作几十年，沈老从年轻小伙儿变成了垂垂老者，但不变的是他为国为民的热心肠与克己奉公的高尚品质。他说："我的信念是需要我做什么就做什么，立党为公。不拿一分钱，一切为大家，活着就是为大家多作贡献。"

宽容和理解

沈老的第二个信条"宽容和理解"，即如何处理人与人的关系。在"文革"期间，沈老被划为走资派，第一个被红卫兵打倒，还带着大牌子，在学校里扫地，后来到山区农村接受劳动改造。然而，对于这样的人生经历，这位饱经沧桑的老者却早已释怀，显示出了长者的宽容与大度。他说："这些都是历史的误会，还是应该相见一笑泯恩仇。"

宽容和理解在家庭生活中也相当重要，沈老说："我们家的保姆，在我家已经待了23年，从来没看到我和妻子吵架，我们总是和睦相处，恩恩爱爱。"上海曾经有一个叫"心灵花园"的节目，电视台希望一改以往的悲情风格，于是便找了他和夫人，做了一场名为"半个世纪的情缘"的节目，那时正值沈老与夫人金婚，节目播出后可以说轰动了全上海。

从谈话间，我们不难听出沈老对夫人的爱意。为了兑现承诺，在结婚60周年，钻石婚之际，沈老特意给夫人买了铂金钻戒，他还对夫人说："我们的爱像铂金一样纯洁，像钻石一样坚贞。爱是包容，爱是感谢，爱是相濡以沫的一生。"

"其实，'宽容和理解'放到各处都是适用的，人与人之间要互相宽容和理解，这样什么事都好办。"沈老说，在动员居民进行小区改造的时候，各个居民思想都不一样，需要分别做思想工作，如果人与人之间互相体谅，这样事情就容易办成。"宽容"和"理解"这看似简单的两个词，却体现着沈老大半生的人生经验与生活艺术，值得我们年轻一辈学习与借鉴。

健康长寿之道

谈起晚年的健康长寿之道，沈老也颇有心得，他说："我现在生活规律，吃过晚饭，看新闻，看电视剧。9点半睡觉，早晨5点50分起床，中午休息半个小时，吃饭都是定时的。每天吃完早饭，8点钟后，就到操场上慢走2 200—2 400米。至于保养方面，我不喝酒，不抽烟，偶尔吃点保健品。虽然毛病一身，但是我不过分治疗，只是适当保健。"

说到丰富多彩的退休生活，沈老告诉了我们这几个字：勤学习，好心态，多爱好，广交友，葆青春。

已87岁高龄的沈老，爱写文章，保持着学习的劲头，还参加了邓小平理论学习小组。对于老人来说，好心态相当重要。从表面看来，无论谁都不会相信沈老还得过癌症，经过保守治疗得以康复。除了癌症，他还有高血压、高血脂，也曾经患过胆结石。面对疾病，他调侃道："很多时候，我们都是自己吓自己。生病，相信科学，没有关系，我很高兴我现在已经超过上海男性平均年龄了。"得了癌症之后，沈老特意在东华大学成立了一个癌症康复俱乐部，他说："我经常给病友们讲我自己的故事，包括如何面对疾病、如何治疗，大家都很喜欢我。"沈老的乐观与豁达无疑是他长寿的秘诀之一，同时，这种积极向上的生活态度也值得我们学习。沈老良好的心态与他的家庭和谐温馨密不可分。如今，沈老和夫人正奔向结婚的75周年，而他与子女之间的关系也很融洽。虽然子女们有的移居国外，但一有空还是常常回家看望二老，沈老还笑称自己这里是他们一家的"上海办事处"。

此外，虽已年过八旬，沈老依旧爱好广泛，晚年生活很充实。每两周一次，他都会参加数码相机沙龙等活动，还学会了使用会声会影等软件。他喜爱打桥牌，曾经参加过上海老干部局组织的双人赛，在126队参赛组中得到了第三名的好成绩。沈老还喜欢旅游，并结交了不少老年朋友。

沈老身上体现的老一辈党员的忠诚与担当感动了在场每一个人，他为人处世的方式更使我们受益匪浅。此时，我们也深深明白了沈老长寿的原因：他既拥有良好的心态，更拥有高尚的人格。

（本文执笔人：徐悦）

①

②

③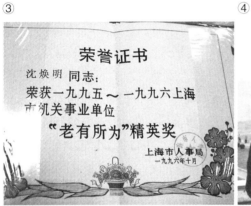

④

① 沈焕明教授

② 沈焕明教授在书房中

③ 沈焕明教授获上海市人事局颁发的"老有所为"精英奖

④ 2003年，沈焕明教授在湖北宜昌三峡工地上

钢铁生命如何炼成

——访我国电气自动化学科著名学者陈伯时教授

来到陈伯时教授家时，大家才发现，这位在上海大学任教了近20年并在沪退休的老人家，竟然说着一口流利的京片子。年届八旬，陈教授仍是目光炯炯，精神矍铄，肚子里也装着许多或惊心动魄或励志感人的故事。2015年6月3日，我们采访组特地过来请教这位国内电气自动化领域的泰斗，请他用自己的切身经历和感受来讲讲那些历史迷雾中真真切切发生过的精彩往事，以及自己近年来的养生故事。

如今已在我国电气自动化领域内享有极高声望的陈伯时教授，在回忆起自己的成长往事和求学经历时，仍止不住激动。"还是小孩子的时候，我看到了战火，也经历了战争，虽然没有上到战场，但在后方也目睹到了不少国难的凄凉。"陈教授叹了口气，将自己的身世娓娓道来。

1928年，陈伯时在北平（当时首都在南京，北京改称北平）出生。和大多数同时代出生的人一样，他当然不知道未来将有一场国家大变故在等着他，每个人的命运都将受到影响。出路在哪里？这是每个人都在思考的问题。

1936年，陈伯时8岁，母亲不幸逝世，父亲一个人难带三个孩子，只得把他送到了上海，跟着姑母生活。1937年，上海由于有租界，在周围日军铁蹄下，暂时形成"孤岛"，陈伯时得以继续求学，进入大同大学附中高中部。1945年，日本无条件投降，抗战胜利了。陈伯时和他的小伙伴们都十分高兴，不仅因为这片土地终于迎来了和平的曙光，国家即将迎来崭新的未来，也因为自己马上就能步入大学的殿堂了。

一开始，陈伯时进入大同大学学习，大同大学在当时以出色的理工科教育闻名在沪。过了一年，抗战期间在昆明并入西南联合大学的清华大学迁回到久违了的故城北平，陈伯时和他的几位同学转学考入清华大学，在电机系二年级继续学习。

1949年，陈伯时从清华的电机系毕业，被学校留下来担任助教。

"在上海生活了八年，头一次回到北京时，并没有隔阂，还是那个熟悉的样子，还有那股熟悉的味道。"刚到清华大学的陈伯时开始回味起自己带着北京味儿的童年来，或许他当时也暗暗地下了决心，要留在这座城市，坚持自己对电机领域的爱好。转眼间到了1951年，新中国成立已经两年，这也是陈伯时成为清华大学教师的第三个年头。年轻的新中国要向苏联学习，当时，教育部聘请的苏联专家集中在哈尔滨工业大学，陈伯时便被学校派往哈工大进入师资研究班学习，第一年学俄文，接着两年师从苏联专家学习工业企业电气化等专业课程。

"苏联的电气化技术确实很厉害，比我们当时强多了，我们学完一年以后就到苏联援建的鞍钢三大工厂（炼铁厂、大型轧钢厂、无缝钢管厂）实习，很多设备我都是第一次看见。你知道的，那种'这不是教科书上才刚刚看到的东西吗'的感觉。我当时一边看，一边发出感叹！"陈教授说完，笑了笑。研究生毕业后，他觉得自己收获颇多，回到清华大学后，在新专业中继续他的教育事业。在那之后，每年暑假他都会带着自己的学生到东北和其他主要工业基地参观、实习。他不仅教导学生，自己也深入学习，还会将自己在苏联专家那儿学到的知识运用到实际工作中去。此后，他继续在清华大学教书，一直任教到1983年，他自愿申请调到上海。

新中国成立后，陈伯时的父亲到沈阳工作，与继母结婚建立了家庭。退休后，父母二人回到上海。1978年，陈父因病去世，继母独自一人在上海生活。陈伯时曾接她到清华住，生活上的不习惯让她又回到了上海。1983年，陈伯时毅然决定调职去上海，照顾年迈的母亲。就这样，陈伯时从声名远播的清华大学调到了当时并没有太高知名度的上海工业大学（现上海大学的前身之一）。"当时我没有在意什么名气不名气，我想的是，反正一定要留在电气控制领域内搞教学、做研究，当时一比较，只有上工大最合适。"他在上海工业大学一待就待了15年，直到"上工大"变成了"上大"。1998年，陈伯时从上大退休。

从北京到上海，那是为了生活；从上海到北京，是为了求学；如今，又从北京来到了上海，陈伯时就这样在自己的人生中重调复奏着一出"双城记"。在上海工作期间，有两件事情最让他感到自豪。

一件事是为上海工业大学申请到"电力传动及其自动化"学科的硕士、博士点。1984年，也就是陈伯时刚来学校不到一年的时候，他成了上工大第一批电力传动及其自动化硕士生导师。他清楚地知道，为了让学校的这个专业更好地发展，硕士招生与培养的最终目的应该是筹建博士点，并培养出出色的博士生。"当时我们第一届硕士就招了5名，后来第二届也是5个学生，我和其他老师带着他们开拓了6个理论和实践结合的专题研究方向，无论是学生还是老师，大家都非常忙，但也非常开心。"陈伯时带领师生完成两届硕士毕业论文后，立马就开展博士点的筹备工作，最后博士点也被国家批准。就这样，在陈伯时的鼎力工作下，上工大形成了有自身特色的电力传动自动化学科。

另一件事是教材的编写。陈教授说自己是一个"行动派"，喜欢在书本外找到有用的知识，但他也不排斥书本的学习，认为那是基础性的东西。"从苏联抄来的教学计划中，自动控制理论和电力传动控制系统是两门独立的课程，很多学生毕业后还不会用理论来解决实际系统的问题。我发现这种情况后就想，能不能把理论和实际结合起来，编写出一本应用控制理论分析和设计控制系统的教材呢？"陈伯时开始了尝试，并与同行一起编写了电气自动化专业教材《自动控制系统》，后改名为《电力拖动自动控制系统》。这本教材受到本专业师生的欢迎，先后改编了5版，沿用至今。

身为我国电气传动和电气自动化学科的著名学者、创始人和开拓者之一，早已退休的陈伯时已是功成名就，但他仍然没有停止思考。现在的陈教授依旧会主动思考电气自动化领域内的新问题，关注国内外该领域科研和实践的新成果、新动态，也为学界和业界取得的新成绩、新突破而欢欣鼓舞。

陈教授一生都在不断地学习、进步、实践，他取得的成就颇丰，对中国的电气自动化发展起过很大的推动作用。无论是人民大会堂舞台的电气设备，还是首都钢铁厂的300小型连轧机，无论是像一支螺丝钉作用的铜带，还是量产如"海鸥"牌照相机的编码刻字机，都凝结了陈教授的智慧和汗水。"这些只是往事，"谈到自己的成绩，陈教授总是很谦虚，"我们要多谈的应该是现在和未来。比如新能源的开发和与之而来的新电气设备的制造，能源储存器又该怎么设计，同类问题太多太多了。"一讲到将来，陈教授怎么也停不住，但他也明白，未来的问题总有年轻人去思考。问题总是有的，解决问题的方法也总会有的。陈教授强调了全球性研究的新精神，谈到合作与共赢。你会发现，在这样一位八旬长者的眼中闪动着的，不是垂垂老矣的无奈，而是光芒，是凝视着未来方向的充满柔情与希望的光芒。即便他看不完这条路，但他愿意注视着前去开拓这条路的年轻人的背影，这对他而言就已足够。

除了关注国内外电气自动化领域的最新动态，陈教授也关心着自己的身体状况。"过了八十之后，我对自己身体的各项机能运转都格外关心。其实，人体就好比一套电气系统，既然是系统，就需要整体性的维护，不能想到修补哪一块儿就去补哪一块儿，根本上是要有系统观念，当然也需要不断'改装升级'。"陈教授的比喻生动形象，而且与自己一直以来从事的工作挂钩，似乎一下子就让人明白了。说到"整体性的维护"，陈教授指的就是规律化的作息与饮食。只有形成一个完善而妥当的生物钟，才是对身体最好的整体性维护。"有不少人喜欢外用膏药、内服补药来养生，但我觉得那都像是在给电气系统添加新的任务。最有效的进补其实就是让整个身体系统发挥自身的全部功效。"每天按时起床，晚上按时上床睡觉，这是陈教授不变的生物钟，他说正是这一点让他的身体不出大毛病。饮食方面，陈教授也不会刻意进补，只是吃食会清淡一些，平时还爱熬些米粥食用。一些日常运动也是必不可少的，但陈教授尽量避免长时间的运动，他认为那样是在给身体施压，特别是在天气炎热的情况下。说起来，陈教授的"养生秘诀"几乎称不上是"秘诀"，只是在一般人的生活习惯上更约束自己一些，也更持之以恒，但这足以练成一副钢铁般的身躯了。

"罗马不是一天建成的"，同样，钢铁也无法一日炼成。在电气自动化的专业道路上，陈教授坚持继往开来、开拓进取，到如今也坚持进步，持续关注行业动态，这是一股怎样的"炼钢"精神和勇气。在生活中，陈教授同样坚持几十年如一日地对待自己，用最简单却最有效的方式修养身心，这也给我们提供了宝贵的长寿经验和人生经验。在人生这条"炼钢路"上，我们有幸能随着这样一位亲切长者坚实的步伐而努力向前。

（本文执笔人：王琛）

① 陈伯时教授

② 陈伯时教授在办公室

③ 陈伯时教授在工作

文艺寿星的健康养生

——著名评弹理论家吴宗锡先生访谈录

吴宗锡是如此特殊的一位老人。当我们采访组来到他家时，只见吴老正襟危坐，面目慈善，却并不多言，每每到了王耀发教授主动询问之时，他才将自己的故事和自我保健之道娓娓道来，一股学者与艺者的气息扑面而来。

事实上，吴宗锡就是一位实打实的"文艺老人"，谈起他近期的文艺修养之路，恐怕大多数自称"文艺青年"的当代青年们都得自惭形秽。90岁高龄的吴老还在不久之前出版了一本辞典《评弹小辞典》和一本著作《走进评弹》，而据老人自己介绍，还有一本新作正在策划写作中。身为中国著名的评弹理论家、曲蓺评论家和作家，吴宗锡的一生可谓是跟艺术相伴。退休之前，他还曾担任上海市文化局副局长、上海市文联副主席、上海市文联党组书记等行政要职，可谓是文艺、管理两手抓。但是，正是这样一位听上去精明能干的铁人，却在采访中向我们述说了自己体弱多病的青年时期，并直称自己能活到这个岁月是一种"幸运"。那么，究竟是什么原因，哪些境遇，哪些保健方法令吴老的身体状况有所改观，并最终成为健康长寿老人的呢？

谈起健康，吴老说，在年轻时，常为身体所累，好几次险些没有挺过难关。"你别看我现在一副容光焕发的样子，其实年轻时在我的同学和同事眼中，我一直是身子骨最弱的那一个。"吴老回忆道。1945年，吴宗锡从圣约翰大学经济系毕业，适逢抗日战争结束。所谓世事催人，在历史的洪流之中，每个人都要做出选择，而很多时候，我们所做的选择也就决定了自己的未来。毕业次年，吴宗锡就毅然决然地加入了中国共产党。此后，他一直在文艺界工作，早期写诗，曾在报刊上发表诗歌、诗评和散文，后任上海《新文丛》编辑。新中国成立后，吴宗锡任上海市文化局戏曲改进处副科长、上海评弹团团长、上海市文化局副局长等职位，从此与评弹结下了不解之缘。

虽然在年轻时就经历了大风大浪，并且在评论界取得了不错的成绩，但吴宗锡的身体一直不怎么好。"架着一副眼睛，斯斯文文、柔柔弱弱的样子。"这是吴老师听到最多的对他的形容和评价。"我15岁的时候就出过一次特别严重的麻疹，当时没有抗生素，出一次麻疹就等于是去阎罗王面前走一遭，后来靠中药才勉强恢复了过来。"在那次出疹子之后，吴宗锡的青年时期基本就在瓶瓶罐罐的汤药中度过。他常年患有过敏性哮喘和过敏性鼻炎，直到今时今日也尚未痊愈。中年时期最严重的一次生病给吴老留下了难以磨灭的印象。"1989年，我的胃出了很严重的毛病，起先是完全吃不了东西，连吃一颗花生米都会痛，后来又胃出血，还伴有十二指肠溃疡，简直是要人老命。"吴老至今回忆起来仍心有余悸。"如果没了这条命，那评弹理论和创作也无从谈起了。"他如此说道。从此，他开始注意自身的健康问题。长期的鼻炎和哮喘让吴宗锡从来不触碰烟酒；因为肠胃毛病，他基本不食用油腻食物，在餐饮方面变得非常小心；还因为畏寒，秋冬之日处于室外就会活动手脚。吴老说："凡事确实是福祸相依，如果没有一个较差的身体，我想自己年轻时就会拼命地去挥霍健康了，现在这些良好的生活习惯，什么烟酒不沾、饮食均衡的生活方式也就不复存在了。"

到了90岁高龄，吴宗锡虽早已退休，但仍心心念念着评弹理论界，时不时还有文章乃至理论著作刊发或出版。在日常生活中，吴老也多以练书法、听乐曲和读小说作为打发时间的活动，是位文艺范儿十足的"文艺老年"。这位极具文艺范儿的老人家在对待身体健康的态度方面有了十分显著的变化。"再优秀的基因也经不起你折腾的，是吧？"据吴老介绍，他家族的亲戚大多长寿，阳寿浅薄者也有78岁之寿命，他认为自己家族拥有长寿的基因，只是按他的话说，"基因重要，后天的保养也十分重要"，老年的他正是在实践自己的这个理念。

退休之后，吴宗锡有了大把的时间供自己支配和规划。他每天起床后的第一件事，就是将今天要做的每一件事都在脑海中规划好。他的生活变得越来越有规律。吴老每天6点左右就起床洗漱，整理完毕后，就到家对面的公园里锻炼身体，慢走，做操，有时还练练稍有难度的太极招式。"稍微的锻炼是对身体有好处的。很多人认为老年人的锻炼应该'适度'，这个'度'是多少很难把握，往往让人在还没达到运动效果时就止步了。所以，我觉得多做一些锻炼，甚至拉长锻炼时间是没有关系的，达到效果与否，只有自己心里清楚。"锻炼贵在坚持，持之以恒方能看见效果，而吴宗锡老师同样看重锻炼过程中的质量，不会因为"今天不想做"、"做了这几个应该已经达到效果了吧"等理由而轻易放弃。

晨练之后，吴老便回家吃早饭。早饭以粗粮和米粥为主，从青年时期开始就已经习惯了清淡口味饮食的吴老，如今仍然坚持吃"粗茶淡饭"，加一些时令蔬菜或水果，以补充维生素和微量元素。

早饭过后，花半个小时练书法，这是吴老从中年时期就养成的爱好习惯了。在练书法的同时，他还会打开收音机收听乐曲，眼、手、耳一个都不闲着。"最近这三年事情比较多，不仅要编书、编辞典，平时还会写一些文章，同时还有不少电视台、报社的采访，需要跟记者沟通、交流，也是挺费神的。但是因为一直保持着良好的生活习惯，没觉得有多么辛苦，我的身体比年轻时倒是要好多了。"虽然已退休，但吴老并没有闲在家里，而是积极接受更多"任务"，充实自己的生活。吴老发出感慨的同时，其实也是在告诉我们，一个积极应对人生、不断开拓进取的态度，才是长寿的真正秘诀。

吴老的午饭同样注重营养健康。菜饭少油，少调料，多吃出些食物的原味。其实这是很好的，一来现在调味料盛行，食物本身的味道越来越被掩盖，所以能够食其原味也是一种享受；二来调味料本身携带色素、添加剂等有害人体健康的成分，少食为妙。吴老坚持饭量也以吃到八分饱为优。在饭后，吴老时不时还会小食一些坚果，可能就是一把核桃或一把榛子。坚果含有不少营养成分，适当食用对老年人的身体是有益的。

虽然相比年轻时更注重健康，吴老还是保持着一些年轻时的习惯和爱好。"我以前特别爱看足球比赛，中国、外国的球队比赛都看。由于时差，很多国外足球比赛都是在晚上嘛，现在老咯，一般都只看上半场，下半场留着白天重播时再看。"90岁的吴老说自己仍是个铁杆球迷！除了看足球比赛，吴老还说自己一直保持着对这个世界的好奇心，他认为这是最重要的，不仅仅是对于健康长寿，还是对于一个人存在的意义而言。不喜欢打麻将、打桥牌的吴老将业余时间都花在了重新学习之上，如今的他开始对法语和法语文学感兴趣。由于年轻时有较丰富和成功的俄语学习经验，他又开始走上了外语重修的道路，吴老打趣地说："我想在不久之后的某天能够做到不查词典而直接阅读法文小说，因为我的视力真是越来越差啦，很快就会看不清密密麻麻的词典了。"吴老不愧是一位"文艺寿星"，除了评弹、写作，如今又开始学习法语，而且还想继续学习、进步。"还想多学点儿东西"成了吴宗锡这个"论"了一辈子、"评"了一辈子的老寿星如今最重要的愿望。我们希望老人家能愿望成真，在某个午后，这位亲切的"文艺老年"手中拿着一本巴尔扎克的《人间喜剧》原版，细细品味，不时发出微微的笑声或遗憾的叹息。

"亲人的扶携是我走到今天仍能这么快乐的主要原因。"吴宗锡这样说道。谈起自己的亲人，吴老满是欢喜，虽然老伴的身体不算太好，但总算是相伴相惜，情感浓厚，相互扶持走到如今。儿子早年在美国留学，如今已在美国生根，全家虽然只能一年相聚一次，但每次的见面都让老人觉得分外开心，也能一享天伦之乐。孙女在外求学，放假也会经常回来看望他，祖孙感情深厚……良好的家庭环境和亲人的关心给吴宗锡的老年生活带来了快慰。"我每天都听评弹，写文章，读书，学习，但每一次与亲人的重新相逢，每一次从家人的相互扶持中得到的欣慰与快乐，都让我觉得比从那些活动中得到了更多的收获。也许说到底，家人是我们最好的生活动力和最温暖的人生港湾吧。"吴老不无感慨地说道。

"我觉得我这一辈子没有虚度，做了一些自己想做的事情，还做了一些自己应该做的事情，无论从哪一方面来看，都值了！"这是吴老对自己一生简短却精辟的总结。当然，他的一生远不止于此，甚至也不是"文艺青年"或"文艺老年"几个时髦词汇就能概括得了的。吴宗锡老人还要继续大步走在人生路上，我们祝福他在将来的道路上还能如此率性，如此从容，活出真我，活出健康！

（本文执笔人：王琛）

① 吴宗锡先生

② 吴宗锡先生与王耀发教授

谦虚做人　低调做事
开拓祖国文化教育事业

——记上海外国语大学吴克礼教授

"我在上海外国语大学已经待了一个甲子了。1958年来上外，今年正好满一甲子。60年了，相对于青年教师来说，我算个老人了。"当采访组一行人来到吴克礼老师家时，他见面第一句话就这么说道。吴老师当然不是在夸耀自己的工龄，而是打心底觉得"后生可畏"。他接着说道："一是年龄大了，二是就算与同辈人相比，我的所谓贡献也是小而又小的。"为人谦虚，正是吴克礼教授给人的第一印象。

吴克礼出生于1940年，读小学四年级的时候上海解放，而在此前一年，也就是在三年级的时候，吴克礼所在的班级才开始学英语，然后就停了。小学毕业后，他考入了泾德中学，这是一所教会学校。吴克礼进去后的第一年继续学习英语，念了半年，上海市教委将所有的教会学校转变为公立学校，至此，英语学习又停止了。这是吴老师与语言学习的第一段缘分。

1958年，吴克礼从上海第五十五中学毕业之后直接进入上海外国语大学学习，毕业后留校任教至今。"我本来不念外语，是想学习化学的。谁知道体检的时候查出了红绿色盲，所以当时我在第一类、第二类专业中只能考一个专业——数学系。"因为数学系较为枯燥，吴克礼不是很感兴趣，因此最后选择了第三类专业——语言专业。念文科，是不是初高中所学的知识就毫无用处了呢？吴克礼不这样认为，他说："中学学习的几何、代数真没有用了吗？其实不是，比如数学，在做几何题时需要添加辅助线，然后思考论证、计算，是培养自己一种思维能力的很重要的方式。仅仅通过大量阅读的方式是达不到这样的效果的。所以不能非常功利地对课程进行取舍，这是一项非常慎重的事情，要通过仔细的研究才能决定撤销或者补充哪些课程。"

吴克礼认为中学阶段为自己打下了几个不可替代的基础：一是一种用数学方法进行逻辑思考的思维方式；二是深受上海文化氛围的熏陶。"我最早的老家在小东门。抗日战争时期，日军炮轰小东门，许多建筑被破坏，我的父母还有外婆等家人就从小东门逃难到金陵东路。我在阿姨处寄宿，抗日战争结束之后搬到了牯岭路（现黄浦区新金桥广场处）。那时，上海有个特点，它是个文化中心，十里洋场，我从牯岭路跑到南京路只要5分钟。我家靠近西藏南路，从家出门15分钟转一圈可以看到7个电影院，从最近的大上海电影院，到金城、丽都、皇后（现和平电影院）、新光，左边出去是卡尔登（现址为杏花楼）、大光明，再延伸出去是大华（新华电影院），美琪大戏院，等等，不愧是文化艺术中心。"吴克礼早期受到的教育主要是以英美教育为主，他住在英租界，所以电影对他的影响很大。1949年之后全面苏联化了，因此吴克礼的脑海中既有传统文化，还有英美文化、苏联文化，这些早年经历为他学习外语奠定了一个兴趣的基础。

　　1958年，吴克礼正在念大学，当时校长带着学生们到宝山进行生产与劳动。"全靠步行，晚上教师就带着大家学习俄语。"吴克礼回忆道，"当时的理想很简单，1956年的时候，上外就是上海俄罗斯语言专门学校，只有俄语一种语言可学。更名为上海外国语学院之后，又增设了3种语言——英语、法语、德语。"

　　许多人不是很理解，俄语尽管是一门语言，也分为许多小的领域，领域之间不尽相通。如有些从事语音学的教师，他们无法讲好句法课程；句法讲的头头是道的教师，发音可能也不甚准确。"我大学经历的正好是当时俄语的全盛时期到衰落时期。1958年，本科招生10个班，每个班20名学生，总共将近200名学生左右；专科两年制，是6个班，每班不到20名同学。到了毕业时节，一年级由一位俄国在华总领馆随员的太太作为外籍教师为我们授课，她非常不错，讲很正宗的俄语。"说起俄语教育在中国的衰落，吴老师告诉我们，上外1962年毕业的大部分同学都到中学教书去了，其中又有很大一部分转英语教学。当时从几百人中挑出不到20人成立了大学五年级，实则为教师进修班。"1963年，吴克礼毕业留校了。

　　到了1971年，上外俄文系有了一个项目，是编纂汉俄字典。当然，吴克礼也参与到了这个项目的编纂队伍中，一周有两个半天来编纂字典。吴克礼看到这个专业业务项目激动不已，彼时他三十出头，有这样的机会，他非常珍惜。到了后期，每周花在该项目上的时间又扩大到四个半天。1978年，这本字典出版了，在俄罗斯的汉语言学家中掀起了很大的影响。吴克礼也并非完全脱离俄语专业，有时候也会参与一些翻译的项目，虽然是断断续续的。1984年，中苏关系再次紧张，教育部希望派遣高教代表团出访俄罗斯试探外交关系。教育部来到上外挑选外派代表时，吴克礼当时44岁，尚未有出国经历，与俄罗斯人的接触也就停留在本科阶段。但他认为这是个很好的机会，便做好充足的准备，顺利完成了任务。"那次翻译经验使我获益良多，同行的师长们对我的工作做出了积极的评价。后来又派出过几个团，我又参与其中，大家对于我的工作颇为认可。这与学校的教书育人是完全不同的经历，但上外历来比较偏重于实践，所以学习经历对我的出国翻译也是大有帮助的。"一年以后，上海外国语大学成立科研处，吴克礼被调作负责人，他从这个时候开始打下了行政能力的基础。到了1988年，吴老师更是被推选为副院长，开始负责科研工作。

1993年下半年，教育部希望吴克礼能去俄罗斯大使馆工作，而吴老师的夫人正好也是学习俄语的，两人便前往莫斯科工作，一直到1997年3月回国。回国之后，吴老师成为博士生导师，开始集中精力搞教育科研，一直到2011年退休。

"我的专业和理工科性质不同，无法与造飞船的航天科技研究相比较。"即便吴克礼一直保持自谦的态度，但他在俄语语言研究方面所取得的成就是有目共睹的。吴老师在汉俄字典编纂过程中所付出的努力自然没有白费，他成为了当时字典编纂理论研究的早期实践者。"编纂字典的经历让我尝到了科研的甜头，后来我就发表了十多篇科研成果在《辞书研究》。"吴克礼回忆起自己早期的科研经历时说道。在吴老师的一篇论文《双语词典编纂法新探》中，他运用了当时一个较为流行的理论——语义场，加上另外一个语义分析的理论，将这二者理论运用在字典编撰上，国内他可以算是第一人。"通过对比，语义较为清楚，使得编撰字典的释义更加精确，更加科学。这是我自己的理论：通篇一本字典是一个宏观的条目，每一个词条都是一个微观的结构。我们字典编写者在微观结构用了很多心思，这一点非常好，对于每个词意思的丰富做了很多工作，增加了使用价值。"语义场理论在词典的编撰过程中应用得非常好，一位俄国学者将吴克礼的文章翻译为俄文，收录在当时俄罗斯的一个叫《国外语言学新情况》的权威论文集子里了，这本论文集在俄罗斯的中文研究中相当有权威和影响力，这也是吴克礼在字典编撰中作出的贡献。

1997年，吴克礼从俄罗斯归国，自重新踏上讲台、回归科研开始，他便一心扑在了研究和教学之上。他主持编纂了《俄苏翻译理论的述评》，这本书要求每一位学生一起编写，成为一本五六十万字的研究集子。"在俄语语言学领域，国内做得最认真的是句法学、词汇学、语音学、修辞学，我们主要将俄语的翻译历史进行整理。"吴老师介绍道。俄文的某些研究书籍较难购得，因其发行量小，如有一次性只发行

3 000册的，卖完便不再印刷，要读只能到列宁图书馆复印。依靠复印资料进行研究，这是编纂这本书最难的地方。第三方材料没有办法拿到，他们就加入原文选读进行补充以弥补不足，另外还加入了对这些研究资料的述评，也就是吴老师所带博士们发表的自己的学术观点，这些文章无论如何在俄语研究发展过程中都起了作用。

翻译是否需要理论？吴克礼老师认为是需要的。"比如马拉多纳足球踢得非常好，也离不开教练的理论指导。为什么世界各国要聘请知名教练？球场上除守门员外的10人都是马拉多纳，这支球队就能成为最厉害的球队吗？并不是这样的。"吴老师认为，战略要结合理论，实践需要理论来指导，有少数翻译者把自己未曾读过翻译理论当作自己翻译能力优秀的一种骄傲资本，这个不是很合理。"其实，你看了其他人翻译的书，如英语、俄语、法语等翻译得很好的全版书，就间接吸收了其中的营养。通过对比外语与中文，本身就不是零起点了。理论是需要的，但不要很繁琐。"理论一定需要，但不应繁琐，这是吴克礼老师一直强调的，也是他在教学中的一个重要原则。1997、1998年时，吴老师已年近六十，他那时对学生们说："你们在全国各地搞好学术，就是我最大的科研成果。"因此，吴老师在培养硕博士生的过程中，采用了自己行之有效的方法。他会给学生尽量让道，比如他会告诉那些不是读语言方向的学生，要学习俄语，首先要用同样的态度学好汉语，两条腿走路，做到拿得出手。当时培养博士生的时候，学校要求博士生三年发表两篇学术论文。俄语是非通用语种，然而很多杂志是把英语作为通用语言，为了解决博士生因为投稿渠道狭窄带来的发表论文的困难，吴克礼便想到用翻译的工作来抵充论文发表的要求。他认为就培养锻炼的效果而言，这两种手段是一致的。

为了表彰吴克礼老师为中俄文化交流以及翻译事业所做的贡献，俄罗斯官方为他颁发了普希金奖章，这是俄罗斯专门颁发给在文化、艺术、教育、人文科学及文学领域取得突出成就，为研究及保存俄罗斯语言与文化遗产作出巨大贡献的俄罗斯或外国公民的奖章，约有数十位中国学者获此殊荣。另外，国际俄罗斯语言文学教师联合会（MAI-IPSLff）也为吴克礼颁发了奖章。"我是上外第四位该协会奖项的获得者，这个奖对于俄语学习者来说是最高认可了。"吴克礼说道。

2005年的时候，吴克礼的眼睛出现了问题，视网膜脱落，可能是由于外力撞击的缘故。虽然身体出现了问题，吴克礼也坦诚这"对我的教育科研影响很大"，但他仍然坚持做研究，做教学工作。"我听着录音机进行翻译，口述录音，相当艰苦，一个人一生中总是会遇到不少艰苦的时期，要尽自己的努力。我的夫人为我也付出很多。"手术后的吴克礼一直注意调养自己的身体，早睡早起，在饮食上也十分注意，多食瓜果蔬菜，保持适量的运动。

吴克礼老师为人低调，淡泊名利，此前甚至婉言拒绝了凤凰台的采访。他说："我始终认为每一代知识分子都应该有信仰和坚持。我不清楚我这一代人是否都如此，但对我来说，踏实做事、勤奋阅读，比舞台前的展示更为重要。"

（本文执笔人：王琛）

①

②

③

④

① 吴克礼教授在国外工作时的照片

② 吴克礼教授在中国俄语教学研究会成立庆祝大会上

③ 吴克礼教授与毕业生合影

④ 吴克礼教授获得的普希金奖章

淡泊名利　传道授业解惑的师者

——访我国资深刑法学家苏惠渔教授

2016年6月20日，我们采访了苏惠渔教授。采访当天，上海大雨，苏教授早上急忙给我们打来电话，担心下大雨采访组前来不方便，他说可以更改时间，随时都可以采访。由于提前和苏教授约好了时间，我们还是如约前往。采访在一派祥和的气氛中进行。

采访前，我们已经了解到：苏惠渔教授，华东政法大学功勋教授，是我国杰出的刑法学家和法学教育家，为我国刑法学事业和刑事法治事业作出了卓越的贡献。他享受国务院政府特殊津贴；获得过上海市高校优秀导师称号，上海市教育发展基金会申银万国奖；入选了中国当代法学名家名录。他先后在北京大学、复旦大学、华东政法大学从事刑法学的教学和研究工作，并先后任中国法学会理事、中国法学会刑法学研究会副会长、上海市法学会副会长、上海市警察学会副会长等职，现任中国刑法学研究会顾问、上海市刑法学会名誉会长等学术职务。

面对镜头，让我们一起随着苏教授的讲述，从1934年10月开始追寻苏教授的足迹。1934年10月，苏惠渔出生于苏州吴县，并在这座历史文化名城特有的江南人文氛围中生活了十余年。苏教授介绍的时候还不忘幽默一把："出生于苏州的'乡下'，但是我的家乡是美丽的鱼米之乡。父母在上海工作，用现在的话来讲，父母在上海'打工'。"1952年，他初中毕业后离开了家乡，到江苏省立昆山中学就读高中，1955年考入北京大学。受中学老师的影响与教导，苏教授当时就认为一个国家要发展就必须走向法制建设的道路。因此他选择了当时国家还不是很重视的法律专业，从此与法学结下了不解之缘。经过四年的刻苦攻读，苏教授顺利毕业并留在了北大法律系任教。1962年，他调入江苏省高级人民法院工作。1964年，华东政法学院第二次复校。当时学校百废待兴，没有师资，根据中央指示，华东政法学院到华东六省抽调具有一定理论研究和教学水平的人员充实师资力量，苏教授又于1965年调入上海华东政法学院任教。重拾教鞭的苏教授正欲在教学上重展拳脚之时，"文革"开始了，学校一切教学工作都停了下来。1972年，华东政法学院又被撤销了，苏教授被调入复旦大学新闻系任党总支副书记。

1978年，我国法制建设终于迎来了曙光。1979年，华东政法学院第三次复校，苏教授再次回到华政任教，并一直工作到70岁才退休。再次回到学校任教后，苏教授全身心地开始了刑法学理论研究与实践探索的艰难跋涉。虽然研究和教学工作充满了寂寞、艰辛和许多未知的因素，但是苏教授却始终抱着一定要在刑法学领域有所造诣、有所贡献的决心，勤奋工作。

苏教授积极投身于1979年刑法的制定，以及1997年刑法的修订工作。在2009年刑法颁布30周年之际，他在华东政法大学做过一个报告，题目是《中国刑事法制三十年亲历》，反响强烈。他说，我国30余年法制的建设过程，是一个不断完善、发展的过程。他记得，早在他念中学时，中央就考虑制定中华人民共和国的刑法，当时就出现了《中华人民共和国刑法大纲草案》（1950）、《中华人民共和国刑法指导原则草案（初稿）》（1954）。但是新中国成立初期，主要的任务是要解决经济问题、社会秩序问题，所以法制问题还提不到议事日程上来。改革开放以后，我们的法制建设才又重新走上正轨，逐步发展完善。1979年就制定了五部重要的法律，这其中就有刑法。从此，新中国的历史上有了第一部刑法。这是我们国家政治生活中的一件大事，是我们法制建设中的一件大事。现在的这部刑法典，是经过全国人大修订的一部新的刑法典。1998年，全国人大采纳了理论界和司法部门的一致意见，即采用修正案的形式，也就是以后会告知是哪个地方做了修改，而不会直接替换一个新的。苏教授说这是采用了国际上的立法经验。立法模式有了大的进步，更加科学，这也是我国法制建设在摸索中成功前行的案例。

苏教授桃李满天下，这也是他最欣慰的事情。他的学生如今遍布海内外，许多人已经成为我国法制建设的栋梁之材，薪火相传，生生不息。在学生心目中，苏教授是最受欢迎的老师之一。他对学生在学术上严格要求，在生活上关怀备至。他秉承"师者，传道授业解惑也"，讲课逻辑严密，深入浅出，生动幽默，声音抑扬顿挫，丝丝入扣，引人入胜。他培养的学生刘宪权教授，现任华东政法大学法律学院院长，是上海市高校一流学科刑法学科的学科带头人、刑事法学研究院院长、刑法学教授、博士生导师，享受国务院政府特殊津贴。他秉承老师的教学理念：教书育人。在华政的校园里，刘宪权教授被学生亲切地称为"宪哥"。华政的学生们认为，如果谁没有听过"宪哥"的刑法课，那么大学生活便不完整。每当新生入学时，"宪哥的课好听得一塌糊涂"这句名言就会遍布华政校园，刘宪权教授也因此连续17年被华东政法大学全校学生评选为"我心目中的最佳教师"。

苏教授从教数十年，成果累累，撰写论文100余篇，著书（或者主编、参著）几十部。1994年受司法部委托，他主编了高等政法院校规划课程教材《刑法学》，出版以来受到读者的普遍欢迎，被各大政法院校定为本科生教材，成为国内适用范围最为广泛、影响最为深远的刑法学教材，并已经过五次大幅度的修订、再版。

虽然苏教授现在已年逾八十，却仍然活跃在刑法学的研究领域，坚持参加学术交流，坚持把理论运用于司法实践。他所形成的教学、科研、实践良好互动的治学风格深深地吸引着他的学生们，代代传承。

苏教授有一个温馨、和睦的家庭，他和夫人施景秀女士50余年来风雨同舟，相濡以沫，相互体谅，生活美满。苏教授经常对人说："如果说我取得了一些成就的话，那么里面至少有爱人一半的功劳。"幸福和谐的家庭是事业成功的坚强后盾，也是身心健康、永葆青春之心的重要条件。

采访结束之际，采访组成员对苏惠渔教授表达了深深的祝福之情，祝这位法学界备受尊敬的先生身体健康、家庭美满、万事如意！祝先生的学术思想能够继续传承！

苏惠渔教授与我们采访组的王耀发教授同岁，他也对王教授表示了敬佩与祝福，并赠送了相关书籍。我们有幸看到了他的学生们为先生庆祝八十诞辰时写的一本纪念文集，里面有这么一段话，作为本文的结束语来概括先生的学术思想甚好："严谨而不刻板，守成而不守旧，深邃而不难解，宏大而不虚无，开放而不取宠。"

（本文执笔人：王洋）

① 苏惠渔教授

② 苏惠渔教授接受采访

养气修身不知年　执教育人不知倦

——访著名资深经济学家张薰华教授

2014年12月2日，我们采访组采访了张薰华教授。张教授家的厅堂、书房都收拾得很干净，虽稍显简陋，却整洁而雅致。他和夫人宁荫老师接待了我们。九旬高龄的他，体格清瘦，行动自如，思路也十分清晰。

听闻我们是为探访他老人家健康长寿之道而来，张教授开门见山地说："大概就是心平气和！"可我们知道，若不是张教授历经时代风雨的锤炼，能够做到心平气和又谈何容易！

张教授跟我们讲述起他90载的风雨人生、辉煌人生。

张薰华是江西九江人，1921年12月31日出生于庐山脚下，是中国共产党的同龄人。他父母早亡，靠当中医的祖父维生。祖父去世后，他又投靠在上海的姨母、外婆。"八一三"淞沪会战爆发后，他又返回九江避难。1938年，日本侵略军肆虐江南，他再次带着两个妹妹和一个弟弟到上海姨母处。1939年他就读于苏州工业学校土木科。1940年，外婆去世，姨母离沪回九江，他只得带着弟妹再次离沪，经温州到丽水，投靠在邮局工作的堂兄。适值复旦大学农学院新办的农艺系茶叶专业在丽水和衡阳两地招生。他就报考了复旦，成为复旦大学的学生。是时，复旦迁校重庆北碚，新录取的同学在衡阳乘坐中国茶叶公司运茶货车辗转到了重庆就学。

19岁那年的一幕幕，仿佛就在90岁老人的眼前："车是木炭车，我们就坐在烧炭的桶边，从丽水到衡阳，再换车到重庆。到了重庆后，坐木船沿嘉陵江逆流而上，七八个纤夫拉了我们一夜，才到达复旦所在的北碚。"正是这段艰难曲折的路途，开启了张薰华的人生新篇章。

在重庆的复旦大学，张薰华完成了两个转变：一是由茶叶专业的学生转变为经济学专业的学生，二是由普通学生转变为革命者。他上高中时就曾是上海市学生抗日救亡协会的一员，在大学里，他又于1944年参加了中国学生导报社（中共外围组织）。抗战胜利后，复旦迁回上海，张薰华也成为复旦大学经济系的教师，并于1947年加入中国共产党。1949年上海解放后，他参与接管复旦，并被任命为校务委员并兼常务委员，代行学校行政事务。1952年，我国高校院系调整，工农干部进校，经同意，他开始逐步退出行政工作，重回经济系任教。

离开行政岗位后的数十年，张薰华教授始终专注于教书育人和学术研究，从未松懈。

忆起60多年的教书治学心得，张薰华教授说他很推崇复旦已过世的老教务长严志弦教授的一句话："我宁愿学生在校时骂我，也不让学生在毕业后骂我。"他认为一名好老师一定要有此精神，无论在思想教育还是在专业学习方面，都要对学生严格要求。

确实，凡是他教过的学生，无一不对他教学的严谨、严格产生深刻印象。最让学生心惊胆颤的当属他的政治经济学研究考试，考试采用的是口试的形式，给定100道题的范围，特别之处在于，口试必须以抽签的方式进行。抽到哪题就回答哪题，两次机会答不出，就得次年补考；再考不出，那么就毕不了业。但每一位学生回忆起来，都认为这种方式使大家掌握并深刻理解了所学的经济理论，终身受益。

张教授一生致力于对《资本论》的潜心研究。但他对《资本论》原著的研究有一个显著特点：自觉反对本本主义，尊重马克思主义，又不把马克思当作神。在钻研原著的过程中，他发现马克思在计算中有一些笔误，于是便在1980年第3期的《中国社会科学》上发表了《试校〈资本论〉中某些计算问题》。在这一点上，他是中国理论界第一人。这篇论文是党的解放思想、实事求是思想路线在中国理论界结出的硕果，其价值远远超过内容本身，人们公认这篇论文所体现的正是马克思本人一贯表现的科学精神。

张教授的学术研究始终注重经世济民，与时俱进。为此，他做了很多针对我国国情的研究，其中不少成果为改革开放的发展政策提供了理论支持。最负盛名的当属"土地批租"政策。1984年，他注意到土地资源的合理利用，从马克思的地租理论和英国与中国香港的实践出发，提出土地国有化的批租问题。1984年，他撰写了论文《论社会主义经济中的地租的必然性》，先是受到上海市委研究室的关注，上报到中央书记处研究室后也很受重视，嘱其补充撰写了《论社会主义商品经济中地租的必然性——兼论上海土地使用问题》。该文刊登在1985年第5期的《调查与研究》上，由中央下发到各省、市领导机关，引起广泛关注，催生了中国改革开放后的"土地批租"政策，为中国土地批租制度的建立提供了理论依据。随后从深圳开始，"土地批租"制度在全国推广。

曹丕《典论·论文》中关于"贱尺璧而重寸阴"的那段话，其实是张薰华教授的座右铭，也是他人生态度的真实写照。

或许是少小就经受磨难的缘故，或许是优秀共产党员的修养使然，张薰华教授颇习惯于校园生活，成日孜孜于学术天地而自足，名利淡泊，宠辱不惊。物质生活上，他以简单为本，吃的是粗茶淡饭，住的是九舍陋室，一直到古稀之年，人们还能经常在复旦园里看到张薰华教授骑着旧自行车穿行校园的身影。80岁以前，他到市里开会也不愿叫出租车，而是换乘几部公交车赴会。但他乐在其中，还自豪地告诉学生，他长寿且健康的秘诀之一就是简单的生活加上坚持锻炼。

然而，在精神生活上，他对待自己近乎苛刻，那就是惜时如金。除了上课、指导研究生和参与必要的社会活动（如座谈会、学术讨论会、学会活动等），他几乎把全部时间都用在读书和研究上。他常说，我们这代人经历坎坷，年轻时读书的大好时光却赶上战乱，许多时间不得不花在从事革命工作上；创造力最旺盛的中青年时期，一个运动接着一个运动，几乎不可能静下心来做学问。正因为如此，学术研究成果大多是50岁以后发表的。感慨于时光如白驹过隙，他把点滴时间都用在研究和教学上。直到耄耋之年，他还笔耕不辍，时有新作问世。

张教授的淡泊名利，亦与其夫人宁荫老师的德行密不可分。多年来，宁荫老师一直支持张教授的教学科研工作，对于物质生活，也同样坚持简朴的作风，支持张教授的处事原则。他们以同样简单和朴素的态度对待生活，丝毫不矫揉造作，不从外界索取，超脱于物质追求。他们琴瑟和谐，谱写着"贱尺璧而重寸阴"的光辉篇章。

回顾张薰华教授一生的经历，我们不免感慨：无论是被压迫、被凌辱的黑暗岁月，还是百废待兴的共和国建设初期，乃至改革开放30多年的飞速发展，张薰华教授都全身心地投入到历史洪流中，将生命融入国家命运和人民需求中。他这种"养气修身不知年，执教育人不知倦"的精神品格或许可以为他的健康长寿做最好的注释。

（本文执笔人：崔勇勇）

① 张薰华教授

② 1949年，上海市军管会派张薰华为复旦大学校务委员会常务委员

③ 张薰华教授的专著

用信念与坚守缔造舞台传奇

——访舞美设计权威周本义教授

成长·砥砺前行

周本义先生1931年出生于江苏武进，对童年的回忆大多停留于因生活困苦而奔波辗转的画面，这也使得周先生很小就饱尝人情冷暖。他14岁时，因家境贫寒，父亲随同乡远去西北打工，后由于战争断了音讯，抗日战争胜利之后才由同乡带回父亲的最后一封信，他才知父亲早已客死他乡。母亲独自一人将四个孩子抚养长大，很是不易，本想投奔自己的两个哥哥却遭拒绝，一家人饱受战争之苦，过着颠沛流离、食不果腹的艰难日子。

即使是这样的艰苦岁月，周本义也从没放弃过要读书的念头，母亲的一句教诲让他一直铭记于心："你只有通过读书，才能有出息。"小学念了两年之后，日本侵略者侵占家乡。母亲无法，只得带着四个孩子开始逃难。为了让周本义继续读书，母亲把他寄养到亲戚家中。当时的周本义只有一个信念：只要给他书读就可以，什么活都可以干。于是他一边上学，一边在学校里帮厨抵学费。没有床铺，他就把柴草铺在土灶旁睡，身上被毒虫咬得遍体毒疮，发炎溃烂。但周本义坚持早起晚睡，早上打柴做饭，上课前把桌子搬到最后的角落里，不影响其他同学听课。当时，母亲把家中能用的被子缝缝补补租给临时客栈中的短宿客，周先生负责运送被子。处于青春期的周本义也是个内心敏感的孩子，也会在送被子的时候感到难为情，但他顶着各色目光坚定地完成了中学学业。周本义也颇重感情，对于姑母的雪中送炭始终怀抱感恩之情。在那段艰苦岁月里，姑母的关心与照顾带给了周本义很多温暖，每每回忆起这段经历，周先生总潸然泪下，扼腕叹息。

学海·勤能补"拙"

1950年，19岁的周本义来到上海，因哥哥一直杳无音信，家庭的重担就落在了他的肩上。他四处奔波，一心想找一份工作贴补家用。不久，他看到上海戏剧专科学院（上海戏剧学院的前身）在招舞台技术科学生。当时鲜少有人懂舞台技术，主动报名者寥寥无几，考试也只是简单询问个人情况。在面试时，周本义遇到了他一生中最重要的恩师与挚友——熊佛西先生。熊先生是中国话剧奠基人之一，也是著名的戏剧教育家，时任上海戏剧专科学院院长。周本义当时执着的问题只有一个——"要交学费吗"，如果要学费就不打算来了。熊院长很在意他的问题，亲切地询问了他的家中近况，最后决定录取他。命运的车轮至此渐渐地改变了轨迹。熊院长允许周本义住在学校里，勤工俭学。他对周本义很是照顾，把他当成亲生儿子来对待，给他送来冬天的衣服和被子。后来，周本义和爱人的婚礼也是熊院长一手操办的，第二天回娘家也是到熊院长家吃早茶的。

周本义在戏专学习了四年，经历了学校的系科调整，也经历了学工学农等运动。不论是专业学习还是学生活动，周本义都非常积极地参加。因在学校里表现优异，他于1954年入党，至今党龄已逾60年。当时戏剧学校有很多演出活动，舞美设计都是交由舞美系的同学负责，周本义会和两三个同学一起搬景装车，还总结出了一套装车方法，再趴在车上随着去演出。在戏剧学校的四年中，周本义积累了许多实践类的技术，但理论知识和基础训练还较为欠缺。

后来，上海戏剧专科学校进入院系调整，与山东大学、江苏大学等相关专业合并成立了中央戏剧学院华东分院。周本义成为中央戏剧学院华东分院的第一届毕业生。毕业后，周先生被借调到北京，接待各国访问团、艺术团，主要负责协调来访团的舞台搭建和演出事宜。1954年，经举荐，周本义参加了北京留苏预备班。1955年，他赴列宾美术学院油画系学习。列宾美术学院是世界著名的四大美术学院之一，基础课程学习要求非常严格。周本义虽然是戏剧学院舞美专业的毕业生，但是从未画过油画，美术功底较差，第一学期的解剖课就考了不及格，被老师批评画得太差。周本义难过得差点流泪，但是他没有就此消沉，而是主动给大使馆打报告，要求从头学起，利用暑假时间补课。周本义在自己的画板上写了五个字——"为祖国学习"，这五个字真真切切，发自肺腑，是理想更是信念，支持和推动着他。

在苏联求学的五年，周本义节衣缩食，利用假期时间去苏联各地写生，看得多，学得多，思考得也多。周本义非常感谢列宾美院的老师们，老师们崇高的师德、高超的技艺以及恰当的教学方法都让他受益匪浅，专业基础有了突飞猛进的进步。周先生回忆道，当时的老师总有办法使他开窍，会经常带他去现实生活中观察感悟，教会他如何观察物体。有一次，周本义没有创作灵感，教授便带他到街心公园，问他看到了什么，他除了雪地以及椅子外什么都看不到。教授让他仔细看那排椅子，他端详了一会儿，发现椅子有高又低，说明有人坐过，这就是细腻。后来，周本义白天经常去参观展览，晚上在图书馆读书，还协助社区排戏演出。苏联的求学经历很好地弥补了他艺术基础的不足，也让他于潜移默化中感知到如何做一位好老师，如何诚心诚意地把钥匙交给学生。

教育·心灵对话

回国之后，周先生回到上海戏剧学院舞美系任教，希望把在国外所学之精华分享给大家，回报祖国。周先生坚信艺术教育是心灵上的交流，对艺术的感受、对人生的感悟需要心灵之间的对话。他会时常跟学生一起采风，有时住在庙里，他们互相点评画作，建立了良好的感情基础，教与学都更加积极主动，效果显著。他认为师生之间的交流是互动双向的，他也会从与学生的交流中汲取知识。除了教书，周先生也很重视对学生的德育教育。从教多年，桃李芬芳，他培养出一批又一批杰出的舞美设计师，为行业发展作出了卓越贡献。上海戏剧学院院长韩生、舞美系主任王履伟、北京奥运会舞美总设计师韩立勋等都是他的弟子。1991年，周本义先生退休了，但是他始终未曾离开学校。对周先生有知遇之恩的熊院长希望周先生一辈子不要离开学校，周先生也践行了承诺，拒绝了其他院校以及海外移民的多方邀请，留在上海戏剧学院执教。

创作·情感坚守

周本义先生在创作方面造诣颇深，由他设计的舞美作品多达180多部，曾五次获得文化部的文华舞美大奖，多次获得中国戏剧节的优秀舞美设计奖。他还曾担任第三届全国农民运动会，第八届全运会，浙江省、广东省等省级运动会的美术总设计。谈及大型活动的舞美设计，周先生对广东省运动会的印象非常深刻。当时运动会的举办城市是珠海，第一部分的主题是海滩，讲述小渔村的故事；第二部分的主题是改革开放。在表现主题时，以往的惯用做法是列方阵举牌拼出国家领导人的形象，但是这种方法很容易拼不整齐，出差错。策划时，周先生提出了一种新方案：配合背景音乐《春天的故事》中的歌词内容，3 000名身着黑衣的表演者，逐个翻成红衣，从远处看形成越扩越大的圈，让大家想起邓小平主席在中国的南海边画了一个圈。全场观众看到这一场面，掌声雷动。

除了大型活动，周先生比较多的创作作品是在话剧方面，如《年轻的一代》、《贵人迷》、《第十二夜》等，戏曲作品也涉足了20多个剧种。在中国话剧诞生100周年的时候，周先生作为文化部话剧优秀工作者，在上海受到习近平总书记的接见。在话剧舞美创作方面，周先生非常注重作品中情感的表达，要感动，甚至冲动。用中国山水画的手法来说就是整体写意，具体写真。周先生要求作品不单单是描绘、布置一个冷冰冰的物质场景，而是要最大化地贴近作品主人公的精神世界，一层层地传递出人物的情感。他比较看重对于剧本人物的情感解读，通过舞美效果烘托人物的情感，有时也会向导演提出修改建议，独树一帜的舞美设计，每每都是神来之笔。周先生强调职业化的隐患就在于艺术创作者只是把艺术当作一项技能，创作过程中本身不感动，又如何去感动别人。周先生认为，自己最难能可贵的就是没有丢掉对艺术的执着、感动甚至冲动。

然而，周先生回国后的创作道路并非坦途。当时的中国美术事业尚处于萌芽阶段，人们对于艺术的认知有限，加之比较特殊的社会背景，周先生经常在观念上与负责人冲突，但难能可贵的是，周先生始终坚守着自己对于艺术的信念，从未受外物影响而动摇或改变。在《年轻的一代》这部作品中，有一幕是女主人公举起拳头呐喊要离开大城市，投身到农村当中去。当时为了突出背景当中的树木，营造更佳的舞台效果，周先生选用的是黑色的底幕。剧目负责人认为艺术上的黑底幕是给党抹黑，周先生持有的"净化舞台"的观念是净化社会主义。当时周先生刚回国，观念上的冲突让他无法理解，也因此受到了批斗。甄选复兴公园的雕塑设计方案时，周先生是评委之一。雕塑有很多种类，放在广场上的纪念类雕塑并不适合公园，因为公园里没有高台。因此，周先生比较倾向的方案是马克思坐在长椅上，恩格斯在他的一旁与他畅谈。想象一下，如果将来有小朋友在雕塑周围玩耍，白鸽或闲庭信步或盘旋飞翔，将是多么美好温馨的画面。但这遭到了当时负责人的极力反对，最终选择了中规中矩的雕像方案。设计以"全世界人民大团结"为主题的广告时，请领导过来提意见，领导问为什么画的人还有高有矮，不是一样高。周先生的回复是，如果考虑到高矮问题，那还涉及到排序问题，也不能所有人叠在一起。这也体现出了当时人的观念和艺术上观念的代沟。

生活·和乐康健

周先生的一生也是经历了几重沉浮，苦辣酸甜的滋味都一一尝过。他和爱人是在一次活动中相遇的。周先生的爱人从小参军。有一次过年，周先生作为学生代表慰问海军。在餐桌上，周先生与现在的爱人相识。周太太知道周先生来自上海戏剧学院后，询问是否能组织师生来辅导军队的业余生活，周先生应允了。就这样，两人的关系一点点加深。后来，在熊院长的撮合下，两人在周先生去苏联留学前结婚了。在留学期间，周太太一个人撑起整个家，非常辛苦，但从无怨言。

在"文革"期间，周先生也受到审查，并被关在学校里三年零十个月。被关期间让他修剪树木，上戏校园里的所有树木周先生都爬过，修剪的时候还会思考怎样设计比较美观，始终保持着比较乐观积极的心态。有一次，周先生在靠近华山路的围墙内修剪树木时，他的一个学生在围墙外边捡树枝边小声对他说："周老师，我们去您家里看过了，您夫人和孩子都安好。"当时听了这句话，周先生一阵心酸，也非常感动：在最困苦的境遇下，学生还想着自己。他能度过"文革"时期，最重要的一点是牵挂着家里辛苦的妻子和孩子，第二点是他坚信自己本身没有问题。

退休之后，周先生的生活节奏慢了下来，也更加注重养生。周太太现在头发也都是全黑的，保养非常得当。周先生说主要的养生心得还是平时作息时间非常固定，不会打乱生物钟。此外，固定的午休时间也非常重要。饮食比较清淡，以素食为主，且每顿只吃七分饱，所以并没有发胖，也没有因发胖引起的多种病症，身体比较康健。

坎坷的童年经历，坚定的求学之路，用心的教学之法，执着的艺术创作，乐观的生活态度……一篇篇、一幕幕在周本义先生人生的舞台上上演。他是舞台的美术家，坚守的艺术家，潜心的教育家。如今已87岁高龄的周本义先生，仍旧在续写传奇……

（本文执笔人：李初旭）

①

②

① 周本义教授

② 周本义教授在个人舞台设计展览会上

我国毛纺织科学界的先驱

——访我国著名纺织科学家、教育家周启澄教授

2015年11月2日，我们采访组拜访了我国著名的纺织科学家、教育家周启澄教授。周启澄1923年出生于浙江省鄞县（今宁波市鄞州区），并在此度过了快乐的童年时光和中、小学读书时代，直到距离高中毕业仅两个月的1941年夏季，日本侵略军占领了宁波，周启澄所在的学校停办。好在该校在上海租界有分校，于是他从宁波来到上海投靠亲戚，继续读完了高中。由于当时私立大学费用昂贵，自己的小职员家庭根本无力负担，而公立大学不收学费，于是周启澄毅然报考了当时位于租界内的交通大学（即今上海交通大学），选择了土木工程专业。在当时看来，选择了这个专业就不会失业，造房子、修桥、铺路，无论在什么时候都对这个专业的人才有需求。

1941年秋季，周启澄顺利进入交通大学。不幸的是，这个秋季还没过完，太平洋战争爆发了，日军迅速占领上海英法租界，并取缔界内所有国立性质的大学，国立交通大学随之停办。因为日本人无法取缔私立大学，交大便改名为"私立南洋大学"，学生才得以继续在此学习。然而，他刚结束大学一年级第二学期的学习，1942年夏天，日本人与汪伪政权勾结，强化了其在上海租界内的统治力度，上海南洋大学也无法继续办学。随着学校总部外迁，同学们大都离开，家庭经济基础好的转至内地四川交大等非沦陷区的大学继续完成学业。当时周启澄也想去内地读书，但最终基于家庭较为拮据的经济状况，被迫返回家乡找份工作来贴补家用。回到宁波后，通过同学的关系，周启澄谋到一份小学教师的职位，虽然薪水微薄，但终究有了养家糊口的职业。走上小学教师的工作岗位后，虽然他仍念念不忘想继续完成自己的大学学业，然而家里的经济状况仍然无法支持他去完成梦想，这份工作一干就是五年。

1947上半年，正在全力发动内战的国民党政府，大幅削减教育资金，政府对公费学生的生活补贴愈来愈低，上海的学生首先举行了大规模的"反饥饿、反内战、反迫害"示威游行，随即，这一运动在国统区内迅速蔓延开来。周启澄起初以一个旁观者的身份静观时局，但天下兴亡，匹夫有责，况且他愈来愈觉得此事与自己的切身利益密切相关，后来也参与到这场运动中。5月份，上海数千名同学欲赴南京请愿。当时的国民党上海市政府惧怕学生闹事，极力阻止，但是群情激昂的学生根本不听，集体奔往上海北站乘坐火车。市政府无奈命令所有火车工作人员下车，停止售卖一切车票，意图让学生们面对一辆无法动弹的火车知难而退。就在此时，交大铁道管理系的同学站了出来，他们在车站内找到车头和车厢，自己组装完毕后，登上机车，生着炉子，同学们自己驾驶，在一片欢呼声中，火车昂首飞奔，开往首都南京方向。这一幕让市政府当局惊呆了，另一道命令迅速发往前方火车站：撤走铁轨！于是，学生们又下车动手铺设铁轨，继续前进，但在当局三番五次地拆轨阻拦和火车用水即将耗光的情况下，最终车停了下来，大家不得不返回。虽然南京没有去成，但这件事情经媒体报道之后，在全国引起巨大轰动，这件事至今在网络上仍被大家传为美谈。看完报纸上的相关报道后，周启澄内心深受震动，久久不能平静，骄傲之余，隐藏在他心底的那份继续读大学的渴望瞬间被激发了出来：我要回交大继续学习！于是，周启澄怀着无比激动的心情颤巍巍地提笔致信教务长，表达了继续读书的愿望。教务长很快回信说："欢迎同学回来上学，但因你已经停学五年，所以需要你参加下一次招考，如果能通过考试，就可以录取。"于是，24岁的周启澄硬着头皮开始准备人生中的第二次高考，不同于他人的是，他以前已经是要报考这所大学的学生了。

1947年秋季，周启澄参加了入学考试。由于大一时学过微积分，数学题对他来说易如反掌，因而成绩非常高，一举取得7 000名考生中的第二名，学校顺利录取了他，他也因此在同学中成了英雄人物。入学后，学校仍将其编入土木工程系一年级，他不服气，不想重读一年，就拿出一年级成绩单给学校看，学校看到他当时优异的成绩，便同意他直接进入二年级继续学习。在1945年前，中国没有自己的纺织产业，境内的纺织公司都是外国的，抗战胜利后，中国才有了纺织公司。当时，上海的纺织公司待遇好，易就业，周启澄看好纺织专业的发展前景，就在1947年转入纺织专业二年级学习。到了1950年毕业季，此时尚无工作分配制度，基本上都由学校介绍职业。周启澄那一届的毕业生共20名，根据学校安排，其中10名留上海，10名去青岛，家在上海的留上海，不在上海的去青岛工作，于是周启澄来到美丽的海滨城市青岛，正式开始了他的职业生涯。

入职青岛纺织厂，周启澄兢兢业业，将学到的理论与实践相结合，在能发挥自己才干的岗位上挥洒着青春的汗水。两年后，一个偶然的机会改变了他的人生轨迹。1952年，国家纺织工业部陈部长缺一个秘书，同学知道消息后，随即跟他联系，问他愿不愿去做这份工作，而这位陈部长就是当年周先生在交大读书时的老师，周启澄非常愉快地答应了下来。不久，纺织部下达了一纸调任书，将其调到了北京。

在秘书的岗位上做了两年，1954年，国家鉴于国内纺织技术与发达国家间的差距，决定派遣4名留学生赴苏联深造。任务交给了纺织部，陈部长马上就想到了他昔日的得意门生、如今的得力干将周启澄。这位已毕业四年的年轻人，怀着忐忑的心情，作为8个考生中的一个，参加了这场特殊的考试。成绩很快揭晓，陈部长拿着成绩单笑眯眯地对他的秘书说："你果然没有让我失望啊，成绩很棒，恭喜你，只是我可得再找一位秘书咯。"

在北京俄文专修学校经过八个月的俄语学习之后，周启澄开始了他的留学之旅。1955年，他来到了让那个年代无数国人魂牵梦萦的莫斯科，进入莫斯科纺织学院学习。因为他中学和大学学的都是英语，又只培训了八个月，语言交流仍很困难；加之他在国内学的是棉纺，对留苏要学的毛纺专业可谓一窍不通，导师看到他的情况直摇头，说你语言不通，专业又不懂，三年的学制应该无法正常毕业，做个更长久的打算吧。一筹莫展的他于是把学习计划定成了五年。面对重重挑战，周启澄选择了迎难而上。为了解决语言问题，他靠翻字典看资料，最初一小时只能看两页，后来基本上可以不用字典。到了第三年，周启澄志忑不安地试着把毕业论文草稿给导师看，没想到导师居然同意他参加答辩。苏联的论文答辩流程和我们今天的有很大差别，博士论文答辩是开放式的，全校教授均可参加答辩、质疑，其要求和难度远高于我们现行的制度。他答辩后，经无记名投票，全部通过。从进入莫斯科纺织学院到拿到副博士学位，他总共花了三年零八个月。

1959年，拿到了学位后，周启澄回到了国家纺织部，并于当年被派往华东纺织工学院（创建于1951年，1985年更名为中国纺织大学，1999年更名为东华大学），进入毛纺教研室，开展教学工作并兼任教研室副主任。他每周定时在教研室做报告，青年教师听完报告后，再去传授给学生，使毛纺教研室青年教师的整体水平提了上去。

正当毛纺技术教学如火如荼地展开时，1966年，"文化大革命"开始了，所有教学工作陷入停滞。然而到了1970年，学校决定恢复毛纺专业的招生，招收工农兵学员。为了适应教学需要，教师们专门编了一系列教材。为了适应开门办学的要求，师生们离开教室，到工厂去。当时，毛纺厂里的洗砂机都是手动的，大家进到工厂以后，由老师带头，他们合力把洗砂机改造成漏纱自动化设备。后来，学校采用这些方法培养了数届工农兵学员。

20世纪70年代，周启澄对于纺织机器发展的重要贡献体现在"变换齿轮选配优化"成果。旧机器为了适应不同工艺要求，往往采用变换齿轮来调节多档速度。原来一档速度用一个齿轮，需要有许多备用变换齿轮。多机台的车间，如细纱和织布车间，往往要有专门的房间堆放备用齿轮，造成资源和查找时间的浪费。当时，中国纺织大学青年教师王光华提出，改用主、被动一对都变换，而且用数学整数论方法，做到最佳选配。周启澄在这一思路的启示下，潜心探索，总结出选配一对变换齿轮及4只变换齿轮构成二级传动时，备用齿轮组的齿数组合优化设计方法。他还做了组合优化的理论分析，并撰写成学术论文，发表在《上海纺织技术》1974年第5、6期上，其后又在《上海纺织工学院学报》1980年第3、4期上发表。此成果先后被《棉纺工程》、《纺织机械设计原理》（上、下册）、《机构分析与设计》等高校统编教材所引用。1982年通过鉴定，并获纺织工业部科研四等奖。此后，他于1991年写成的《变换齿轮选配原理及应用》，由纺织工业出版社出版，填补了国内此领域的研究空白。

20世纪80年代后，周启澄的研究工作逐步进入了高峰期。1983年着手起草、1985年出版发行的《纺织染概说》一书，综括宏观问题，发展史，纺、织、染、整技术要领，企业管理要点，并详细介绍了服装面料、装饰材料、产业用品三大门类纺织品的商业品种。这本仅17万字的著作，到1993年，先后印行4次，总发行量达到3.1万册，被中国纺织大学用作纺织概论课程教材，并自行翻版印了上千册。1990年，此书被中国纺织工程学会评为全国纺织系统优秀科普著作。

20世纪80年代后期，周启澄为满足乡镇企业技术人员的需要，撰写了一系列问答题的科普文章，以《话说毛纺》为总篇名，在《纺织科普报》上连载了18个月之久。1991年，他将其编成《话说毛纺织》一书，由中国纺织出版社出版。书中涵盖毛纺宏观问题，简史，原料，初步加工，纺、织、染、整技术，产品和工厂设计等267个问题。此书在1994年全国第三届优秀科普著作评选中获得二等奖，这是当时全国纺织系统得到的最高奖项。

不宁唯是，周启澄还先后主持《中国纺织科学技术史》（古代部份）（1984年出版）一书的统稿工作，获国家纺织工业局1998年度科技进步一等奖，其后亦有英译本出版；担任《中国大百科全书·纺织》（1984年出版）的"纺织史"和"综合"两部分主编；撰写《毛纺织厂设计》（1987年出版）；担任《纺织词典》（1991年出版）毛纺学科主编；作为主要作者之一，编写《纺纱原理》（1995年出版）等全国纺织高校统编教材；主持《中国近代纺织史》（1997年出版）的统稿工作，该书获1998年全国第四届纺织系统优秀图书一等奖，周启澄亦凭借此书获中国纺织总会1998年突出贡献奖；为《辞海》1979年、1989年、1999年版纺织部分的主要作者之一。截至目前，他共出版著作（含合著）19种，26卷册，中英俄文科技论文90余篇。1978年，周启澄获上海市科技先进工作者称号。其"细纱张力目测法"成果获意大利比耶拉市毛纺织科技贡献奖。周启澄培养博士生7人（其中5位为外国留学生），硕士生20余人。2002年9月起，他开始担任863项目"天然染料染整及其在毛纺织清洁生产和生态纺织品开发"的顾问。他卓越的纺织科技史研究，早在20世纪七八十年代就受到国际科技史学界的关注，曾受邀到日本参加国际学术会议，发表《中国提花织机史》等论文，其撰写的《中国纺织科学技术史》、《中国近代纺织史》在海外亦被相关学者视为该领域内不可多得的重要学术著作，在国际上拥有较为深远的影响。

作为一位生于民国的纺织教育家、纺织科技史学家，周启澄教授在接受采访时，思路清晰，说话有条不紊，将近90个春秋的风风雨雨娓娓道来，若非亲眼所见，也许一般人根本无法相信他是位年过九十的高龄老人。知者乐，仁者寿，周启澄教授用智慧推动了中国纺织业的发展，书写了中国独特的纺织科技史，将自己的一生献给祖国的纺织事业，他的大智与大爱正是"名师流芳"的最好注脚。

（本文执笔人：刘向培）

① 周启澄教授

② 周启澄教授和王耀发教授

大道之行　周南载志

——访周道南先生

2015年6月19日，我们采访组采访了周道南先生。一进门，我们就受到了周老先生的热情迎接，老人精神抖擞，一点儿也看不出已经92岁高龄。一进门，眼前所见便是堆叠满满的书，以及一张铺着宣纸的桌子，那定是周老挥毫之地。对于我们的拜访，老人似有说不完的话，还强调要我们多问他问题。周道南老先生，字化成，1924年生于江苏江都，是上海市中学退休教师，现为上海市诗词学会会员、上海市老年书画会理事、上海市书法家协会会员、上海市美协海墨画会会员、中国楹联学会会员、上海楹联学会会员等，2002年出版了自传本《周道南诗书画集》，其后又出版了《周道南诗书画集（续）》。

周道南是农民出身，父亲是当时有名的中医，品德高尚，给经济条件不好的乡亲们看病时不收诊费。虽是农民出身，但周老一家秉持耕读传家的思想，周老对文学的喜爱离不开父亲的培养。周老在1949年以前就任中学教师，但他却从未进过学校，他的学习全靠父亲的教导和对于文学的一腔热忱之心。

周老16岁时父亲便过世了，叔叔伯伯也都未能长寿。父亲虽然离世，母亲及三个弟弟还在，生活也还要继续，维持家计的担子便落到了周老身上。于是，他来到了上海，寄宿在姨母家。当时，姨夫是上海五角场的一个浴室的二老板（当时还有大老板），周老便在这个浴室里干了三年。浴室的账房先生文笔好，书法写得也好，周老就想着跟他学。后来，浴室开不下去了，周老失业了。这之后，他也摆过小摊，做小生意，苦工也做，苦力也干。"但是我也有一点，对文学的爱好从未放弃，哪怕是报纸上看到一篇好文章，都要自己留意。"说起这个爱好，周老甚是自豪。

1948年，周老的舅父将他推荐给了邻居——当时杨浦区的一位中学校长，此后便担任中学教师。开始是教小学，后来被调到了中学部教语文。虽说未上过正规学校，但他发现，当时中学语文所学内容竟是自己儿时读过的内容，教起来并不困难，就一直教到了上海解放。1949年以后，学校归属教育局，周老留校继续任教，后被教育局调到党校当校长。没过多久，周老又被调至南市区（现卢湾区）的一所小学任校长。对于家住在杨树浦路松潘路的周老来说，每天的来回甚是不方便。因此，顾全家庭的周老，为了孩子和家庭，向教育局申请调回杨浦区。申请了很久之后，杨浦区的教育局告诉他："校长的位置没有，只有教导主任的位置。"周老欣然接受了，调至榆林区（现杨浦区）的榆林小学任教导主任，后又任长阳路小学教导主任。

没有正规的学历，没有文凭，这一直困扰着周老。能不能考个大学呢？机会终于来了，1956年，上海市在职教师可以同等学力报考大学。经三个月的培训，他被上海师范学院录取了。周老喜欢外语，曾跟着广播电台学习过俄语，所以在报考志愿时，他选择外语系，想学习俄语。然而，由于他在文学上的天赋，他最终被中文系录取。后来，他在1958年被划为右派，毕业后不能分配工作，被下放到嘉定劳动改造。

1959年下半年，周老被安排去嘉定娄塘中学任俄语老师。"文化大革命"开始，学校不再开设俄语课。周老在"文革"期间也多次被批斗，直到1979年才得以平反，并留在了娄塘学校改任美术老师。周老喜欢书法绘画，所以学校领导让他去教美术，教书法和绘画。退休之后的周老在老年大学教授诗词，此时，他才真正花大量的时间来研究书法和美术。

周老喜欢广交朋友，尤其喜欢交学者朋友。周老说："书法家的字我不喜欢，我喜欢学者的字，因为他有学问。"中国古建筑园林艺术专家、同济大学的陈从周教授是周老的好友，正是因为陈教授的赏识，周老先后认识了京剧大师俞振飞、复旦大学的苏步青教授，等等。陈从周老先生每次出差外地都会写一首绝句、小令或者词，在陈老的感染下，周老也开始随笔写词写诗。诗稿多了，周老就想：出本书吧。经过努力，书名由申时伽老先生拟定，又求得文怀沙大家为其题书名，启功大师为其题写扉页，终是出了周老的第一本书——《周道南诗书画集》。说到这一本书，老先生又说起自己学画的经历。周老的绘画师从申时伽老先生，申老出身于书画世家，当时被称为画坛"竹王"。周老说他的拜师过程还挺戏剧性的。起初，周老本是送小女儿去申老门下学画，但小女儿最终赴日留学了。这时，周老发现自己也很喜欢画画，于是就向申老提出要跟着学习，最终申老收下了这位学生。申老去世后，经由杜旭老先生引荐，周老又拜王康先生学画。采访中，周老兴致勃勃地向我们讲述了他与不少学者相识相知的故事。周老说，他与华东师大的缘分也不浅：认识了任友群副校长之后，他为华东师大题了两块碑文，之后便与俞立中校长、范军副校长等诸多华东师大的学者结交。

问及生活，周老说自己有5个孩子，虽然说4个孩子现今也住在附近，但周老不喜欢他们打扰，也婉拒了孩子们为他找钟点工的建议，买菜、烧菜等家务都自己一个人完成。"还没到这个时候。"周老对自己的身体状况十分自信。谈起生活习惯，周老说他喜欢干净，每天都要洗澡。谈到饮食，他说自己之前喜欢吃荤菜，吃肉，但现在荤菜吃得少了，素菜吃得多，肉一次只吃一块。他还特地向我们强调，蔬菜不能吃得少，荤菜也千万不能不吃。说到了吃，周老又谈起了自己的厨艺，他说自己很会烧扬州菜。"现在的食材也没有以前好了，以前炖只老母鸡啊，整个房子都能闻到香味，现在不行喽。"说起扬州菜，周老一脸幸福的表情。

访谈告一段落，周老要送我们一人一幅字，听此消息，大家甚是高兴。心动不如行动，周老便起身到了工作台，先是赠送了来访者一人一本《周道南诗书画集（续）》。签完字后，周老便向我们大谈自己的书作。封面上文怀沙大师的题字，扉页上启功大师的题字，周老都一一指给我们看，可见他对这两位老师十分敬重，也十分珍惜这两份题字。接着翻，是陈从周大师为周老写的对联"大道之行，周南载志"，以及周老自己的简介。后还有谢田邀老先生、王玉山老先生的序言。谈及赠字，周老赠了访者三张扇面。一张是访者提出的一面"有"一面"无"（草书），正如访者所说，"有即是无，无即是有"。一张是"明月清风"，周老说："扇子是有风的，有风我就给你们写张'明月清风'。"在背面，应访者的要求，周老画了幅柳枝作赠。再一张是"红色英雄"。周老在题字时神情严肃，下笔时胸有成竹，一气呵成。"写字，哪怕一个字，都要写得艺术。"周老的字有其独特的风韵，还为访者做到所敲每一章都不同。

周老的人生正体现了自强、自立。周老的成就离不开他的自学成才，以及对爱好的坚持。热爱文学，所以周老坚持阅读好文章，丰富自己的文化底蕴；喜欢外语，所以周老即使是跟着广播电台学也要学会俄语；喜爱绘画，所以周老不加思索拜了申时伽先生与王康先生为师。周老的长寿很大程度上归功于他对生活、对书画的热爱。人都说写字养性情，静心，看来一点儿没错。显然，聊天时的周老是热情的，但写字时的周老充分体现了沉稳、内敛。

（本文执笔人：崔勇勇）

① 周道南先生在友人作品前留影

② 周道南先生与易中天教授合影

③ 2002年夏，周道南先生与施蛰存教授合影

④ 周道南先生与杜宣在南京合影

⑤ 周道南先生在福寿园碑廊前留影

退而不休　老有所为

——访航天卫生材料专家袁琴华教授

　　她，巾帼不让须眉，曾多次获得国家专利；她，退而不休，老有所为，切实为国家航天事业做出了贡献。她就是袁琴华教授，现已70多岁的她依旧怀抱赤子之心，鼓足干劲奋战在科研第一线。2015年11月，我们采访组对袁琴华教授进行了采访。采访当天，袁教授身着粉色外套，显得格外年轻而优雅。她的幽默风趣使现场氛围融洽，她的大气与热情深深感染了我们，她的刻苦与韧劲更令我们钦佩不已。

　　袁教授这样开始叙述她的人生故事："我是浙江杭州人，出生于1941年。中学毕业后，考进了上海纺织工学院，学的是纺织品后整理，染化专业。我是东华大学第一届五年制大学生，1964年毕业之后留校任教。我一开始担任了染化系分团委书记，主要做学生工作，兼任毕业班辅导员。由于毕业班涉及实习、工作等问题，我需要整天往工厂跑。那个时候很辛苦，不过现在想想，这些工作不仅锻炼了我的组织能力，还使我有了工厂实践的经验。"谁也不会想到，袁教授此时看似忙碌而琐碎的工作为她今后的成就奠定了坚实的基础。

　　"经过'文革'中的一系列社会锻炼之后，1978年，组织上需要我回到专业教研室，教研室正好缺少党的干部。这对我来说是一个很好的机会，回教研室可以补习业务，在科学研究方面有锻炼的机会。"为了将更多的精力集中在教育与科研上，袁琴华教授不惜把自己的第二个孩子送到乡下，交由父母照顾。回到教研室对袁教授来说是个机遇，也是人生的转折点。

　　"当时，我担任支部书记，在老教授的支持下，工作开展得比较顺利，没有辜负组织上对我的信任。那时候，整个教研室比较团结一致，还曾夺得两项国家科技奖。我想，在教研室，首先业务上要补上去，我需要从头补课，尤其是几门专业基础课程。所以我和助教一样跟着老教授听课，进行辅导，参加科研工作。因为我的组织能力比较好，所以科研处领导也对我很欣赏，给了我锻炼机会，参加课题组研究。除此之外，由于当时很多资料都是英文的，所以我还想补习一点儿英语，因为没有基础，这又花了我很多时间。"从这段边工作边学习的经历中，我们可以感受到袁教授对知识的渴求，对科研工作的痴迷。古人说："不积跬步无以至千里。"这句话用于袁教授的成功之路显得格外妥帖。

"当时的生活也比较艰苦，主要是忙碌，早出晚归。我的先生在海军任职，1972年才调回上海的海军基地，不过是在虹口区，离我很远，他要照顾家庭也很困难。但是，组织上需要我，哪怕再艰难，我也要做好自己的工作。我的群众基础还可以，热情高，也愿意做社会工作，所以后来我还兼任校工会副主席、妇委主任，还曾经连续做了两届校党委委员。"虽然事务繁杂，但是袁琴华教授表示自己的精力比较充沛，身体也不错。即使身兼数职，在退休前她也基本上没有脱离教研室工作。"我们教研室的前辈教授思想境界高，给我很多鼓励和帮助。教研室还有个特征，就是团结一致，到外面努力争取项目，大家一起做。"良师与益友，是袁教授走上成功之路所不可或缺的。此外，袁教授还提到给外系同学上课用的教材都是她自己编写的，具有针对性，获得了一致好评。一方面，不同专业的同学可以学到对自己专业有帮助的知识；另一方面，经过编写教材前的学习，袁教授扩大了知识面，能更好地调配不同的专业人员参与项目。"无心插柳柳成荫"，这些无疑都为她后期的科研工作奠定了基础。

除了教研室工作，袁教授还提到了她下乡下厂的经历。"我们去浙江做过科技服务，对他们进行技术培训，还帮助建立了几个厂，其中有桐乡光明印染厂。我们教他们技术，还和他们合作。现在桐乡光明印染厂有名气了，也使得东华大学跟着出名了。"正是多年的实际经验，以及理论与操作的结合，使得袁教授将技术落实到实际生产中，为更多人创造了福利。她带领团队经过抗菌整理研制出了抗菌鞋，后又研发出抗菌内衣内裤，在上海工博会上得到了金奖。这些产品也为后来研制防毒服打下基础。防毒服所需的原材料碳容易通过呼吸进入口腔，这是制作中的一大困难。经过努力，袁教授团队终于通过自己制造设备和研发材料，成功研制出了新型防毒服，在业内产生很大影响。

爱迪生曾说："天才是百分之一的灵感加上百分之九十九的汗水。"袁教授的成功经验就是很好的佐证。扎实的专业知识，广泛的知识背景，丰富的实践经验，良好的组织能力，使得她带领的项目团队一次次取得突破性成就。

退休后，袁教授依旧全身心投入科研事业，并在航天项目上取得了瞩目的成就。为了研制神州五号宇航员"尿收集装置"和"应急大便收集装置"，袁教授带领团队花了两年时间充分研究理论问题，向医学专家请教。经多学科攻关，装置采用航天复合材料制作而成，满足了宇航员在太空飞行中正常排尿、排便的需要，具有快速吸液，不溢漏；抗菌、除臭；接触皮肤面干燥、舒适，防止皮肤感染；调换方便；份量轻等多种功能，保障了航天员的日常需求。

此外，袁教授研制的"舱外航天服外层防护材料"可以称作航天工作中的"关键之关键"。当时，国际上只有俄、美拥有该技术，国内还是空白。在一无资料、二无样品的情况下，袁琴华教授组织了七个相关专业、九个学科的教师组成综合课题组，经师生的共同拼搏，终于攻克了此航天急需的高难度项目，圆满完成了预期的攻关任务，研制出生产型的小样，得到部队领导的高度评价。该项目还获得"全国高校十大科技进展"的殊荣，有关专家一致认为该项目打破了传统研制和设计模式，比俄、美样品有进展，解决了舱外服制造技术瓶颈问题，为舱外航天服制造奠定了坚实基础。

除此之外，袁教授负责完成的"航天器对接综合实验台温场软罩"攻关项目，为实现天宫一号和神州八号无人对接与神舟九号有人对接成功，做出了重大贡献，保障了航天器太空交会对接顺利成功。袁琴华教授课题组设法攻克了太空对接环境中400℃的温差，特别是低温（−100℃以下）所需材料及结构的难题。经半年多时间日以继夜地拼搏，他们克服了多个技术难关，终于获得了成功，顺利地通过了任务方的验收。任务方来信告知："项目于2008年底投入使用，已完成了百余次试验，为交会对接积累了大量的宝贵数据。你们参与研制的温场软罩为对接试验台高低温试验提供了很好保障！"当天宫一号与神舟八号首次对接成功，以及神舟九号有人对接成功后，上海航天局18年苦战耗费的心血，终于没有白费。各国专家参观了他们试验室，一致认为中国的试验室与众不同，是中国的智慧，中国的创造，这其中当然也有袁琴华教授课题组老师们的贡献。2012年11月，中国航天集团第八研究所还给东华大学送来了荣誉证书以表彰他们的杰出贡献。

在采访的最后，袁教授开玩笑地说自己已经是个"奔八"的人了，但即使如此，她还是希望自己的研究成果能够为更多的人服务，提高百姓的生活质量。"现在从军工转为民用的有成人多功能尿裤，可以解决老年人大小便失禁的问题。虽然这些是高科技产品，但是我希望能够更加便宜，更加大众化，让更多的人受益。"袁教授常年致力于产品的开发，现已取得不俗的成绩。例如，把科研产品与生产方合作，创建了东华大学足佳科技公司（现改名为上海渊帛纺织科技有限公司），在广东东莞百顺纸品有限公司完成航天产品研究加工基础上，开发出军转民的多功能成人尿裤和尿片，已上市。现正在申报省、市科技进步奖。她一共开发了竹休闲毯，竹夏凉毯，真丝毛巾毯，真丝拉绒围巾，降压毯，抗菌除臭学生鞋、学生袜，抗菌除臭内衣及功能性内衣（内裤和文胸）等十余种产品……

除了科研，退休之后，袁教授依旧从事着她所喜爱的社会工作。退休至今，她任东华大学退管会委员，还出任两届校老教协副会长，热心为老教授服务。她创建了学校首个老教授咨询组，并已在8个学院推广；支持、组织学校创建研究生督学组，目前已初见成效；组织并参与编写了《东华大学老教授话穿着》一书，现书已出版。

退休后，袁教授以充沛的精力继续工作，也赢得了不少的荣誉与奖项："舱外航天服外层防护材料研制"，2003年获全国高校十大科技进展奖；2003—2005年获上海市"老有所为"科技精英奖；2006年获中国老教授协会"全国老教授科教工作优秀奖"，并在北京授奖大会上发言，题目为"让航天员放心地在太空飞翔"；2008年获学校关工委关心下一代成长奖；2009年入选市教育系统妇委会"新中国60年上海百位杰出女教师"；2010年获上海市关工委关心下一代荣誉奖；2012年获校退管会2009—2012年度"老有所为"精英奖……

袁教授说："一个人对他人应该热情，还应该有创新、刻苦、奉献的精神。我希望自己做的事情能够获得好的成绩，能够对他人有贡献。这是我的人生格言，也是我对自己的勉励和鞭策。"听了袁琴华教授的故事，王耀发教授感慨地说："一个人的成功需要有高尚的品德、坚定的信念，还要有扎实的基础。"

一个人的高尚情操与坚定信念能铺就成功之路，一个人的赤诚与仁爱之心能促使自身健康长寿，这就是我们从袁教授身上获得的启示。

（本文执笔人：徐悦）

① 袁琴华教授

② 袁琴华教授获得的部分奖状

③ "神五"、"神六"和"神七"奖章

④ 东华大学航空航天项目团队被评为"杰出贡献团队"

⑤ 2006年，袁琴华教授荣获中国老教授协会颁发的"全国老教授科教工作优秀奖"

脚步上的人生

——访我国纺织机械事业突出贡献者范宝江教授

2013年的一天，我们采访组一行六人专访了范宝江教授。即将步入百岁人瑞行列的范宝江教授依然身板硬朗，中气十足。在对我们表示欢迎之后，老人家迅速地进入了采访状态，将自己的所思所感分享了出来。你很难在一位期颐之年的老者身上观察到如此敏捷的思维，聆听到如此清晰的会话。范教授的身上的确透着一股子长者的灵气，这种灵气不是年轻人身上因无畏而生发出来的"少年狂"，而是在经过岁月的沉淀之后，在沉稳的性格深处仍然保存的一缕天真。在交谈过程中，肢体动作丰富的范教授时而手势不断，时而起身移动，一刻都不曾停歇，这其实正是他人生的写照。"我停不下来，从小就是靠着双脚走出一片天地，走到学校，走进工厂，退休以后也一直没闲着，尽量找事情做"。

范宝江出生于1915年的江苏省常州市。20世纪20年代的国家形势并不乐观，而范老师一家的经济情况也并不宽裕。"儿时读书的时候是很苦的，当时的吃住情况都很差。"范宝江在家中排行老二，在他后面还有四个弟弟妹妹。亲父从事"无法赚到大钱"的教育事业，虽心系祖国的前途和未来，但奈何在现实的家庭状况前捉襟见肘。范宝江是不幸的，因为当周边一些家庭状况较好的同学只需在学业上尽力而为时，他不时得忍着饥饿和寒冷，在学业上付出双倍乃至三倍于他人的努力，以图"读书改变命运"。然而范宝江也是幸运的："我的努力得到了回报：初中的时候，我一直是班里第一名，最后也是考上了不错的高中进修。"范宝江如此介绍道。他在学业上的追求不仅得到了父母的全力付出和兄弟姐妹们的牺牲，还得到了当时的班主任老师在财力和精神上的双重支持。班主任鼓励范宝江去考高中："考上了再说嘛，学费花销方面的事务可以再商量。"班主任这样开导了他，而最终他参加了常州中学和昆山中学的招生考试，双双中榜，老师们又集资筹款供他读了高中。

读书的确改变了范宝江的命运。高中毕业后，范宝江得到了一个难得的契机：当时，上海一个丝织厂和浙江大学合办了一个丝织班，只要顺利考取，学习和生活费用均由该厂承担，毕业后还能够直接到工厂里工作。范宝江没有放过这个机会，通过几个月的考试复习和准备，他果真考上了。在该丝织厂工作的一年，是范宝江开始踏入纺织机械工程门槛的第一年。他自己也坦言："读书的时候怎么会想到自己将来要从事这样一个行业。但在丝织厂工作的那一段时间里，我觉得自己学到了太多东西，同时也开始对机械工程产生兴趣。直到后来，自己的一辈子都给了这个行业和这门学科。"

在丝织厂工作了一年之后，范宝江又考取了中国航空，他还记得自己刚入职时总经理言简意赅的一句话："我们就是为了祖国的航空事业。""这句话对我的影响特别大，可以说，我之后愿意一直留在机械工程专业里，这句话的功劳很大。因为我总是想着把自己的学习能力投入到祖国需要的地方去，也算是完成父亲没有完成的梦想吧。"范宝江激动地说道。为了能给祖国的航空事业献出一份力，也是趁着自己还有热血的青春，范老师丝毫不怕辛苦，总是主动要求到一线去参与勘探工作。当时的中国航空需要做大量的调查工作，都是些十分辛苦而且寂寞的工作内容，往往需要持续几个月乃至几年在荒无人烟的地方独自勘察。范宝江耐住了寂寞，也忍受住了辛苦，沿着重庆到贵阳一段人迹罕至的山路做了细致的地理勘探，独自走过了530多千米的漫漫路途。在丝织厂和中国航空工作所积累的一些初始经验成为了范宝江日后在从事高校教学指导工作中的宝贵财富。

凭着自己在机械工程方面丰富的经验和不错的名声，范宝江很快便被一位伯乐相中，这位伯乐就是周承佑教授。新中国成立初期，正是我国战后恢复和社会主义建设逐步开展的黄金时期，国家急需工程方面的优秀人才，一方面进行国家建设，另一方面进入高校任教，培养新人才。在这样的背景下，华东纺织工学院（现东华大学）成立了，而周承佑教授正是学校机械工程系的系主任。周教授四处广纳贤才，范宝江便是其中之一。范宝江又迎来了自己生命中的一个重要转折点，同之前的几次转折一样，他同样是用双脚走过去的，从蜿蜒泥泞的山路走到了新中国成立后正在恢复中的上海。进入高校任教并没有范宝江刚开始想得那么容易，刚刚入职的他并没有适应大学老师的生活。"之前一直在外面跑，下厂子做机器检修，跑山里做调研，停下来的日子很少。"在习惯了一种不断行走的生活状态后，停留在一个地方倒成了他很难适应的非常态生活。范宝江终于还是定下心来，潜心于教学指导和科研工作，而之前到处行走的工作经验也派上了用场。

纺织机械专家陈瑞琪曾写过一篇回忆师长的文章，其中就提到了范宝江。在他看来，范宝江不仅会通过课堂传授工厂生产知识，还通过科研工作教会学生解决实际问题。具有多年工厂生产和管理经验的范宝江，在制造教研组担任教学和研究工作时，在当时学生基础差异比较大的情况下，能积极采用因材施教的方法，对学生展开多层面、复合式的教育方式。更重要的是，他所开展的科教活动基本都是以指导实践工作为宗旨的。他与其他几位老师主持的"纺锭轴承生产自动线"项目，在设计、制造、调试的过程中，锻炼了一批青年教师，也培养了一批学生，而这些学生最终都走上了为祖国纺织机械技术进步而贡献力量的道路。

1986年，年过七十的范教授从华东纺织工学院退休。在刚刚退休的那几年里，范宝江又好似迷失了方向，不知如何自处。"后来我想，可不能一直自怨自艾啊，没有工作不用上班了，还是得自己给自己找事情做。"范宝江说道。除了接受学校的一些名誉性职位，时不时回到学校举办一些讲座，范宝江还活跃在校退休教师协会，成为了理事长，为同他一样退休在家的教职工们提供沟通交流、丰富生活的机会和活动。此外，范宝江兴趣广泛，退休后的他还曾受聘于上海农机协会，担任顾问职位，为上海地区的小型收割机开发做出了不小的贡献。

范宝江用一个字总结了自己的人生，就是"动"字。在学校教书时，他就更偏向于具体的实践工作，不只是上上讲台，还要下到加工厂去，用自己的知识帮厂里解决实际的工作问题。"我是既动脑子，也动手。"他如此总结道。范宝江把这个字也当成了延年益寿的一字真诀。他逗趣地说："都说生命在于运动，我看没错，既然闲不下来，自然老天爷也不会来收你。"于是我们看到，即便在退休整整10年之后，范宝江还是会"脚痒"到重出江湖，又跑到工厂里干了一阵子机械工作，后来是因为在工作中受了伤，才停了下来。

在谈到长寿"秘方"的时候，除了一字真诀，范教授还提到了老年人的心态和期许问题。他说自己是直肠子，有什么说什么，拿得起放得下，比较豪爽。在与他人的相处过程中，他能保持一个较好的心态，凡事不藏着掖着。一件事情，存在着怎样的问题，是谁的责任，应该如何解决，他都会当着大家的面全部分析清楚，不生发出不必要的误会，这样一来，大家每天都能保持一个好心情。另外，范宝江认为老年人应该知足常乐，特别是在看待儿女发展的问题上，应该保持一颗平常心。"我认为我的孩子们发展得都很不错，这不是说他们发了大财或有了名气，而是他们有各自幸福的家庭和各自满意的工作，而且在我看来，都是对社会有贡献的工作。他们在工作之余，能够来看望我，和我聊天，听我唠叨，让我觉得生活特别美好。"

说到这儿，范教授脸上露出一抹灿烂的微笑。

新中国成立前后，范宝江教授为我国纺织机械事业的发展做出过突出的贡献，这令他的名字成为无数后起之秀们耳熟能详的标志，但是他却说："我的一生，做到不争、不贪，足矣。一切尽在不言中，一切都在行动里。"范教授将自己人生的重量放在了脚步之上，每踏出一个印记，就代表着一小段独特的记忆，而一个个脚印串联起来，就成为了一段传奇的人生。我们衷心希望，范教授继续小心经营这段传奇，在今后的日子里，用双脚踏出更精彩的故事。

（本文执笔人：王琛）

注：我国著名的机械工程专家范宝江教授于2015年4月27日因病逝世，享年100岁。范宝江教授是著名的机械工程专家，在机械加工自动生产线、农业机械、轻纺机械等领域的研制及审定方面成绩卓著，为我国纺织机械工业的发展和东华大学的教学、科研工作作出了很大贡献。

① 范宝江教授

② 范宝江教授与采访组成员合影

巍巍大师　文化使者

——访上海外国语大学知名教授杨小石

2016年6月13日，我们采访组如约在杨小石教授的家中采访到了这位已94岁高龄的知名英语教授。

走进杨教授的家中，只见客厅虽不是很大却干净整洁，摆放着富有文化特色的艺术品及远在澳大利亚的儿子的照片。满头银发的杨教授穿着整洁的白衬衫，带有京音的普通话很是好听。这位高龄的长者依然思维活跃，头脑清晰，精神矍铄，生活完全自理。在我们采访的过程中，杨教授丝毫没有困倦之意，听力也极好，让采访组的成员大为敬佩。

家学渊源，敏而好学

杨小石教授，历任上海外国语大学英语系副主任、主任、名誉主任。1923年生于北京，并长在北京。杨教授先从自己极其崇拜的父亲讲起。杨教授回忆道："父亲是一名音乐教育家，年轻时长年在欧洲留学。他本来是在法国巴黎学化工的，但是毕业前夕，收到了留学归国的学长的来信，说化工专业在战乱年代回国即面临着失业，因为国内那时候已经没有工厂，除非自己开厂。于是父亲留在法国和瑞士许多年，还曾在国际联盟做过类似于文书的工作。但是回国的念头却始终没有断掉，后来父亲又考入了巴黎音乐学院。回国之后，父亲开始在北京大学音乐传习所工作。"杨教授很谦虚，始终没有道出父亲的姓名，后来听了杨教授的讲述，我们才知道杨教授的父亲就是当时中国音乐界的翘楚之一杨仲子先生。杨仲子先生在音乐传习所工作期间引进了西乐教育。1920年，杨仲子与萧友梅一起主持北京女子高等师范学校音乐体育专修科，并先后在北京大学文理学院、京师女子大学二部音乐系、北京女子文理学院等校任教授。1927年，北洋政府强令取消北京各院校的音乐系，他愤然在国乐改进社的《音乐杂志》上撰文，揭出抗议和呼吁。1932年，他就任北平艺术学院院长。1937年卢沟桥事变后，北平沦陷，杨仲子决意不在日寇手下工作。不久，他乔装打扮，离开北平，绕道香港，经云南、贵州到大后方重庆，任重庆白沙女子师院音乐系主任兼教授。在20世纪二三十年代，杨仲子在传授西方音乐、建立中国音乐高等教育制度、倡导民族音乐等方面，建树良多。1940年，音乐学院在重庆青木关成立。1941年，杨仲子出任院长。

杨小石教授随父亲在法国天主教小学读到毕业（法语和英语教学）。杨教授的母亲是瑞士人，在家中也经常说法语，因此杨教授的中文并不好。他的父亲为了让他学好中文，又将其转至北京育英学校，这是一所美国教会学校。由于杨教授中文底子不好，不得不重新从小学四年级念起，直到高中毕业。由于在北京育英小学读书的时候，杨教授的英语水平已经远超同龄同学，学校便因材施教，对杨教授实行跳级教学，到高中一年级时，杨教授已经上完了中学所有的英语课。育英学校的副校长是个美国人，非常惜才，决定亲自教杨教授英语，从读小说、读名著，到写读书报告等。杨教授说，实际上这种方法算是让他读大学了。原本还要保送杨教授就读燕京大学的，可是日本侵略军占领了北京，燕京大学合并在成都的西北联大，保送的事情就不了了之了。1943年，杨教授离开北京到重庆，投奔他的父亲，同年考入当时位于重庆北碚的复旦大学。

杨教授说他当时报考的是政治学专业，学习了一年后，深感这不是自己的兴趣所在，后又转回了英语专业。由于转专业，他大学念了五年。1945年，杨教授随复旦大学迁回上海，并于1948年从复旦大学毕业，从此再也没有离开上海。

拒去台湾，结缘上外

杨教授说他1948年刚毕业的时候，通货膨胀，经济非常拮据。为了补贴家用，他一个人做了四份工作：在国民政府开办的国防医学院给医学生上英语课，在光华大学做英语助教直至讲师，在私立的华侨中学和中正中学做兼职教师。后来上海解放时，国防医学院迁往台湾，国民政府力邀像他这样的知识分子前往台湾，杨教授坚决拒绝了。他坚定地留了下来，正逢第三野战军号召高级知识分子参加革命工作，杨教授便毫不犹豫地报了名，并被第三野战军人民医学院录取为讲师，也就是后来的二军大。但是，从1953年起，二军大的英语课不开了，杨教授又面临了一次选择，最终他选择去上外（当时称为上海俄文专科学校），从此一直工作到1993年退休。杨教授刚去上外工作的时候，正值学校要从俄专转到外国语学院。那时，西语系含英、德、法三种语言，系主任是方重，分管三个教研室，即英语教研室、俄语教研室和德语教研室。杨教授负责英语教研室，他的工作非常出色，受到大家一致好评。上外的同行们如是评价杨教授：半个多世纪以来，杨教授为上外英语系的建立和发展作出了不可磨灭的巨大贡献，他是上外英语学科建设历史的构建者和见证人，他的学术与教学成果推动了上外的英语学科建设，他为上外培养了大批德才兼备的高水平外语人才，桃李满天下，其中许多人已经成为上外乃至我国英语学科等领域的领军人物，如庄智象、虞建华、梅德明、柴明颎、陈坚林、李维屏等教授都曾经在20世纪70年代听过杨教授的课。

巍巍大师，致力中西文化交流

杨教授告诉采访组，他在上外是教四年级的翻译课的，他们还参加了教育部组织的英语专业统编教材的编写，杨教授至今还记得自己参加的是《英语》第7、8册的编写，编写教材的反反复复和编写期间的辛苦只有编写人员能够体会。

除了教书育人，给本科生上课，指导研究生，杨教授说他最感兴趣的就是翻译了，中翻英和英翻中他都做过。他说在他那个年代，做中翻英的很少，而他很想把这一块做好，把我们中国好的文化翻译出去，让世界人民去了解、去认识。杨教授当时给《中国文学》翻译了很多东西，但都是不署名的。后来杨教授还在电影界大有作为，翻译的国产动画片、科教片、故事片、美术片大概有上百部，但当时也都是义务劳动，无署名和酬劳。如《舞台姐妹》、《小花》、《沙鸥》等都是杨教授翻译的，中翻英的配音也是由杨教授组织的，《舞台姐妹》还拿到中美开通的第一架飞往美国的航班上播放，并持续播放很长一段时间。说到这里，杨教授也表示很遗憾，这些片子都没有保存下来，他自己手里也没有了。杨教授说弘扬中华文化很重要，希望有更多的人关注中翻英的工作，有更多优质的国产电影打入国际市场。采访组的成员对杨教授所作的贡献深感赞叹和佩服。由于杨教授有着优美的嗓音和标准的发音，他也曾经在20世纪80年代承担过上海人民广播电台的英语教学工作，自己编教材，自己在电台给听众讲课。杨教授承担中级班的教学，他的学生承担初级班的教学。他还参加磁带的录音，上海师范大学统编的英语教材如中小学英语、医学英语、财会英语的磁带，都是杨教授和他的学生录音的。

后来我们了解到，杨教授只是向采访组介绍了他的部分成果，淡泊名利这个词用在这位大师身上再合适不过了。在上海外国语大学英语学院的网站上，我们在"名家学者"一栏看到了杨小石教授的简介，摘录如下：曾任中国外语教学研究会常务理事、中国英语教学研究会副会长、美国文学研究会理事、上海翻译家协会理事。1980年被评为教授、博士生导师。1989年至1991年间，先后在美国州立亚利桑那州大学、衣阿华州瓦特堡大学担任客座教授。1993年退休。杨小石教授专攻英语修辞学及翻译，著有《英语修辞学》（上、下册）；翻译美国作家辛克莱·刘易斯的长篇小说《王孙梦》（*Kingsblood Royal*）、美国作家威廉·福克纳的短篇小说《干旱的九月》（*Dry September*）等，并为《中国文学》期刊翻译多部作品（中译英）；为国产影片《舞台姐妹》、《哪吒闹海》、《沙鸥》、《孔雀公主》、《梅花巾》、《候补队员》、《特区姑娘》、《毛孩》、《大足石刻》、《崂山道士》、《大漠紫禁令》、《人鬼情》、《大闹天宫》、《出土文物》、《熊猫》、《闪闪的红星》等翻译字幕；为多部英语有声学习资料录音，并且参与《聂耳》、《小花》、《大庆战歌》、《城南旧事》、《熊猫百货商店》等多部影片的配音工作；参与编写大学英语专业教材第1—4册和第7—8册、《大学专业英语精读》、《英语水平考试》等。从教以来，杨小石教授循循善诱，讲起名篇佳作如数家珍，常使学生有如坐春风之感。他一贯做事认真，为国产电影配音时，反复斟酌，直到配音效果臻于完美，为译制片事业作出了杰出贡献。杨小石教授退休后仍心系翻译事业（尤其是中译英），精心翻译了数部昆曲唱词，并希望译界同仁以方重先生及杨宪益先生为楷模，致力于中西文化交流，使世界其他国家读者通过准确而优美的译著了解中华文化。

采访结束后，王耀发教授表示非常感谢杨教授让我们看到了他如此多彩、丰富的人生，同时也非常欣赏杨教授对中华民族文化的弘扬作出的巨大贡献。谈到养生之道，杨教授说他没有特别的养生之道，他每天早上会看新闻，饮食规律、心态平和可能是一点吧。令人惊叹的是，90多岁高龄的杨教授迄今还喜欢自己骑助动车。

让我们祝愿这位大师健康、快乐！

（本文执笔人：王洋）

①

②

③

④

① 杨小石教授

② 杨小石教授在指导同声翻译

③ 杨小石教授九十寿庆纪念

④ 杨小石教授在国外时的照片

健康生活　科学养生

——访我国著名健康教育学家杨秉辉教授

　　现已75岁的杨秉辉教授是我国著名的健康教育普及大师，他曾担任中山医院院长、中华医学会全科学会副主任委员、中华医学会肝病学会科学委员会委员、中国抗癌协会理事、上海市抗癌协会常务理事等职务。作为一个在任20年的三级甲等医院院长，杨教授身居要职，学贯中西，他的防癌学说在民间更是广为流传。近日，我校老教授协会生命科学学院分会一行四人，在著名细胞生物学家王耀发教授的带领下，专访了杨秉辉教授。在两个多小时的采访过程中，老院长侃侃而谈养生之道，字字铿锵有力，时而幽默诙谐，时而感慨万千，思路清晰，精神矍铄。

　　杨秉辉教授1962年毕业于上海第一医学院（现复旦大学上海医学院）医学系，具有44年临床工作经验，杨教授的研究工作主要是针对肝脏病特别是肝癌的诊断和治疗。他说："我花费了至少30年时间致力从慢性肝炎病人中发现早期肝癌患者。"谈到中国目前的健康问题，杨教授不无感慨地说道："中国遭受着超过1 000种慢性病的困扰，我这一辈子都在做的事情就是要让民众理解健康是什么。"

　　杨教授用调侃的语气说："其实医生的作息时间可能是很不健康的，因此各位基本不能通过仿效我的生活方式来获得健康长寿的秘诀。健康长寿的原因有很多，心理、精神方面的问题有专门的医生处理。"话语中流露出的客观求实的态度是一位医生的职业素养，也是追求健康长寿的必备基础，能够帮助我们不盲目迷信生活中的五花八门的养生技巧。

　　杨教授告诉我们，全世界包括中国主要面临四大疾病：心脑血管病、癌症、糖尿病和慢性呼吸道疾病。他很是痛心："中国每年有800万人死于这四大疾病，但有300多万人为过早死亡。虽然现在的生活环境和医疗环境都好了许多，人均寿命也大大提高，中国的人均寿命已经达到76岁，上海更是高达84岁。但世界卫生组织公布的中国的健康寿命却为66岁，大部分国人到了晚年都在一直承受各种各样疾病带来的痛苦。"杨教授指出："这些疾病大都是年轻时养成的不良生活习惯导致的，我这几十年举办了很多讲座，就是要告诉大家要养成良好的生活习惯。"

"合理营养，禁烟限酒，适当运动"不仅是世界卫生组织推荐的，也是杨教授自己一直以来极力推崇的健康生活习惯。中国人的饮食过于强调色、香、味俱全，杨教授认为这是生活习惯中极其不好的一部分。"脂肪吃得太多，是造成动脉粥样硬化的主因。盐吃多了容易罹患高血压，但是中国人对盐的危害却没有丝毫意识。"所以杨教授认为改善基层的医疗环境卫生，提升人民的健康生活意识才是解决健康问题的根本。

针对吸烟危害，杨教授痛心疾首地说道："中国每年因为吸烟导致的死亡数达到100万，这个数字还在增长，到2030年左右将会达到300万。"杨教授是上海控烟协会的副主席，一直致力于控烟事业。他说："大家都知道吸烟的危害很大，但是在中国，控烟的难度也很大，因为全民都没有这个意识。"对于生活中的另一个不良习惯——酗酒，杨教授更是无奈："中国被列为西太平洋地区酒精灾害国，整个国家却没有一点控酒意识。酒精性肝硬化、胰腺癌、老年痴呆、心脏病等疾病都是由喝酒引起的，不从根本上控酒，仅仅靠治疗是根本行不通的。"话语间流露出杨教授对大众的孜孜教诲和良苦用心。

杨教授在从医生涯的后20年中，成为中国全科医学的推动者，并率先建立国内全科医学科。他欣慰地说道："欧美国家的家庭医生很是普及，中国的社区医生虽然起步较慢，但也逐步发展起来，并且实现了规范化。"他幽默地说："我是内科医生，而社区医生是全科医生，所以他们要比我厉害得多。"

退而不休，杨教授回顾从医生涯的点点滴滴，感慨道："人的精力是有限的，做临床、做院长的时候花费了太多的精力，现在退下来，才有更多的精力致力于推进中国基层家庭医生的培养和民众健康意识的建立。人作为一个生命体，总是要结束，但是不应该过早地结束。我这一辈子就是想让民众了解其中的道理，减少过早的不必要的死亡。"杨教授的话语里透着忧国忧民的伟大事业之心和献身医学的坚定信念，也许这份对事业的坚持正是他健康长寿的原因之一。

杨秉辉教授虽已75岁，但仍红光满面，身体健硕，精神昂扬，他说这与自己每天坚持运动是分不开的。他告诉我们："年龄大了不能剧烈运动，但适当的运动是必须的。我每天晚上都会快走40分钟，所以平时有的时候走路也会很快，不过要注意避免沿着马路边，那样汽车尾气太重。"

杨秉辉教授一直将科普当作一种社会责任,他发表了近千篇医学科普教育文章,举办了600场健康讲座,连续五年参与"科普进校园",常年深入社区进行免费健康宣讲。无论在医务岗位上,还是担任中山医院院长期间,甚至退休后,杨教授40多年如一日地从事医学科普工作。

杨教授说:"其实在大家知道我是健康教育学家之前,毫不谦虚地说,我已经是国内肝病领域名列前茅的专家。但我的根本还是一位医生,从事健康教育也是因为我是一个医生,我能每天看到不同的临床病人,有很多病是因为大家缺乏健康知识才造成的。所以我才想到不光坐在医院里看病,更要走出来告诉大众很多病我们是可以预防的。由于最早在内科工作,什么病人都会接触,内科领域里接触的癌症种类中,肝癌病人最多。癌症的早期是没有症状的,等有症状出现的时候已经不是早期了,过了最佳的治疗时间,这几乎是所有癌症的规律。从科学的角度说,癌症到目前为止没有根本的特效的治疗方法,只有通过早期发现,早做手术才能有效。于是癌症早期的发现就成了治疗癌症最大的难题。1971年,苏联研究出了一个发现癌症早期的方法——检查血液中的甲胎蛋白含量。那个时候,我们没有研究可做,就到农村去巡回医疗。在启东给农民做甲胎蛋白的检查,结果发现了很多例早期肝癌病人,劝他们尽快动手术,但他们却并不相信这样的结果。因为在他们的概念里,肝癌病人都是眼睛发黄、腹腔积水这样症状的,而他们能吃能喝,能干活,所以不相信我们的检查结果。这更让我感到对民众进行医学科学知识普及教育的重要性。他们不信我说的,我就用村里公社的大喇叭宣传,算是'强迫视听'吧,告诉他们一定要抓紧肝癌的早期治疗,给他们讲里面的医学知识。这是我最早的朴素的大众健康教育。回到上海以后,我又到各个工厂去,用黑板报的方式来宣传医学科普知识,连写带画,刚好把我小时候对绘画的爱好发挥了。1993年的时候,我在中山医院建立了全科医学科,迄今为止,它也是全国唯一的。因为随着生活水平的提高,我们已经渐渐意识到我们的健康状况和生活习惯有着密切的关系,人们对如何生活提出了更高的要求,也有了更多的疑问,健康保健成了最为关注的问题。全科医学就是告诉大家该如何预防疾病,我真正从那时候起从全科医学引申到了健康教育领域。医学的最终目标不是治病,而是促进健康。这就是全科医学的重要性。中国在医学专科领域有很多的专家,但是我们少了'肚子痛专家'、'感冒发烧专家'。平时对待健康问题,防微杜渐才是最重要的,不要到一发不可收拾了,才扔给专家。我也不喜欢媒体把我比作健康教育界的'四大天王'之一,我充其量就是一个愿意做健康教育的专家,不是什么'天王'。可能我跟媒体打交道比较多,大众认识我,但这绝不代表我就是一个名人了。和媒体交道，是因为我不可能一个人闷在家做健康教育，与媒体合作是为了把健康理念传递给民众，传媒是我和大众之间的桥梁。我们几位只是走在了健康教育的前列而已，现在从事健康教育的人很多，有许多不为大众所知的默默奉献的人，远远不只我们几位。"

这位神奇的"科普医生"以自己的实际行动几十年如一日地贯彻着为民众科普的理念，还先后主持并出版了50余册科普书籍，如《肝胆肿瘤学》、《原发性肝癌的研究与进展》、《内科治疗矛盾》、《现代内科学进展》、《全科医学概论》、《家庭保健百科》、《战胜癌症》等。其中不少都是各大书店的畅销书籍，甚至连专业的医生也会购买。书中内容详实，秉承了医生的客观精神，从流行病学调查着手，根据众多的病例中总结，以统计的方式给出结论，这样的严谨态度是科普类书籍中具有相当说服力的，所以甚至连医生都会前往购买并认为受益匪浅。杨教授的科普精神是脚踏实地的，这也许源于他少年时期的一段经历。

在一次采访中，杨教授说道，他家不是医学世家，父母皆不从医，都从事的是工商业。走上医学的路，源于他对医学的感慨和崇敬。历史就是那么巧合，也与弃医从文的鲁迅有点关系，杨教授是因文从医的。

1952年的时候，杨教授读初中二年级，一次做肺部X光检查，检查出有肺结核。肺结核在当时是死亡率很高的病，家人非常害怕。他小时候很喜欢文学，看了鲁迅先生写的《药》，里面的小孩就是因为得了肺结核，愚昧的父亲给他吃蘸着人血的血馒头。因为这个小说，他对自己得的病更恐惧了。就在这个时候，刚好国内引进了一种新的有效的治疗肺结核的药，叫作"异烟肼"，商品名叫"雷米封"。目前该药作为治疗肺结核的特效药物仍在使用。因为这个药，他的病很快就好了。他当时觉得医学好神奇，大家口中这么恐怖的要死人的病症，因为小小的药丸就轻松治愈了，便由此对医学产生了崇敬之情；而且，他觉得做一名医生更能直接地造福于民。高中毕业后，他就有了学医的想法，父母也都很支持。

杨教授从小有很多的兴趣爱好，特别喜欢研究历史，也喜欢画画，其中包括写生。学医的他还出版过《杨秉辉风景写生画》、《杨秉辉世博场馆写生》，令采访组一行人敬佩不已。我们不禁感叹杨教授精力之充沛、涵养之丰富——他不仅是医生、健康教育学家、老师，还是电台DJ、作家、画家。

谈到自己的养生之道，杨教授说："健康是要主动争取，不能等身体亮红灯了，才思考该如何补救。我从来不喝酒、不抽烟，社交活动虽然多，但我一直能坚持自己的原则，很多事只需要一点毅力，做起来就没那么难了。""人要学会节制，懂得抵制诱惑。年轻时就要养成良好的生活习惯，到老年才不会受到疾病的困扰。随遇而安，人生苦短，珍惜生命，关爱健康，规范养生。养生不是一个简单的问题，要用科学的原理去对待这个话题。"

杨教授对自己的性格是这样评价的："我的外表不是锋芒毕露的，做院长的时候我也不是一个严厉的院长，但是我的内心是坚定的，我认定的事一定会努力做到。我不喜欢与人争辩，万事留给别人余地。因为经历吧，它是可以锤炼人的，可以把你的棱角都磨掉，留下内核的东西就够了。我的性格很坚韧，不易被打倒，可能别人觉得我的一生遇到过很多困难，但我不觉得我经历过十分严重的坎坷，一切问题我都有信心解决。"纵观多位健康长寿者的性格特点，杨教授的外柔内刚、心胸豁达、为人不锱铢必较等正是长寿者共同具备的优良品德和优质心理素质。

这就是一位在任20年的三级甲等医院的院长，从事着对社会大众的健康教育工作，大力推广着全科医学，以平和、朴实、谦逊、乐观、务实的心态，勤奋、认真地工作，一生致力于民众健康事业——普及健康意识，并始终保持着激情与活力。用智慧把关生活方式——平衡合理的膳食，简单适量的运动，节制自律的生活，科学的药物干预，这就是养生宝典，一条实用可行的养生之路。

（本文执笔人：王谦、劳勋）

① 杨秉辉教授

② 杨秉辉教授接受采访

舞台背后的无名英雄

——访上戏舞台灯光权威金长烈教授

采访被称为"上戏三张名片"之一的金长烈教授，是在2015年的一个天朗气清的秋日上午。已有86岁高龄的金长烈教授精神依旧很好，他一开口便说自己从事机械操作，不太会说话，但从他朴素的话语和从容闲淡的神情中，我们感受到了这位老者的智慧与创新，也看到了为人师者的坚忍与执着。

金老出生于1930年，1954年毕业于上海戏剧学院美术系并留校任教，曾任灯光教研室主任，1988年评为教授。他的业务专长为舞台灯光设计、剧场工程策划、工艺设计等。金老早在中学时就爱好戏曲，还曾担任过江苏省文联戏曲研究会的主任，由此结识了戏剧界的诸多前辈。"我本来大学想学建筑，不过一是我的数学基础不好，二是接触的戏剧界朋友积极推荐我去从事地方文艺工作，去上海戏剧学院，所以我就入了这行。因为喜欢美术，心里想着真的建筑搞不成，我就搞舞台美术，所以最后进了舞台设计专业。"金老说。

作为上海戏剧学院的第一届毕业生，金长烈毕业留校后被分配到舞台灯光专业做教师。"50年代初特别缺乏师资，我就有幸留在了学校。当时中国戏剧缺少各种专业人才，而且中国戏剧学的底子很薄，侧重在表演，舞台美术是次要的，舞台灯光更是次要的次要。所以我常常说这是边缘的边缘，没有人关注，可以说就是舞台背后的无名英雄。有关灯光，我不懂，学习得很少，所以一开始教学设计很困难。幸好上世纪50年代初，苏联专家来中国，我便去北京学习。回来卖弄卖弄所学的知识，就这样一直教到退休。50年代的人，服从党的领导，我一直没有改变自己的专业，既然让我做，我就认认真真地钻研。"金老表示，在他从业的几十年间，参与过很多喜剧演出，经历了很多实践经验，一路平平淡淡地走了过来。"虽然我们这个专业是默默无闻的，一直处于舞台背后，但是渐渐地，我感觉到舞台灯光的重要性，它在戏剧中起了很多作用，有很大的价值。时间一长，我和各个剧团都有或多或少的接触。"

说起自己的成就，金老很谦虚，他一再重申自己并没有什么大的成就，平平淡淡地度过了自己的大半生，自己只是比较认真地从事这个专业，适当地研究。"这几十年，我工作搞得不少，但是值得留恋的，在我不过是两三件事。"

金老说，第一件事就是他促使了舞台灯光专业的发展壮大。20世纪50年代，舞台灯光专业基础薄弱，真正从事舞台灯光工作的人不是很多，灯光工作大多由剧团电工在凑合着干。面对这样的现实，一切都要靠金老自己摸索。他向我们总结出这样的心得："舞台灯光需要艺术和技术的结合，二者相辅相成。在我看来，每个教师都应该是专家，但是我艺术上还行，技术上不行。"为了引进技术上的人才，使教学更全面，他采取了从理工大学招录研究生的方法，最后培养了两名光学研究生、两名电学研究生。"以往，兼课教师往往并不懂得艺术，而我们培养的研究生不仅学习了技术，还拥有艺术细胞。"这样一来，灯光专业的教学质量便有所提高，金老也能够把更多的精力放在艺术研究方面。通过学科之间的交叉，金老将灯光艺术和电子科技融合在一起，大大提高了舞台灯光专业的专业性。如今，金老培养的学生都已成为这一领域的领军人物，而舞台灯光专业的发展对戏剧界乃至社会其他行业也产生了很大的影响。

第二件事是金老通过多年的艰苦奋斗与思考，在艺术方面逐渐建立了一个基本观念：舞台灯光不是一般的照明，是戏剧中不可分割的一部分。"现在，人们常常会用灯光来作秀，我称它为秀场艺术，表面地炫耀、刺激观众，让观众感到兴奋。不可否认，这是一种艺术形式。而我长期搞的是剧场艺术，搞的是戏剧性的灯光。它是为戏剧内在的思想性服务，处理微妙的东西，使人物内心外化。我的追求是通过灯光艺术来实现戏剧内在情感的表达，我也一直用这个理念去影响、培养学生。"无疑，金老在这方面作出的贡献是有目共睹的，无怪乎人们会说，金老师的灯光会说话。金老无疑是中国舞台灯光艺术史上的革新家，他的灯光设计追求戏剧内在情感的表达和立体照明的塑型效果，突破了镜框舞台的空间感。在戏剧演出过程中，他的灯光随戏剧的发展、人物情绪的变化而变化，创造了光与色组成的心理造型空间。同时，他充分发挥了舞台灯光的造型、抒情、象征和隐喻的功能，使舞台灯光成为"有意味的形式"。

1962年，金长烈教授担任越剧《红楼梦》的灯光总设计，这是他上述思想的最初实践。为了更好地渲染这出悲剧的氛围，他强化了灯光创造气氛、表情达意的功能，通过朦胧的光影和色彩的塑造来加强或减弱、突出或掩饰舞台上的某些景物，使布景获得新的含义。如在黛玉临终这幕戏中，灯光承载着戏剧高潮中的情感。在舞台前方是宝玉与宝钗成婚的过场戏，耀眼的大红灯光打在喜气洋洋的贾宝玉身上，一闪一闪，暗示着这只是一场虚幻，喜中实则含悲；而在舞台的后部演区，奄奄一息的黛玉侧躺在病榻上，一束青绿色的惨淡月光照射在她身上，则象征着这个清高而孤寂的年轻生命的毁灭。通过前后暖冷色调的运用，舞台灯光形成了强烈的反差，产生了震撼人心的视觉效果。在传统戏曲演出中使用非写实的色光，这在20世纪60年代初可谓是独树一帜，然而正是金老的创新精神与大胆尝试，使他获得了外界对其舞台灯光的一致赞赏。此外，由他参加灯光设计的话剧《罗密欧与朱丽叶》、《哈姆雷特》、《黑骏马》、《马》、《游园惊梦》，昆曲《血手记》，歌剧《仰天长啸》等均声名卓著，受到国内外专家的一致好评。全国最高水平的演出剧目和探索性剧目都竞相邀请他担任灯光设计或指导工作。

金老多次强调："当代舞台灯光的重要性、显著特点之一是从外部造型走向内心世界的造型。"即指舞台灯光应从外部照明转向照亮人物的心理世界，并将不可见的内心活动外化为光与色组成的视觉形象。为了实践自己的艺术理想，金老敢于突破模拟自然光、幻觉性布景、三连环模式的束缚，为舞台灯光艺术开拓了一个崭新的天地。

第三件事是金老在2003年住院时期与他的学生共同撰写了《舞台灯光》一书。"当时，我因为骨折要住院三个月，正好可以借这个去做我一直想做但是一直没空做的事情。"金老说。为了使书中的知识更加全面，理论联系实践，具有可操作性，金老便请了他的四个学生一起合作。"一家之言不如众家之口，靠我一个人的力量是做不好的，很多技术方面的知识还需要请教他们。"金老笑着说，"当时我们都没有估计到这本书能产生多大的价值，一开始只出版4 000册，后来不断地重版。《舞台灯光》是金老一生教学经验的总结与畅想，不仅填补了我国相关专业的空白，开创了新的领域，也给相关专业提供了可以借鉴的知识。为此，该书获得了2006年中国教育部"高等人文社会科学研究优秀成果奖"一等奖的殊荣。

这样一位功绩卓著却虚怀若谷的老者深深折服了我们，他的成就远不止于他所说的这几件事。金老还曾历任中国舞台美术学会常务理事、上海舞美学会副会长、上海照明学会舞台影视委员、中国文化部科技进步奖评委。他多次参加剧场工程设计策划、顾问、评审及灯光工艺设计，主要项目有上海戏剧学院实验剧场、山东曲阜杏坛剧场、浙江小百花艺术中心、杭州未来世界等大型工程。他三获文化部文化舞美奖，二获中国戏剧节优秀舞美设计奖。此外，他还获得了第二届中国舞蹈荷花奖最佳灯光设计奖，中国舞台美术学会1999年度学会奖，话剧100周年获优秀话剧工作者等称号。

退休之后，金老说他还是没有休息，甚至更忙了。除了排戏，他还接手了不少工程设计工作，如剧场建筑的舞台工程设计等，闲下来他还会写写书。"现在，我一直在思考这样一个问题：舞台灯光还有没有提高的可能？"舞台灯光是操作性的专业，需要灯光师自己爬梯子来对灯，这很辛苦也很危险，偶尔还会发生坠梯身亡的不幸事件。"舞台上用的很多灯，灯位和光位一直是不变的，这种状态很落后，很局限。我们始终在落后的手工业上操作，但是始终没有人想要去变革。我反正退休了，也喜欢逆向思维，我常常觉得舞台灯光要努力地创造自由的空间，是不是也可以采用科学有序的方式实现灯距自动化？"

经过多年实践，金老认为完全有必要、有可能去改变这件事情。2013年，他出版了专著《论创造自由的照明空间》。"在舞台灯光这个专业干了60多年，我不愿意放弃，这些问题一直不断缠绕着我，促使我进行思考，但是光思考还是不够，还应该做些什么来付诸实践。"虽然金老无奈地说他的学生对灯光自动化这个问题显得有些无动于衷，但是他还是积极呼吁并进行实践。为了实现自己的畅想，如今他时常和一些厂商合作，期望能推进剧场灯光自动化，"在这个问题上，我们只能依靠比较有实力的工厂和业主，理论实践相结合，或许这件事才能够有所推进。"作为中国第一代舞台灯光专家，金老以他的创新精神与不断实践为这个专业打下了坚实的基础并开疆扩土；退休之后，他积极发挥余热以改善舞台灯光现有的不足之处。可以说，金老这一生都在默默地做舞台背后的无名英雄，他对自己专业的赤子之心与献身精神不得不使我们心生敬意。

如今，金老的生活很有规律，每天5点半起来之后做一小时锻炼操，吃过晚饭他会出去散散步，晚上9点半就寝，这样的生活习惯坚持了多年没有改变。多年的职业锻炼，嘈杂的剧场环境，造就了他良好的睡眠质量。虽然遇上戏剧排演，他的生活作息会被打乱，但他还是抓紧时间休息，打个瞌睡。作为糖尿病患者，在饮食方面，金老也很有节制。他经常参加宴会、饭局，但是吃东西很能控制，烟酒不碰。他经常将饼干、黑巧克力带在身边，感到血糖低了就及时补充。金老说："我虽然内在机器老化了，但是心态很好，尽可能有规律地生活，努力做到与世无争。我的生活也比较充实，现在还经常思考专业上的问题。"无疑，有规律的生活、良好的心态是金老健康长寿的一大秘诀。采访过程中，金老的夫人也一直陪伴在他左右。夫人是一名戏剧演员，虽已年逾八十，但风采依在。她笑着说："他很能干，家务基本上都是他做，饭也是他烧，我总是受到他的照顾。"常言道，少年夫妻老来伴，和美的家庭生活是金老长寿的又一大因素。

在金长烈教授身上，我们看到了质朴与虚怀若谷，也看到了老一辈知识分子的艰苦奋斗精神与开拓精神。或许，正是这样的人生态度才使金老拥有了充实而安详的晚年。

（本文执笔人：徐悦）

① 金长烈教授

② 金长烈教授参加上海世博会工程建设

③④ 2006 年，金长烈教授在博鳌参加安恒利召开的音响、灯光探讨会

见证教育事业　活出真我风采

——访上海交通大学金忠谋教授

　　一个为国家基础工业教育挥洒青春的汗水的有为青年，一位在高校教书育人40余载的人民教师，一位人到晚年仍坚持锻炼、不忘初心的矍铄老人，他就是上海交通大学船舶建工学院的金忠谋教授，虽年近百岁，但仍然保持着对健康身体、美丽灵魂的追求和对真理的探索。

　　2015年6月9日，我们采访组对金忠谋教授进行了采访。金教授开朗爽快，即便岁月已经开始侵蚀他的身体，让他腿脚不再灵活，记忆也不复精准，却没有带走他的乐天性格。当我们到达金教授家时，他热情招呼，将自己的故事娓娓道来。一缕阳光透过金教授家客厅窗户的窗帘照了进来，在地板上投下生机，差不多直到采访结束，它才随着太阳西斜，匿了踪影，就如同"看"完了整个采访一般，成为了一位独特的"见证者"。说来也巧，金教授也说自己是个"见证者"："就好像从一面镜子中窥视和见证了上海交通大学乃至整个上海高教事业的发展历程。"由此看来，那缕阳光或许并不是巧合吧。

　　1941年9月开学，正在上海交通大学机械工程系三年级攻读的金忠谋发现，自己周边的政治环境正悄然发生着变化。当时，学校尚处于上海法租界之中，日本侵略者的势力逐步渗透，处境愈见险恶，困难重重。此时，南京的汪伪政府已经成立一年有余，它的魔爪也正伸向上海租界各处。"自1938年我考进交大以来，我的命运和这所大学的命运就牢牢地绑在了一起。"金教授的说法毫不夸张，当年刚进交大时，金教授在物理系就读，之后又转到了机械工程系，一直读到了1943年，正是在这一年，汪伪政府开始了对交大的全面控制。"当时我的同学中的不少爱国青年都以'弃学'为代价，抵制汪伪政府的统治。"金教授回忆时仍激情澎湃，他说不少人都离开了交大，他们有的直奔正面抗日战场，有的则投奔了革命，总的来说都是为了全体中国人的命运。大家休学了整整三年，所以虽然名义上他们是"43届毕业生"，但实际上是1946年才正式毕业的。

回忆起在抗日战争中的这一段历史时，金忠谋教授认为，正是从那时起，自己确立了"为国家之未来、为人民之希望而读书育人"的理想。那时，通货膨胀，物价飞涨，教职工和学生的生活日见困难，教师在外兼课和兼职的甚多。有一次甚至发生了较大规模的学校教职员工罢工，要求增加工资。外地来沪的同学有的住在爱麦虞限路（今绍兴路）中华学艺社二楼的大礼堂内（称为统舱），有的数人合租私房小室居住，生活日见窘迫，但学习仍不放松。

"当时外有日本入侵，内有伪政府统治，我自己也是不争气，偏偏在那个时候生了很严重的疾病。"1942年初的某天，就在珍珠港事件过后不久，学校勉强继续上课，仍在校的同学们的心情总是动荡不安的，金忠谋正在写电机试验报告，突然一阵咳嗽，咳出了几口血来，身体感到十分疲乏。次日，金忠谋去红十字会医院检查，才得知患上了肺结核，只好请假在家卧床休养。经过了三个多月的治疗和休养后，病情才渐见好转。当时发生了一件戏剧性的事件，金忠谋忽然接到了汪伪政府管辖下的校方发来的信函，里面是一张学校的通知书，还有一份日寇侵略军宣传机关发的召集上海文化和宗教界人士召开"大东亚共荣问题座谈会"的日程表，校方派金忠谋作为学生代表之一去参加会议。那时日寇和汪伪已对美英宣战，叫嚷着要把美英的势力从亚洲驱逐出去，成立所谓"大东亚共荣圈"。金忠谋和几个同学通过暗地联系，坚决拒绝参加这种活动。

"后来断断续续休学的几年里，我的身体一直时好时坏，但我一直关注着局势的变化，特别是校园里发生的一切。美军占领塞班岛，东条英机内阁倒台，好消息一条条传来，大家心中暗自欢庆，学校的形势也发生了好转。"1944—1945年间，上海市民的生活已然捉襟见肘，粮食供应紧张，"户口米"全是糙米、碎米、包米，渗杂着草子、石子和泥沙。百姓的行动愈见不自由，处处受制，但大家心绪高亢，因为人们心里明白，胜利就在眼前，曙光在望。"我养病在家，托父兄姊弟的庇荫，还能温饱无虞，虽生活拮据，也只是知足常乐了。"金忠谋说道。

1945年7月下旬，金忠谋和母亲由他的弟弟陪同搭乘小船，经苏州回到故乡湖州南浔镇。由于沿途所谓"清乡检查站"关卡林立，三人在小船内匍匐了三天三夜才敢起身。回到了阔别八年的故乡，本想再亲眼看看家乡的光景，谁知上了岸，金忠谋眼前是一片瓦砾场，已辨不清东西南北。家里房屋虽在，但此时被伪和平军的一个连长占据，金忠谋和母亲只好借居亲戚家里。在多方打听后，金忠谋才知道农村是一塌糊涂，乡亲们的日子都不好过，伪军、汉奸整天向村民勒索要钱，过着吃喝玩乐的生活；相反，农民的家里则十室九空，伪乡政府里差役对农家榨不出钱来就毁床拆屋，农民莫不处于水深火热之中。

不出一个月，抗日战争胜利，举国欢庆。然而，交大开启复学却是11月的事情了。战时交大校舍被日寇侵占，设立同文书院，房屋和一切设施被搞得支离破碎，百孔千疮。复校伊始，校方仅整顿出了容宏堂作办公厅，中院和上院作教室，还有东边的几幢住宅房屋作宿舍，条件十分艰苦。而一直到1946年三四月间，学生才全部复学完毕。1946年暑，作为"43届毕业生"的金忠谋才正式从交大机械工程系毕业。仅过了一年，亦即1947年，金老师开始了在交通大学任教的历程。彼时上海解放也近在眼前，但金老师又何尝想到，自己接下来还将见证一个学校的变迁、一种教育制度的发展。

1952年前后，全国高校开始院系调整。而早在1950年，交通大学就按照中央人民政府教育部要求院系开展了院系调整，到1952年，除了机械、电机、造船三大学科得到加强，交大的其余院系几乎被全部调出至其他学校。1955年，由于东南沿海局势紧张，国家又决定将交通大学由上海全部迁往西安。1956年起，交大师生在校长彭康的率领下，开展迁校工作。但后来形势变化，又确定交通大学在上海、西安两地分开办学。"当时响应国家号召，不少同事前往西安建设新交大，我本来也在其中，但奈何身体一直不好，肺病又找上门来，只能作罢。"金忠谋回忆道。1956年，金老师确定留在上海的第二年，交通大学将造船系独立出来，建立上海造船学院，而金老师正是在这所学校中开始教授工业力学这门基础课。之后，上海造船学院改名为上海交通大学，金老师继续在这里教书育人，直到1988年退休，培育出了一代代船舶建造领域和力学研究领域的专业人才。

从最早的交通大学，到沦陷时期汪伪政府管辖的交大，再到新中国成立初期几经调整、分离、兼并诞生的上海造船学院，再到今日之上海交通大学，说金忠谋老师见证了中国早期高等教育事业的颠沛与发展，真是毫不为过。"现在很多人都说我经历了中国高等教育的早期发展时期，是一位新中国教育事业的见证人，但其实细细想想，我们那个年代的人，在那样一个动乱，随后是生机的时代念书，有谁不是见证了教育事业发展的呢？"金老师笑着反问道。的确，见证者的身份很大程度上来自金忠谋老师——和其他千千万万中国人一样——生活在那样一个时代，但教书匠的身份，则确确实实是一步一脚印、一砖一瓦建构出来的。

从1947年到1988年，41载的教书育人路虽然说起来似乎转瞬即逝，但路并不是一帆风顺的。说起自己的教学经历，金老师起身为我们拿来了一本由他主编的《材料力学》教材，他说这本书不仅是他这几十年来教学经历的一些总结，更是从无数次失败经验、教训中摸索出来的"失败总结"。说是"失败总结"，但其实这本《材料力学》目前是国内相关领域内权威的教材之一，不知启发了多少高校师生。

如今，已退休20余载的金忠谋老师仍是一位"见证者"，也同样在继续着自己的理想，不放弃学习与思考。曾经的造船学院成为了新成立的上海交通大学的支柱院系，现在更是成为了船舶海洋与建筑工程学院，在中国相关专业领域内仍居于首位。退休后的金老师仍然关心学校和专业的发展："有时候学院还会请我去给学生开开讲座，或者是简单地聊一聊。其实我们国家船舶专业这几十年来发展态势很好，知识也是日新月异地发展，我能说些什么有用的？不过是跟现在的同学们话话历史，拉拉家常。"金老师如此谦虚地说着。但其实即便是说一些尘封往事、学校历史，也能让现在的学生们获益良多。金老师如今腿脚不太方便了，早些年他还会去校园里散步，看到熟悉的景象，不禁想起过往，也想到教育事业辉煌的未来。

"动动脑筋，一般不太容易老。"如果说金老师有什么养生"秘诀"的话，这一条当之无愧地排在第一位。金老师的客厅里就摆有书柜，除了建工、力学专业书籍，还有不少中外社科、历史典籍。他说："平时我会看看书，看书的时候会做笔记，把自己的心得体会记下来，也是为了督促自己思考。"但是这几年金老师的眼睛不大好了，虽然仍坚持看书，但也会注意休息，劳逸结合，多看看窗外的风景，多到公园里走走。

除了思考，按时休息、作息规律也是必不可少的。金老师每天早上6点半起床，洗漱过后，听听收音机或者看看电视，他特别会关注新闻时事类的节目；午饭和晚饭一定要定时定量，切勿贪食或贪杯，而吃食犹以粗粮、蔬果为佳，当然，肉类也是不可少的，只是金老师不会多吃，更不会摄入过量脂肪；下午，金老师可能在客厅看看书，或者出门在不远处的公园散步，与三两好友话话家常；晚饭过后，是与亲人相聚的时光，金老师的儿女很孝顺，会时不时回来看看老人家，大家一起聊天、看电视，兴致盎然；晚上9点半或者10点，金老师上床安歇。人们都说一个强健的体魄、一颗聪明的头脑和一个美丽的灵魂共同构成了一个完满的人，金老师正是在努力实践着这样一个理想。

作为共和国高等教育事业发展、上海交通大学变迁历史的"见证者"，金忠谋教授在怀有大局眼光，"为民族和国家的理想而读书"的同时，也注重"小我"的进步和发展，因为一个追求完满的人，才能追求和建设一个完满的世界，而像金忠谋老师这样活出真我风采的人，值得我们学习和敬重！

（本文执笔人：王琛）

① 金忠谋教授

② 金忠谋教授和王耀发教授

中国外贸教育先行者

——访中国外贸教育先行者封福海教授

我们采访的众多老教授，大都经历过战争年代和战争过后社会尚未平稳的时期，他们对于自己的遭遇从未有任何怨言。正是这种心态，让他们把这生命的坎坷转化成宝贵的财富。他们是新中国历史的亲历者，更是见证者。曾任上海对外贸易学院校长的封福海老先生正是新中国经济建设发展的见证者。

封福海老师原籍广西，1936年出生于泰国，1953年12月回国定居。获"全国优秀归侨、侨眷知识分子"光荣称号，是国务院政府特殊津贴获得者，建立了联合发展教育基金。2016年11月7日，我们采访了封老师。年过耄耋的他，回忆起以前的经历时，仍然十分激动。

"我们这辈人经历了不同的时期，见证了国家的发展。我们有格外深刻的感受。"封老师的父母投入了当年"下南洋"的浪潮当中，到泰国定居。封老师出生在泰国，童年时光也在那里度过。在泰国的日子过得清苦、坎坷。日本侵略南洋，他们举家逃难，四处流离。日本人残酷至极，无数的华人华侨遭到了虐待和杀害。后来封老师一家逃到了原始森林里，才躲过一劫。日本人离开之后，他们又回到香蕉园里，开始了相对平静的生活。

1949年，新中国成立了。"这在我们海外华人华侨之中，尤其是青少年之中，引起了强烈的反响。"身处泰国，信息虽然闭塞，但是依靠大家的沟通和交流，他们对中国的情况有了更加深入的了解。于是，他们主动要求回国。在他17岁的时候，封老师正式回到祖国，可是归国的路途却分外坎坷。

因为在泰国出生，他的国籍为泰国。没有护照的他，只能和其他几个同学偷偷越过泰国边境，到达马来西亚槟城，在那里办手续坐船到新加坡，之后途经印尼，抵达我国香港。在过海关的时候，麻烦来了。"我们四个泰国学生没有护照，身上的证件只有小时候种牛痘的黄皮书。"中国海关把他们四个人分开，分别问询。海关工作人员问他们："你们什么证件都没有，为什么要回来？"而他们的回答令人感动："我们是中国人，我们热爱我们的祖国，我们要回来建设祖国。"海关发现他们四个人的回答都是一样的，于是给他们发放了归国华侨证明书。就这样，他们终于到达了广州。

在北京补习了半年基础知识后，封老师被分配到了朝阳中学就读。在朝阳中学的学习过程中，他正式加入了共青团。1962年，封老师又在北京外贸学院加入中国共产党。封老师回忆道："当时在北京读书的时候也很苦。每顿饭都是吃窝窝头，水煮白菜，吃的人都浮肿了。我家里知道之后寄了一点猪油给我。礼拜六我可以买点大米，放点猪油蒸一蒸，这就算是改善生活了。"相比生活条件，他在北京的学习还算是顺利。1959年，他考取了北京对外贸易学院。毕业后，他被分配到了外贸部工作。"当时我老爸在上海，所以我又调到了上海对外经贸大学。"

1966年，"文化大革命"开始了。国家外贸一度停摆。而像封老师这些有海外关系的人同样也受到了一些不公正的待遇。因为学的是英文外贸，所以有很多地方邀请封老师去做翻译工作。但知道他是一位华侨之后，就不再邀请了。像这样的影响持续了很久，甚至延续到了"文化大革命"结束后的若干年。1978年，封老师的女儿正在读小学，班主任推荐她报考上海外国语学校附中，但是学校的支部书记不同意。封老师知道后，就写信给市统战部。后来市里出面，才让他女儿通过一次补考的机会考取入学。这件事情还曾被《解放日报》报道过。在这样的环境中，封老师也曾感到困惑和迷茫，但他从没有抱怨过，始终对祖国的未来充满了希望。他说："我对祖国的热爱始终没有变过。"

1979年，封老师受国家委派，赴美国学习外贸业务。后来，他考取了美国纽约大学，开始了为期两年的工商管理和市场营销的学习。回国以后，他仍旧回到对外经贸大学从事教学工作。从系主任、校长助理、副校长到校长和兼任党委书记，再到1994年受外贸部委派到丹麦担任为期三年的商务参赞之职，封老师一路上兢兢业业，也收获了很多荣誉：1987年，他当选区人大代表，1988年当选全国人大代表。先后被评为外贸系统先进教师、全国优秀归侨知识分子等。

谈到国家经济的发展，封老师感慨万千："从个人角度来讲，我在国外有过备受歧视的生活，也受到过日本人的摧残和虐待。回国之后，看到百废待兴的祖国，一直到今天。我见证也参与了国家的经济建设，这种满足感是别人没有的。我曾经先后到过20多个国家，包括东南亚国家、欧洲国家、美国等，贫穷的、富裕的都去过。后来联合国派我去休斯顿学习了两年，在欧洲我也待了三年。不同层级的国家基本都跑遍了。纵观全球，我深切感受到我们国家的发展的确是不容易。不管任何时候我都会这么讲。没有党的核心领导，我们国家不会这样。"

在之前的很多次演讲和谈话中，封老师都曾这样说："我接受新事物可能没有你们快，但是我经历了很多，到了很多国家，也有很多比较，看到了很多变化。尽管这些年来，有些人让我出去，帮我办绿卡，我都说我不去。我既然回来了我就不出去了，我说我要回来的。80年代初，学工商管理、市场营销的人不多，很多外贸公司来挖我，我都不去。国家派我学习，我的任务就是要培养更多的外经贸人才。"

封老师的一生都与上海对外经贸大学紧密相连。在他对自己生命的回顾当中，几乎有一半是关于学校的。在一定层面上来看，上海对外经贸大学的发展也反映了我们国家经济发展的情况。

1958年，国家急需外贸人才，外贸部就委托学校招收了200多个学生进行培训。但这样的数量远远不能满足需求，于是1960年建立了上海对外经贸大学。1962年，因为经济困难，上海对外经贸大学并入上海外国语学院。1964年，经济情况好转，国家再次展现出对外贸人才的需求，于是上海对外经贸大学再一次复校。图书基本被送回，教师也回到学校。1966年，"文化大革命"开始了，封老师和原本在学院的老师一起在凤阳五七干校劳动，编制上又并到了上海外国语学院，连封老师他们最基础的教学设备都送光了。

1978年，国家重整经济，外贸人才的需求再次被提出，并再次想要恢复上海对外经贸大学。当时不但上海对外经贸大学复校，而且广州和天津都相继新办了贸易学院，但还是供不应求。这样反反复复折腾了几次，老师们大都不再回来了。他们的选择其实也不难理解。"我毕竟是北京外贸学院毕业的，又是外贸部出身，所以我回来了。我有责任去恢复这所学校。这样几次三番地撤销和复校，到了1972年，原来的基础彻底没有了，人财两空。所以这次复校非常困难。1978年就让我们招200多人，除了生源的问题，师资力量更是缺乏，我们东拼西凑地凑了几十个教师。后来外贸局也把老业务员送到外贸局教书，还是不能彻底解决问题。"当时外贸部要求上海外贸大学把华东六省一市所有的外贸部经理全部都培训一遍。除此之外，还有很多其他省市也都要派人前来学习。后来学校还搞起了培训班。那个时候的任务确实分外繁重。"

教师资源除了内部解决以外，封老师也得到了联合国方面的支持，ITC从1985年到1989年为学校免费培养了20多位青年教师。教师们被派到美国、荷兰、法国等地学习国际贸易。学校领导层面也有针对性的学习培训。当时封老师已经是副校长，被派遣到休斯顿大学观摩他们学校领导班子的运作。无论从教学还是从学校组织层面，上海对外经贸大学都取得了长足的进步。除此之外，图书资料也非常短缺。学校只能通过外贸部系统进行筹集。各单位赠送一些，自己再买一些，情况才慢慢缓解。

在教材上，之前以计划经济为纲领的文本都不再适用了，所以封老师同学校其他老师，以及北京、广州、天津三所外贸大学的老师一起准备编写新的教材。联合国对此也给予了非常大的帮助。联合国帮助我国邀请美国、加拿大、荷兰、英国和法国的教授一起在日内瓦开展教材的设计工作。为了编写教材，封老师两次到达日内瓦，回到上海后又再次启程曼谷。学校里分管教学的校领导也一同到英国、法国、比利时和荷兰参观当地学校的运营模式。通过这种方式，上海外贸大学才慢慢与国际接轨。

在学校运营的经费方面，也是相当窘困的。外贸部给上海外贸大学分配的经费有限，而当时学校不能收学费，学校的建设经费只能通过打报告提出申请，但经费的下拨需要时间，且比较有限。于是封老师他们通过各个外贸公司自己募捐，成立基金会。这些公司都是学院的校友承办的。所有在任和退下来的校长和书记们一起在上海、南京、杭州进行动员，大家一起募捐了500万，当时解决了相当多的问题，有的公司甚至一次性捐给学校4万美元。

一路坎坷，直到今天，上海对外经贸大学已经有了12 000名学生。想到这些，封老师感慨万千："从我们对外经贸大学曲折的成长，也能看出我们国家经济发展的轨迹。我们学生目前为止各方面都很受欢迎。我可以说是经历了我们对外经贸大学的起起伏伏。但是有一点我是永远不变的——哪里叫我我都不去。我相信我们党一定能够领导我们克服困难。我信念非常坚定。现在我们有些媒体，文艺宣传方面对自己的优秀文化有点不是那么自信。我们海外华人华侨为什么能够回来投资，回来抗日，原因就是对中华文化的认同。尽管我们出生在国外，但是父母和我们说，故乡在那里。我这一生走过来的确是遇到不少困难，但是能够看到国家发展到今天，也是最大的荣幸。从过去被别人看不起——泰国警察看你是华裔，说你是共党分子，动不动就打你，到现在我们外汇储备3万多亿，'财大气粗'。在美国好多人都问我，你是韩国人吧，日本人吧？我说不，我是中国人，我是上海来的。"

封老师最近接待了几个泰国的老同学，他们都说没想到祖国的发展变化那么大。1998年，封老师带女儿去泰国探亲，在曼谷买面包的时候，那里人问"你们上海有没有面包卖"，把他女儿气得直跺脚。现在的情况已经完全反过来了。现在泰国华人都觉得祖国完全变了，他们都说，毛泽东和邓小平真厉害。泰国的发展反倒停滞不前，政局动乱。

封老师退休之后，很多民办大学请他做校长，他都一概拒绝。但是中小学邀请他去做讲座，只要有时间，他就一定会去。他希望更多的年轻人能够了解中国发展过程中的坎坷和艰难。

在采访的最后，封老师感慨道："这一路走来，我深刻感觉到我们国家不容易。做个中国人非常骄傲。当然，我们现在人出去多了，小节不注意，造成负面影响。美国人也是很有钱，到处炫耀，人家当时也骂美国人。1949年到1978年这将近30年间，我们国家的生意人总共28万，一年不到1万。而去年一年我们就超过1亿1 000万。现在全世界都把中国人当成财神爷，但是我们现在还有不足的地方。像贪污腐败、贫富差距拉大，这个是我们要注意的。但是这个是发展过程中必然出现的问题。40年不到，发展这么快，暴露的问题也是很多的。但我们国家也不是一无是处。我们国家发展到今天，13亿人口，有哪个国家可以发展成这样子！"

正如封老师说的，我们要对中国的发展充满信心，要对中国的未来充满希望。封老师一生的经历也是新一代经济学者们的标杆，是新一代外贸人的标杆。祝愿封老师健康长寿，生活顺遂！

（本文执笔人：郑雯）

①

②

③

④

⑤

① 封福海教授

② 封福海教授参加第七届全国人大代表会议

③ 封福海教授任商务参赞时与丹麦方进行商务会谈

④ 封福海教授会见澳大利亚昆士兰大学来访教授

⑤ 退休后，封福海教授与夫人在马来西亚旅游

国家技巧队主教练的多彩人生

——访我国体育教育家洪源长教授

他以卓越的才干和特殊贡献享誉体坛，以默默耕耘的身影与赤子之心数十年奋战在第一线，这就是老一辈体育教育家——洪源长教授。洪教授是我国著名的国家级技巧教练员，曾任上海技巧队总教练、中国技巧协会副主席、上海技巧（蹦床）协会主席、上海体育运动技术学院五系（体操、技巧、艺术体操、武术）系主任。

已年逾古稀的洪老虽因腿伤行动不便，但精神矍铄，气色依旧很好，他声如洪钟，讲起技巧历史来如数家珍，头头是道。采访过程中，洪老向我们介绍了他与"技巧"的故事，谈及了他丰富多彩的晚年生活，同时也揭示了他的健康长寿秘诀所在。"人家说生命在于运动，而我是技巧赋予了我生命，从开始一直到结束。"洪老如是说。老一辈体育家对体育的赤城、对工作的执着深深打动了在座的每一个人。无疑，对技巧事业的孜孜以求与满腔热忱正是洪源长教授健康长寿的秘诀之一。

洪教授告诉我们，他是这样与技巧结下缘分的："我曾经是上海市第一批业余体操运动员，在单杠上做腾跃动作时，右手受伤，不得不结束运动员生涯，去基层做教练。"洪老成为第一届上海技巧队专业教练始于这样一个巧合，对他来说，技巧是一个从学到授的过程。"技巧其实是随着体操的发展而派生出来的，同时派生出来的还有艺术体操和健美操等。我虽然曾经是体操运动员，但却只能说是一个外行的技巧教练，所以必须认真揣摩、虚心学习，向京剧、杂技等其他艺术形式借鉴。"最初，作为一个技巧门外汉，洪老只能一边工作一边学习，很是辛苦。但谁都没有想到，他与"技巧"这一结缘就是近半个世纪。

谈到技巧时，洪教授不无感慨地说："技巧是一个小项目，走过了风风雨雨，经历了几起几落。我个人就见证了上海技巧队几十年的坎坷之路。1959年1月，为迎接第一届全运会，上海市技巧队补充了队员，在全运会比赛中，取得男子双人第五名。全运会后，调整队伍，配齐所有单项队员。1960年7月，在上海举行全国技巧运动锦标赛，共5个单项，上海获两项冠军、两项亚军，团体总分第三名。在三年自然灾害时，我们依旧坚持训练，坚持提高难度。此后，由于没有大型全国比赛，部分兄弟省市技巧队解散，但上海保存了队伍，并充实教练力量，保留了数名种子选手。至1968年，部分老队员组成技巧组，附属于体操队，恢复技巧训练。1970年初，技巧组脱离体操队，恢复技巧队编制，成为全国恢复最早的省市级技巧队，当时部分队员技术水平已达到自己的最佳状态。1973年，国际技巧联合会成立，并在当时的苏联举办了第一届世界技巧锦标赛。这以后，每逢双数年份就会举行一次世界技巧锦标赛。另一个大型世界性技巧比赛是技巧世界杯赛，每逢单数年份举行。为了与国际接轨，我们的技巧也发展为7个项目。这7个项目我都带领过，并且夺得了冠军。"说到这里，洪老的自豪之情溢于言表。

谈到技巧发展，洪老有些动情。他说："从1956年技巧比赛的诞生到2016年整整60年的时间里，我国技巧不断探索完善，可以说成为了技巧世界的强国。1994年和1999年，我们两次获得了国际冠军。但由于第八届全运会不设技巧，使得很多省市的技巧队解散。技巧不是全运会项目，也非奥运会项目，所以没有得到应有的重视。随着国内奥运口号的强化，非奥运项目投资减少，教练和运动员的积极性减弱，上海技巧队也随之解散。"他指出，奥运会与非奥运会的矛盾，国外的快速发展与国内停滞的矛盾，教练员与运动员的积极性不足等一度制约了我国技巧运动的发展。

面对这样的困境，作为第一代技巧人，洪源长知难而进，为技巧得到政府与大众的重视付出了近乎毕生的精力。他认为，为适应形势，技巧必须不断创新，不断完善，"要发挥优势，要用好'皇粮'，面向社会开拓市场"。洪教授说："我喜爱接受新事物，敢于尝试创新，为补充国家经费的不足，我设立了经营部。在我看来，体育不仅仅是体育本身，还是一种产业。当时外国人对武术有一种神秘感，于是我便抓住了这个时机，编排了十几个人的五分钟表演，联系了美国一家马戏团，并一个人前往华盛顿签约。通过这次营业性演出，我对体育产业有了新的尝试，同时也扩大了中国武术在国外的影响。相比武术，技巧的艺术性更强，当时技巧的表演很多。我在表演方面也进行了改革，使得技巧甚至可以给明星伴舞，到各地演出来补贴经费。"营业性演出多多少少改变了体育项目一贯的"吃皇粮"局面，同时也使得技巧、武术等体育形式被更多的人了解和喜爱。洪源长教授的创新精神可见一斑。

洪教授的野心远不止于此。他说："在1977到1979年，当时我们国家正在争取进入联合国，为了做好团结亚非拉的工作，国家鼓励用体育来渲染中国人的精神面貌。那么我就想，除了营业性演出，我们技巧队是不是也可以在各类庆典上参与演出，为政治服务。"为了提高技巧的观赏性，洪教练特地与舞蹈学校、歌舞团联系，并联手新设了一个集体项目。在洪教练等一批技巧人的努力下，技巧队成功获得多次外出表演的机会。他曾带领技巧队去南斯拉夫表演，参与庆祝反法西斯战争胜利的庆典等。他说，希望通过这样的演出使更多的人能意识到技巧存在的意义和社会价值。

上海技巧运动的国际交往始于1971年，张以鸿随国家队访问阿尔巴尼亚，以后又有6名教练和35名运动员入选国家队参加国际比赛和表演。1977年，洪源长与男子四人出访西非四国，男、女单人访问英国。1978年，张以鸿与女双出访非洲，冯传北与男子四人出访西亚。1979年，女双和混双出访了意大利、比利时、法国、罗马尼亚等国。以上海队名义单独出访共8次。1985年，随上海友好代表团出访南斯拉夫萨格勒布市，参加庆祝反法西斯胜利40周年庆典，进行4场表演。1986年春节，去香港表演。1987年，参加了在苏联举行的沃尔科夫国际邀请赛。1989年、1990年两次出访日本。1990年出访马来西亚。1991年、1994年两次出访德国汉堡。此外，1988年2月，国际技巧联合会聘请洪源长教练去英国为国际技联高级教练训练班讲授单跳运动员的训练专题。诸如此类的国际交往在很大程度上提高了中国技巧队的影响，也为其发展做出了很大的贡献。

"现在我老了，常常翻翻旧照片，回忆回忆。回想这几十年，我无怨无悔，是技巧给了我机遇和平台。"洪教授说，自从成为技巧队教练，他无时无刻不在思考技巧的未来，以及如何使技巧产业化，也常常在报纸上呼吁社会大众重视技巧。"好在技巧面向群众，同时参加世界比赛。我们技巧人深信总有一天技巧会进入奥运会。我们国家将承办第二十五届国际技巧锦标赛，这意味着国家对技巧的重视。"

40多年来，在担任教练领队、总教练期间，洪源长教授培养了一大批杰出的优秀教练员和运动员，他们曾在国内外重大比赛中获得150多枚金牌，其中10人次、4个项目获得世界冠军，培养了8个世界冠军，6个世界亚军。谈到这些成就，洪教授无比自豪和欣慰。此外，洪教授曾九次以中国技巧队领导和总教练身份率领代表团参加世界和洲际大赛。国际技联为表彰他为发展国际技巧运动所做的贡献，1983年、1998年先后两次为洪教授颁发奖章和奖状。1988年，洪教授受国际技联邀请，赴英国为国际技巧高级教练员学习班学员讲课。他于1989年获国家体委颁发的"体育运动最高荣誉奖"，1992年获"上海市白玉兰奖"，1994年获建国45周年上海籍"十杰教练员奖"，1996年在中国技巧运动40周年庆典会上获得"杰出贡献奖"。

尽管洪老已于1998年退休，但他依旧积极参与工作，在蹦床、拉拉队的发展方面做了不少工作。"2000年，我到东京去探亲，顺便请了大阪蹦床队到上海来进行中日友好赛。当时日本的蹦床在国际上处于前八的位置，值得我们学习。通过中日对抗赛，中国蹦床队见识到世界一流的蹦床水平，也收获了不少的经验。另外，我还在做拉拉队方面的工作，拉拉队和技巧其实有一定的相关性。技巧想要发展就必须进行改革，要争取更多的青少年来参加训练，而拉拉队的基本训练与技巧相似，从中我们就可以选择优秀人才输送给技巧队。我们和日本拉拉队之间的关系也很友好，经常互相切磋交流。"

如今洪教授已年逾古稀，但他坚持"退而不休、老有所乐"，积极乐观的心态是他长寿的另一个秘诀。从2003年开始，洪教授担任上海老年人体育协会老年体操技巧艺术体操委员会主任，直到近几年由于身体原因才停下来。任职八年期间，他发挥自己的余热，充分调动领导班子的积极性，齐心协力，把工作搞得有声有色。他的宗旨是：让老年朋友更精神、更充实、更愉悦、更潇洒地安度晚年。工作之余，他依旧出国访问，比赛，交流，接待外国代表团，同时积极策划、参与大型活动，如"技巧50周年"、"上海—大阪体操交流20周年"等。此外，虽然行走不便，他还是保持着探亲访友、旅游的习惯。丰富多彩的生活、积极乐观的心态使得老人的晚年充实而祥和。

此外，和谐温馨的家庭氛围也使老人安康和长寿。洪老的住房并不大，却显得别致而有韵味，墙上用毛笔书写的"源远流长"的匾额似乎就是洪老对体育事业贡献的写照。洪老说："这栋楼叫冠军楼，只有世界冠军的教练才能住进来，我是第一批。这么多年，别的教练都住到外面去了，只有我还留守在这里，这个房子也是对我工作的肯定。"说到这儿，这位朴素的老人露出了由衷的微笑。在两个多小时的采访中，洪老的夫人一直陪伴在身边，帮洪教授取资料和照片。洪教授的事业成就一定也离不开这位贤内助，如今他们已携手走过了金婚，真可谓是一对贤伉俪。

采访中，洪老的一言一行让我们感受到了老一辈体育家勇于开拓的创新精神与无私奉献的优良品质，同时也感受到了这位朴素的长者所拥有的赤子之心和乐观豁达的人生态度。这正是洪老年逾古稀却依旧身体健康、充满活力的原因吧！

（本文执笔人：徐悦）

① 洪源长教授

② 1995年，洪源长教授参加在波兰举办的第十二届技巧世锦赛

③ 洪源长教授在第八届技巧世界杯赛任中国队总教练

④ 洪源长教授在第五届技巧世界杯赛任中国队团长兼总教练，图为闭幕式上的交旗仪式

⑤ 洪源长教授的贡献载入《中国技巧运动史》

⑥ 洪源长教授接受采访

体育、教育和生活

——访华东理工大学胡志绥教授

胡志绥是华东理工大学的教授，已九十高寿的胡老，于2015年6月2日接受了我们的采访。

胡志绥出生于1925年，他的父亲精通金融，是一位民主实业家，在英国取得了硕士学位，曾担任过银行董事、中国国库局局长、交通银行总经理。也正因为这样，胡志绥自幼受家庭教育的影响，将诚信作为人生的准则。老先生跟我们讲，他一生最重视的就是诚信，不能欺骗别人，不能说谎。他的每一句话都铿锵有力，颤动人心。相信胡老的一生，必然活得坦坦荡荡，才能在晚年高寿之时，在面对采访镜头时，仍毫不犹豫地说："做人要诚信。"

谈起父亲，胡老非常骄傲，他说父亲是那个时代非常有名的人物，但在胡志绥10岁时，父亲却被日本人害死了，这对胡志绥之后的生活、学习产生的影响都是极大的，这也让他对日本人十分痛恨。父亲去世后，胡志绥在青少年时期也历经坎坷。抗战后期，18岁的他与兄长分别到重庆历练，直至抗战胜利。这一段时间内，与家人的通信、金钱来往全断，全靠一位亲戚接济才得以度日，也因此，胡先生对这一段艰难岁月印象深刻。但讲到这里，老先生又挥挥手不再说下去了，也许情到深处，无以言表吧。

1948年，胡志绥毕业于中央大学教育体育学院，其间两年就读于重庆，两年于南京。他是中央大学的最后一届毕业生，此后中央大学即改为南京大学。谈起这所承载着老先生梦想的大学，胡老十分投入。胡老就是从选择这所学校开始，真正地向他向往的体育事业一步一个脚印地进发了。那时，他考入中央大学体育系，他的家人极力反对，希望他从事银行事业，继承家族事业。面对家人已经为自己铺好的一条康庄大道，胡老并没有听从家人安排，而是执意学习体育。在采访中，胡老也提到，当时他得到了一位叔叔的支持和理解，给予他极大的鼓舞和信心。当胡老回忆起过去血气方刚的自己时，他明确地表达了自己对体育事业从始至终的热爱。他说，体育事业为他带去了身体、心灵上的双重快乐。

讲起体育来，胡老非常自信，对体育事业充满信心。他永远会把自己热情、阳光的一面展示给我们。在采访期间，胡老谦虚地说自己没用，非常谦虚与低调，但他的理念是非常新颖的，他提倡要快乐地运动，学生的兴趣与所学要结合。这样的理念应用于当代体育事业，推动了学生们对于体育运动的积极性，使学生们无论是否为体育专业，都能主动地参与到体育运动中去，提高了学生们的体育素质。所以说，他是平凡而伟大的。

采访一开始，胡老就说过，自己是个直肠子，心直口快，坚持诚信待人，而之后他又提到，自己坚持不参与政治。听到这里，我们还以为胡老是一位两耳不闻窗外事的隐士老人，但后来，当家人带着"埋怨"的语气说胡老常常和其他老教授讨论国家大事，有时也会争得面红耳赤时，我们想胡老并不是漠不关心外界的事物，只是年轻时的他已经遭遇过社会的复杂，而在晚年，胡老更能淡然地面对罢了。胡老心中一定有他所坚持的政见和立场，只是他坚持着，但不需要表达或者否定他人。

胡老对工作非常认真，关于体育事业，他坚持认为，体育老师不等于运动老师，体育老师的目标，是要让人们知道如何锻炼以及爱上锻炼，让学生找到适合自己的体育项目，而不是一味地推动学生运动。让学生们自主选择自己热爱的体育项目，只有有了兴趣，才能快乐学习、成功学习，这就是胡老对于体育教育的理解。而体育项目上的优势，既可以使学生们拓宽知识面，也可以让学生们更加热爱体育，主动地进行体育锻炼。

谈到关于献爱心的问题，胡老说："很多人为钱而送命。""钱要用在最需要的人身上。"老先生认为生活是要靠自己的，没有钱即没有纷争，钱要用到刀口上。胡老年轻时，家中有三个孩子需要抚养，但胡老仍旧会常常接济他人，因为他知道，这个世界上有很多的人比他的家庭更需要帮助。胡老是浙江宁波人，他对公益事业十分热心，加入了宁波老乡帮困基金会和学校组织的基金会，将自己的积蓄毫无保留地捐献给读不起书的孩子们和需要帮助的人们。

胡老说，他是没有钱留下的，因为每个月的工资他都会捐给基金会。他表示，他不会把钱留给下一代，以免有遗产纷争，毕竟当代这样的事发生得太多太多，当然他也相信他的孩子们不会为钱而变。我们也相信，胡老正直的为人每时每刻都感染着他身边的人，而离他最近的家人，也必定会继承先生的信念。

人应该知足，吃亏是福，是胡老奉行的处事之道之一。但老人开玩笑地说自己有时也会"多管闲事"，关心国家大事，关注国际形势，他说自己管不了，却一直不忘关注着。

已然九十高龄，胡老觉得自己一生无怨无悔，追求了自己最爱的体育事业并坚持了一生，他做了自己应该做的每一件事。尽管面对着时代变迁、家庭等外界因素的影响，胡老从未放弃自己的体育事业，也一直坚持着他所说的诚信。

在胡老的世界里，除了体育教育、公益事业，还有网球、桥牌。胡老十分热爱打网球，一直到2014年1月，他每天都坚持打网球，从未停止过。胡老2007年也曾因病入院做过手术，但由于过去良好体育素养打下的基础，当时80多岁的胡老，出院后40天就开始打球了。

胡老如今已九十高龄，在访谈中我们了解到先生的家人也都非常长寿，二姐、三姐都已九十多高龄，大姐夫享年百余岁，虽先天身体矮小，但知识渊博，让胡老非常钦佩。长寿的基因占8%，可见胡老一家这长寿基因必然是存在了，而后天经历对于长寿的影响占60%，其中心态又占绝大多数。在采访过程中，我们也强烈地感受到胡老的家人对他非常孝顺，他的晚年过得美好而自得，这对他的长寿也有着不可或缺的影响。

同时，生活规律、生活习惯对一个人的健康和寿命的影响，自然是不言而喻的了。胡老的儿子向我们详述了胡老一天的作息：早起晨练必不可少，并要求晨练的习惯要一代传一代；晚上9点前就寝，早晨7点前起床，不准睡懒觉，早睡早起，睡眠充足；中午从家走去教工食堂吃饭，这既是为锻炼身体，也是为了让已经退休的胡老能更多地接触社会；午睡一至一个半小时，之后胡老起来练字；4点左右，胡老会去小区花园和其他老教授一同聊天，关心国事，共同交流，这对于老先生来说也是一种调节心态的方式。老先生坚持一周六天打网球，一天桥牌，每天风雨无阻。这样的生活规律，大概能让当代一些整天不出门，趴在电脑前吃泡面，作息紊乱的年轻人感到十分讶异吧。另外，在采访胡老期间，我们并没有看到他的妻子，后来从胡老的儿子那里了解到，胡老的妻子于2012年8月第三次中风，半身不遂，现于养老院休养。而在此之前，胡老都是自己亲自照顾妻子，每天推着轮椅，与妻子一同锻炼。相濡以沫，和妻子一同晨练，相守一生，让人羡慕不已。

饮食上，胡老并不挑食，一般都吃学校教工食堂，并不讲究，唯独不吃海鲜、生食，不吃偏咸的食物，但特爱吃瘦肉。兴趣爱好上，除了体育，胡老特爱旅游，看遍了大江南北的风景，广阔的天地使胡老的心更加宽阔。这一份旅行的快乐，必定也使胡老获益良多。

　　谈到胡老的长寿秘诀，总的来说，除了以上提到的家庭和睦、作息规律、不挑食、户外运动丰富，胡老和家人都认为，这份体育事业改变了他的一生，不仅让他心灵上有了一生的寄托和追逐，也在身体上切实有效地使他在之后几十年的生活中获益匪浅。

　　在心灵上，胡老坚持的体育事业在祖国正不断地前进发展着，胡老的理念渐渐地传授给了下一代人，受到了大家的认可，昔日梦想正一步步实现，相信胡老的内心是喜悦而满足的，同时他也更能感受到自己的责任感，也正是这一份喜悦、满足和责任感，才让胡老保持积极向上的心态。每天活在自得和快乐中，能不健康长寿吗？

　　在身体上，胡老在大学体检时曾检查出心脏功能并不是非常好。自那时起，体育就渐渐为他建起了一道高高的墙，将疾病拦在外面。直至今天，胡老的心脏功能十分良好，他骄傲地说，这要归功于体育啊！

　　今天90岁的胡老，无论心态还是体魄，大概都要强于当代很多生活不规律的年轻人吧。

　　在胡老身上，无论是心态还是身体素质，无论是事业追求还是生活习惯，都有太多太多闪光点，太多太多值得我们学习借鉴的细节。也许就是这一点一滴汇成的汪洋大海，才滋养着这个发光发亮的生命，让他在九十高龄时仍熠熠生辉。我们也衷心希望，这些闪光点能陪伴胡老，走得更长更远。

（本文执笔人：崔勇勇）

① 胡志绥教授

② 胡志绥教授接受采访

生命不息　思考不止

——访复旦大学哲学系胡景钟教授

胡景钟教授，1926年出生，1950年毕业于上海沪江大学政治系，后在沪江大学、华东行政委员会高等教育局工作。1954年至1956年在中国人民大学哲学研究班进修，获硕士学位。1956起在复旦大学任教，历任复旦大学哲学系教授、逻辑学教研室主任、宗教学研究室主任、复旦大学教务处副处长等职。

2014年，我们采访组在王耀发教授的率领下拜访了胡教授。初见胡教授，丝毫没有看出来他已是年近九十的老先生。胡老很热情地接待了我们。我们先表达了来访的初衷，之后胡老便从自己的人生经历讲起，又和我们聊了一些养生之道。一个半小时的访问中，胡老在讲述时思路清晰，逻辑清楚，真不愧为哲学、逻辑学的大师。

胡老一辈子研究的是宗教哲学，对于为什么在教会大学读书、为什么研究宗教学，胡老说是受到家庭环境和社会大环境的影响。胡老的父母是清末民初最早的一批留学生，思想和视野都深受国外影响，比较开明、民主，因为教会大学的西方文化教育比较好，他们非常赞成胡老去教会大学读书。胡老在岭南大学（现中山大学）求学时，深受母亲的影响，修读的专业是社会学。后来抗战胜利了，但随后又是解放战争，胡老说他们那一代的年轻人尤其是大学生受各种政治运动、政治事件的影响特别大，每天都在思考中国该往何处去，所以，他索性转专业到了政治系。在岭南大学里，胡老一边读书，一边参加学生运动，他深感革命圣地在北方，所以选择了北上；之后听闻很多人到了上海，他又到了上海沪江大学政治系。虽然当时社会并不安定，但是他说他在岭南大学和沪江大学读书时受到的影响很大，学校教育他们要教育英才、服务社会，要正义，要勇敢，包括当时学校的教学方式都对胡老影响很大。

1950年，胡老从上海沪江大学政治系毕业。后来全国高校院系调整，他被分配到华东行政委员会高等教育局，工作了两年后，又被选送到中国人民大学理论干部班，1956年到复旦大学哲学系任教，先后教授马列主义哲学和逻辑学。为什么又转而教授宗教课程呢？胡老回忆说，当时宗教课的开设也是经历了一段波折：1964年，毛泽东主席经过上海，找他的老朋友、老同学历史学家周谷城、文学家刘大杰等人去锦江小礼堂聊天。毛主席问起复旦有没有开佛教、基督教、伊斯兰教三大宗教的课程，把他们吓了一跳，因为共产党员是无神论者，学校搞马列主义，怎么能开设宗教课？他们说没有，毛主席说，你们复旦应该开设三大宗教课。当时上海市委第一书记陈丕显也在座，回去以后就跟复旦党委书记说，复旦哲学系要开设三大宗教课，党委书记便找到了哲学系主任胡曲园，胡老说，那个时候自己已经是副系主任了。"所以我们开课其实是毛泽东主席叫我们开的，不然我们自己是不敢开的。"

　　1965年，复旦开始开设三大宗教课，胡老很积极，因为他对这个最感兴趣，毕竟是从教会学校出来的。胡老说，当时他去请教师来上课。一年之后，"文革"开始了，"四人帮"要批判，说你们开宗教课宣传"唯心论"！课程即刻被禁止。"文革"后期，根据有关指示，三大宗课程重新恢复。哲学系请原上海圣约翰大学徐怀启教授讲授基督教课，请严北溟先生讲授佛教，请上海伊斯兰教协会会长伍特功讲授伊斯兰教。

　　改革开放后，胡老在做哲学系主任的时候，邀请了美国、英国、加拿大等国的教授来讲学。那时候，谢希德校长很支持胡老邀请外国教授来校讲课。在与国外教授谈话当中，胡老了解到，西方国家主要靠三种思想来支撑社会：第一就是爱国思想。外国人的国家观念很重，你在饭店都能看到国旗，加拿大的是枫叶旗，美国的是星条旗等。第二，他们的道德规范也很严格。胡老认为，他们的道德就是宗教。比如美国总统就职时，就把圣经摆在手边宣誓。法庭里也有圣经，你一定不能撒谎。胡老认为：宗教就是披着神秘外衣的道德说教。宗教都是教人做好事，不做坏事，世界三大宗教都是如此，宗教对他们国家的稳定很重要。第三就是法律。他们很讲法律，有什么事情都说你先找我律师谈。后来，胡老概括了"三师"：教师（爱国主义）、牧师（伦理道德）、律师（法律）。当时也有人质疑共产党是反对宗教的，胡老会跟他们分析，社会主义时期宗教依然存在，看待宗教问题，既不能"左"，也不能"右"；并谈到社会主义国家不能禁止宗教，宗教在一定群体里有它的作用，比如基督教到中国，教义的某方面也改变了，对我们社会主义有利，对中国的建设也有利，所以这也是胡老选择宗教哲学作为研究方向的原因。

胡老曾担任哲学系系主任，他非常重视学生素质的培养。他说，在复旦任教以来，自己一直思考的就是大学培养什么样的人、如何培养人、谁来培养的问题。首先，培养什么样的人是大学的办学目标，看似简单，却相当复杂。胡老说，20世纪50年代，我国办学一切照搬苏联模式，所以当时哲学系制定的培养方案完全照搬苏联莫斯科大学的。当时新生入学的欢迎辞都是"欢迎未来的哲学家"，同学们都很高兴。但到了1957年，反右斗争批判资产阶级思想，讲你们怎么能培养"家"？"家"就是骑在人民头上的老爷，怎么好提"家"呢？到了1959年，大跃进时又"左"得不得了，要培养共产主义觉悟的普通劳动者。不光"家"不能讲，"劳动者"还是"普通劳动者"，要有"共产主义觉悟"。于是套到哲学系的培养目标，写的就是"培养有社会主义觉悟的、有文化的理论宣传干部"。胡老担任了系主任后，一直在想要培养什么人：一定要坚持德、智、体、美全面发展；要注重培养学生的创造性，这对国家的发展非常重要；同时结合学校特点，培养有特色的大学生。当时，他倡导复旦大学哲学系结合上海是开放城市的特点，重点研究西方哲学，将西方哲学作为特色。这些探索为复旦大学哲学系后来的发展奠定了重要基础。

胡老说，教学目标确立之后，重要的环节就是如何培养人。他认为首先要打基础，哲学系的课程概括起来就是三类：论、史、工具。论就是理论；史就是中哲史、外哲史；工具就是外语、逻辑学。还有就是文选，强调原著作。哲学要学好，这四个方面是基础，一定要学好。其次就是提倡启发性的教学，要启发学生的思维，学生既要学也要问。再次，培养学生应该有第二课堂，文科的第二课堂就是社会实践。这几点对于复旦大学哲学系学生的发展起到了重要作用。

教学计划确定后，要有教师去执行，教师是重要因素。胡老重视教师的师德，要求教师以身作则，身教重于言教，老师要为学生做出榜样。教书育人，首先是要育人，这样学生才能成才。此外，培养人还要靠教材。当时，哲学系很注重教材的编写，编写教材要先读文选，胡老当时组织了20多人翻译从古希腊时代到现代西方神职人员编写的资料，最后编著并出版了《西方宗教哲学文选》。

胡老在复旦大学任教30多年以来，一直是"双肩挑"，一边搞行政工作，一边搞专业教学，虽然工作繁忙，但是胡老却乐在其中，他认为学校就是一个真正育人的地方。在我们对胡老采访的整个过程中，几乎都是胡老在讲述，他思维敏捷，精神矍铄，记忆力非常好，对多年前的往事，仍历历在目，谈笑间信手拈来，且细节一清二楚，让我们惊叹不已。如今，胡教授已经90岁高龄，依然笔耕不辍，虽已退休在家，但是作为复旦大学老干部工作处的一员，他还常常结合当下的社会问题、社会风潮等进行思考，我们还时常在复旦大学新闻文化网上看到胡老的文章。当我们问起，为什么退休这么多年，他的身体依然如此健朗、头脑清楚时，胡老说，人虽然退休了，但是思考却从没有停止，这大概就是哲学人的智慧。对于如何保持一个健康的身体，胡老说，其实很简单，一是有个良好的生物钟，早睡早起；二是注意饮食，不挑食，什么都吃，什么都不能多吃；三是要多运动，一天至少运动三十分钟，同时要保持心情愉悦，做到这些，就可以像他一样。

听胡老回忆复旦往事，回忆他的青年时代和过往，让我们感受到老一辈人对于历史的记忆与感受，他们这一代人是具有真正的中国梦的人，他们把国家富强当作自己的理想，把学科建设当作自己的目标，把民族的整体崛起看作个人幸福的基础。采访中，我们深深感受到了老一辈的情怀和胸怀，让我们衷心地祝愿胡老先生和夫人身体健康，心情愉快！

（本文执笔人：褚娇娇）

① 胡景钟教授

② 王耀发教授和胡景钟教授

老有所学　老有所乐

——访诗画才女施亚西先生

2013年的一天，我们采访组一行六人采访了施亚西老师，施老师满脸微笑地接待了我们。这位92岁的长者，看上去仿佛只有80来岁，神采熠熠，和蔼可亲。在与她交谈之后，你才会发现，这位长寿老人并没有因岁月沧桑而被抹去棱角，相反，却因经历了人生的风霜雪雨而散发出一种独特的清健气质。听她讲述了国家历史以及言传身教的生活作息理念和方式，则更令人顿生敬意。

施亚西老师生于1923年，浙江萧山人。她的父亲是一名中学老师，家里连她共有八个兄弟姐妹。此外，因两位叔叔早逝，三个堂兄弟也皆由她父亲抚养长大。"因为家中孩子多，所以父亲的生活担子很重，他也很重视对我们的教育。"施老师回忆说，"父亲常跟我们说：'我没有恒产，现在我要你们读书，将来你们自力更生，自己靠自己。'又说：'读书是为了明事理、长才能。社会是个我为人人、人人为我的大群体，你活在世上，不耕而食，不织而衣，总不能光靠人家养你，你受到社会十分惠顾，至少要回报十一二分，这样社会才能发展进步。'所以我从少年懂事起，就有这样的想法：好好读书，将来能自食其力，帮助弟妹以减轻父母负担，做个对社会有用的人。想得很简单。"

高中毕业后，施老师考入了浙江大学师范学院。在夏承焘、徐震堮等名师的教导下，不但学业猛进，思想境界也大为开阔。她深情地回忆着当年的情况："老师说：'你们将来是要去做教师的。教师的职责不仅是传授知识，而且在社会文化发展的长河中，要负起承上启下的作用。'这使我进一步懂得了个人与社会的关系。因此在20岁生日时，我写给自己的一首小诗中有这样几句：'小我与大我，如油与灯光。油燃无止尽，光明乃久长。'这个理念一直影响着我的人生。"她又不好意思地说："其实，那时候对所谓'社会'、'前途'，我脑子里依然是朦胧的。"

大学毕业后，施老师教了几年中学。1949年秋，她被调到浙江干部学校（华东人民革命大学前身）学习，在那里她学习了《社会发展史》、《辩证唯物主义》、《中国革命与中国共产党》和《新民主主义论》等文献，不觉眼前一亮，才清楚了中国近现代历史，中国是怎么过来的，世界是怎么发展的，中国将来要建成一个怎样的国家，自己能为这个国家做点什么——一个一直支撑着自己前途的理念，一下子由朦胧变得清晰起来。从此她将自己的命运与祖国的命运联系了起来。

1953年，施老师来到华东师范大学中文系任教。当年在大学里，施老师主攻古典文学，她的导师也特别希望她在古典文学方面有所发展。然而来到华东师大后，她教了两年古典文学课程，系里成立了写作教研组，要她开设这门新课程。写作课主要是教学生写现代散文、通讯特写、报告文学、小说、诗歌等，而且每学期还要带学生下厂、下乡劳动，把参加生产劳动和社会主义建设情况报道出来。"我从先秦两汉的文学研究转变到当代文学，跨度确实很大，但是这个课很有意义，是直接与社会建设挂钩的，我当时就努力使自己的教学与社会需要结合起来，边学边教，所以即便有困难，我也竭尽全力克服。"说到这儿，施老师也激动了起来。1980年后，当施老师离开教学岗位，到华东师范大学出版社工作时，同样的困难又摆在了她面前。"刚到出版社时，发现其实自己知道得真的太少，因为在系里任教不过一门课、两门课，知识范围相对较少，而编辑工作接触的工作面很广，要求也很高，古今中外、文史哲各方面的稿子都要审阅，不过当时教育界急需大量教材和学术著作，工作虽艰苦，也就答应了。当时我也是一边学一边干。"就这样，施老师在现实情况对她的要求和自身的努力之下，出色地完成了出版社交给她的任务，直到1991年退休。回想起那一段日子的辛苦，她笑笑说："几十年的教学工作，人家成了专家，我却成为了一个名副其实的杂家。不过那个时候并不计较，没有什么遗憾。接手这项工作就要把它做好，就是这样一种纯粹的想法。"施亚西老师就是这样把自己的命运融汇在祖国的发展中。

当我们把话题开门见山地转向长寿秘诀时，施亚西老师似乎怔了一下，然后不无幽默地说道："我也不知道自己怎么会活到现在，也没有想过还要活多少年，我就是觉得应该把每一天都活好。"如果说施老师有什么人生格言的话，那一定是"活在当下"。

2013年正好是施老师来到华东师大的第60年，60年里风风雨雨都经历过。曾是自己人生导师的父亲被划成右派；革命年代，她也有过被批判的经历。"在'文革'中，我认为一方面要相信党，另一方面还是要事实求是。在大风大浪当中做人要正直，心里不要有什么私心杂念，同时也要把一切都看开，这样才能坦然处之，正确对待。"施老师表示自己就是凭着良好的心态和对生活的信念从人生的阴暗期走出来的，这也是"生活为当下"所应具备的第一个"技能"。其次，要在当下生活得充实和精彩，自身一定得有一种兴趣爱好。"退休前我努力工作，希望给国家文化建设添砖加瓦，退休后我才重拾起自己从小就喜欢的诗和画，晚年我要多给自己留点时间，用诗画来娱乐生活。"施老师认为用文艺活动来充实生活，是身心健康的有力保障，她建议老人们都要重新做自己感兴趣的事情，乃至实现自己年轻时的梦想。尽管已经离开了工作，退休后的施老师仍然心系国家："生在这片土地之上，便对这土地上的国家有种特殊的感情。"故作诗和绘画对于施老师而言，不仅仅是陶冶性情的方式，更是为了抒发自己对大自然和祖国、民族的感情。她的诗画一般都以表达对祖国大好河山的热爱为主题，其中有一幅画叫《黄河在欢笑》，施老师介绍说以前的诗画都重在表现"黄河在咆哮"的势态，她觉得现在人民生活水平提高了，国泰民安，现在的黄河应该在欢笑了。还有一幅今年创作的新画，叫《鸟巢孵出和平鸽》，画中北京的"鸟巢"国家体育场孵出了很多和平鸽，象征着中华民族爱好和平的美好心愿。"画画写字的时候，心声走到画里去了，杂念就都没有了，很开心。"施老师如是说。

施老师对身体健康也十分在意。"我以前身体不太好，2002年因胃癌开刀，胃和胆都被拿掉了，到现在反而是身体好了。"她打趣地说道，虽然曾与病魔展开激烈的抗争，但她仍保持着良好的心态和开朗的性格，一直持续到现在。施老师表示自己并不信任广告宣传的各种保健品，她认为最要紧的是要有平静的心态和有规律的生活习惯。她夏天早上6点左右起床，冬天7点左右起床，晚上均9点多上床睡觉，中午一定要午休；用餐尽量清淡，常饮菊花茶；生活中的事，自己能做的尽量自己做，有时在阳台上做做操。这便是施老师的作息规划和生活习惯，她认为在追求平静生活的同时，也不要忘了追求智慧、心系社会。多动脑筋也很重要："人生有两宝，双手与大脑。不用成废品，愈用价愈高。"她相信这是真理，故虽年过九十，而脑力尚健。就在去年，她完成了一篇10 000多字的评论文章，今年又写出了一本15 000字的小册子《文化前辈杜亚泉》。施老师说她也不是没有忧伤的时候，当读报和看电视新闻时，看到社会风气败坏、贪污腐败、青少年犯罪、国家领土争端等问题，心里很难受。"我是从帝国主义侵略、抗日战争经历过来的，有不少事情是无法忘怀的。现在年纪老了，看到国家有困难而自己又无能为力，心里真不好受。不过有了党的正确领导，光明积极的一面总是主流。个人的力量是渺小的，焦急也没用。"接着，她好像自我安慰般地说："我想一个人在社会上，只要根据自己的能力，给自己规划人生的坐标，然后尽最大努力去做，完成好自己份内的事情，这也是为国家尽了份心意。"施老师激动地面对镜头说出自己的心声。施老师有时也参与诗词研讨和书画展等社交活动，在交流作品的同时也能与其他老前辈们分享退休生活的乐趣。

施老师说："真没想到这辈子还有这样幸福的晚年。我从记事起到来华东师大，30年间，为了逃难、谋生——幼年时随父亲谋生，后来是自己谋生——搬了30多次家。1953年来师大后，一住就是60多年。此生大概就要终老于此了。记得上世纪50年代，那时户口不好随便迁移，中文系施蛰存教授讲笑话说：'人本来是动物，现在变植物了。'我想我现在真是丽娃河边一棵树了。不过这棵树，根连着祖国大地，枝叶在大自然的怀抱里沐浴着雨露阳光，它感到大自然给予它无限生机。"施老师说着，脸上露出幸福的微笑。

我们终于明白了，为什么施老师虽已到耄耋之年，而仍然具有青春活力，原来是因为她能忘我，把自己的生命融入祖国，融入大自然。

（本文执笔人：王琛）

① 施亚西先生

② 施亚西先生的作品

③④ 施亚西先生在作画

⑤ 施亚西先生与老伴在杭州西湖畔

教书育人　桃李满天下

—— 访我国著名化学纤维专家顾利霞教授

2015年11月的一天，在东华大学的一间普通教室里，我们采访了年近八十的顾教授。顾教授气色甚好，腿脚灵便，一见到我们就露出了和蔼亲切的笑容，显得温婉大方。外人不会想到这位慈祥的老太太长期从事化学纤维研究，并曾屡屡获得中国发明专利、国家科学技术发明奖和上海市科学技术发明奖。

顾利霞教授出生于1936年，上海人。适逢抗日战争，为躲避日本侵略者，她辗转来到苏州外婆家，并成长于此，直至战事平息后才回到上海继续读书。1956年，她从上海市虹口中学毕业，考入华东纺织工学院（现东华大学），并开始了长达几十年的化纤研究之路。她曾任第一、二届"纤维材料改性"国家重点实验室学术委员会主任，第四届国务院学位材料学科评审组成员，纺织院校化学纤维专业教学委员会主任委员，东华大学"十五"、"211"工程、"纤维材料科学与工程"建设项目学术带头人，"材料学"国家重点学科带头人，中国纺织工程学会第六届化纤专业委员会顾问等。

顾教授是化学纤维界的领军人物，她研制开发的8类分散性染料常压易染功能化纤维，解决了聚酯纤维与天然纤维混纺染色时损伤天然纤维的难题；她研制生产的"分散性染料易染共聚酯"填补了国内空白，质量达国际先进水平。然而，这一切的成就竟源于这样一个单纯美好的少女梦想："我上高中的时候，有一部电影叫《曙光照耀着莫斯科》，讲的是苏联的纺织工如何发展纺织工作。这部电影对我的影响很大，我也想如电影里一样把中国妇女打扮得更漂亮。所以高考填报志愿，我的第一志愿就是华东纺织工学院，希望能进染整、印染、印花等专业。"

顾教授说，大学初期，她的学习成绩平平，后来通过自己的努力，竟成为班上唯一一个直升研究生的人。谈起自己的成长经历，顾教授表示是良师开启了她一生的化纤之路："我是钱宝钧先生的第二个研究生，钱先生的言传身教，他的教学思想对我的影响很大。"在研究生时期，虽然学校条件不好，研究工作很艰苦，但顾教授还是常常在实验室工作到凌晨两点。她说，是钱先生培养了她自己动手、自己设计的能力。"钱先生指导了我一生的研究方法，要一步一步慢慢来，理论与实践结合，工程与国家的需要结合，国家需要的，就要去做。"在钱先生"爱祖国、爱人民、爱科学、爱劳动、爱社会主义"的五爱精神感召下，顾教授扎根东华大学，立志为将我国传统的纺织产业带入世界先进行列做贡献。而这献身的背后还与她的一段人生经历有关。顾教授的父亲原是一名企业家，然而在新中国成立前不幸得病，公司随之倒闭。当时顾教授正处于即将进入高中的阶段，由于初中直升高中，她才选择了继续读书。幸而在高中、大学时期，她都得到了国家助学金，才能顺利完成学业。顾教授一直保有这样一个很单纯的想法："拿了国家助学金就要好好读书、工作，我有今天的成就都是靠国家的培养。"

谈起自己的恩师，顾教授的眼中流露出了崇敬之情："我记得那个时候钱先生很忙，他还担任了人大代表，他特意将我的硕士论文带到了大会现场，趁空闲的时候帮我一字一句地修改。他还说，写论文就是要让人家看得懂，字句要经过斟酌。"无疑，老前辈的一言一行都在潜移默化中感染着顾利霞教授，使她逐渐成为一名优秀的学者和敬业的教师。

毕业留校后，顾利霞教授同样也经历了那些动乱的年代，她说："我们这代人，下乡、'四清'、'文革'都经历过，但最后我们都是无怨无悔继续工作。对这些历史问题，我过后不思量。"真正致力于科研工作是在'文革'之后，这二三十年的科研工作奠定了顾利霞教授在化学纤维界的地位。她先后主持完成了国家科技攻关，国家自然科学基金，国家技术创新重点、部市级重点和国内外合作项目26项；授权中国发明专利3项，申请发明专利5项，著作3本；在国内外期刊和会议上发表论文160余篇，SCI收录17篇，EI收录20篇。其中"差别化纤维面料技术开发"项目获得国家科技进步二等奖、上海市一等奖的殊荣，同时还获得日本的发明专利，得到了国际上的认可。

而面对这么多的成就与荣誉，顾利霞教授却说："研究后的成果不能只放在那里，还要让工厂受益。企业发展了，更多人就业，这才是我们做出的成绩。至于给我们多少科研补贴，我觉得这个只是额外的收入。我在乡下住了很多年，对那些穷人家的生活感同身受，我觉得人不能光赚钱，也要想到他们的生活。"顾教授作为化纤方面的专家，常常亲自到工厂进行技术指导，推进纺织产品进步对她来说是一件乐事。1986年，与顾利霞教授合作的绍兴一家纺织厂只有60台布机，300个工人，常年生产每吨只能赚五六百元的常规产品，在顾利霞团队帮助下，通过走差别化生产道路，研发生产高收缩涤纶改性产品，每吨获利超过1 000元，一步步发展成为绍兴数一数二的化纤纺织大企业，该项目也获1998年度上海市科技进步一等奖。当年的上海第十化纤厂，也通过与顾利霞团队合作研发功能纤维新产品，转型成为上海著名纺织企业德福纶，项目获2002年上海市科技进步一等奖、2004年度国家科技进步二等奖。2014年度国家技术发明二等奖获奖项目"新型共聚酯MCDP连续聚合、纺丝及染整技术"，建立了覆盖从聚合、纺丝、织造、印染到服装的产业链，2013年新增产值超过16亿元，创汇900多万美元。

回忆这些年的下厂指导，她说："这两年夏天温度特别高，我们几个老师还是要顶着40℃的高温到绍兴去。在工厂技术上，差一点就不行，稍微有点疏忽就会给厂里造成损失。所以就需要我亲自到厂里把关，年轻教师经验还不足，不够仔细，往往就会出错。"

退休之后，顾利霞教授依旧奋战在科研第一线，认真钻研，积极实践。"能得到国家奖的项目，一般都需要研究十年。"顾教授笑着说。2004年，她领衔的项目"功能化系列共聚酯和纤维的研究开发"获国家科技进步二等奖。但是，已69岁的她显然并不满足于此，她又给自己出了一道难题：美国、日本的相关技术要么不利环保，要么色牢度不够，而自己的获奖项目也还存在结构不太均匀、成本较高等问题。如何解决这些问题，使改性涤纶纤维既具有柔软的手感、常压易染性和高色牢度，又具有良好抗起毛起球性呢？这一探索便又是十年。

顾利霞的博士生，现在已经是上海霍尼威尔公司高级工程师的陈斌，至今都谨记顾老师的要求："要多一双眼睛，深入地看到问题所在。"在研究过程中，顾教授一定要把每个异常数据的前因后果弄得清清楚楚才罢休。教室、实验室、工厂，枯燥又艰苦的三点一线的生活，是顾教授学术生涯的常态。她一直说，进了实验室，进了工厂，亲眼看到学生做实验和生产线运转的全过程，才能发现问题。正是有了这种钻研精神，项目组经过大量比较试验，终于精选了合适的四单、三单和催化剂，研究出了合适的聚合工艺，发明了结构均匀、可纺性好、常压易染的新型共聚酯MCDP。严谨的治学态度，逐步放大实验的经验，企业领导和技术人员的高度重视和合作，使得项目第一次试制就实现了大容量连续稳定生产，解决了三单、四单浓度局部涨落、分散不匀等工程难题，为国家节约了大量资金。

这款被命名为派司特（BASTER）品牌的新一代功能涤纶纤维，既具有羊绒、蚕丝纤维柔软的手感，又因为结构均匀、分子量小而具有良好的纺丝性能，布料色牢度高，挺括度好，不会起毛起球；同时制备过程各工序温度都比普通涤纶低15℃—30℃，不需要碱液处埋，节能减排效果居国际领先地位。项目已经授权中国发明专利10项，申请国际发明专利3项，具有完全自主知识产权，总体技术达到国际先进水平。

值得一提的是，虽然顾利霞教授在化纤研究上有卓著的功绩，在纤维材料改性和功能纤维的理论与应用方面有很高的造诣，但在采访中，她最津津乐道的还是她的教育事业。

"作为老师，最重要的还是教书育人。我继承了老一辈教授对教学事业的认真态度，吸收了他们的讲课方式。以前钱先生给我们讲的一个小故事使我对化学纤维产生了兴趣，使'叫我做'变成了'我想做'、'我喜欢做'。所以，教书育人，要从兴趣开始，而兴趣需要由老师来激发。"顾教授对教育事业很有感情，她说在每次备课时都会收集很多资料，并设计不少和学生互动的环节，努力激发学生的学习兴趣。她说："钱先生从不会因为我是女生就降低要求。"所以，在教学过程中，顾利霞教授也用同样严格的标准要求她的学生们。学生的毕业论文她从来都是一个字一个字地修改，甚至引用的文献也要逐条查看，抄袭行为是绝对禁止的，更不允许实验数据造假。"硕士、博士阶段是年轻人成型最关键的时候，不是完成一篇学位论文就结束了，很多细节的要求可能会影响他们一辈子。"谈起自己的高徒，顾教授眼中流露出了骄傲之情："我一共培养了30个博士生，35个硕士生。我常常推荐他们到国外去，只要学生的生活改善了，我就很高兴！"如今，她门下弟子很多已成为材料、纺织领域的教授、总工程师，甚至开始挑大梁，带领团队摘获国家科技进步奖的殊荣，成为中国材料、纺织产业转型发展的中坚力量。

除了对学生进行学业上的指导，顾利霞教授还谈到自己常常需要帮助家庭困难的学生，帮助学生发展就业，解决学生之间的矛盾，甚至学生们有了恋爱纠纷也会第一时间来找他们的老师解决。"不仅要教他们知识，还应该教他们做人"这是顾教授一生奉行的教育准则。采访中，顾教授还提到今年学生们特意为她策划了80岁生日宴会。"我们一共开了四桌，来了很多学生，还有特地从国外回来的。一开始我觉得用不到，太麻烦了，不过后来想想让他们师兄师弟之间互相交流交流也是好的。我的孩子一家现在定居在德国，学生们就和我说，师哥在国外，有什么事可以来找我们。"说到这里，顾教授的眼中流露出了欣慰之情，我们也被这浓浓的师生情所打动。笔者想，用"教书育人，桃李满天下"这句话来形容顾教授再贴切不过。

温文尔雅、善解人意是顾利霞教授给我们留下的印象。作为化学纤维界的领军人物，她不忘师恩，继承并发扬了老前辈们的敬业精神；作为一名教师，她给了学生慈母一般的关爱。正如采访最后王耀发教授所说的那样："顾教授不仅科研成就高，教书也非常优秀，她像做父母一样爱护学生，而且很有智慧地解决了学生各种各样的问题。"也许，正是这样的赤子之心与宽厚仁爱使得这位善良的老人长寿且安康。

（本文执笔人：徐悦）

①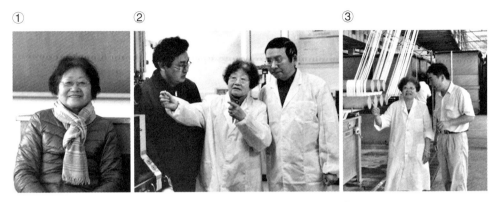

②

③

④  ⑤

① 顾利霞教授

② 顾利霞教授和蔡再生教授在实验室指导博士生

③ 顾利霞教授在纺丝车间工作

④ 顾利霞教授课题组2013年获上海市科学技术一等奖；2014年获国家技术发明二等奖

⑤ 顾利霞教授在北京人民大会堂参加2014年度国家科学技术奖励大会

爱是生命的希望

——访华东政法大学徐建教授

徐建教授是华东政法大学的功勋教授，享受国务院政府特殊津贴的专家，我国著名的青少年犯罪学家，在少年司法学界中，早有"北有郭翔，南有徐建"之说。2016年6月20日，我们采访组一行人在华政青少年犯罪研究所有幸采访了这位83岁高龄，长期致力于青少年保护、犯罪及犯罪预防研究的法学教授。如传闻中的一样，徐建教授和蔼、儒雅、诚恳。

走进青少年犯罪研究所，我们便对办公室墙上挂的照片产生了浓厚的兴趣，徐建教授向大家介绍道照片上分别是刑法学、犯罪法的鼻祖：贝卡利亚、龙勃罗梭、菲力和马卡连柯。

徐教授1934年出生于山东烟台，祖籍浙江宁波，由于战争的影响先后在烟台、武汉、重庆、宁波、上海生活过。新中国成立后，他考入复旦大学，后来高校院系调整，1954年于华东政法学院毕业并留校，参加刑法教研室的建立。徐建教授感叹他的成长是和共和国的建立、发展共命运，共和国的发展才造就了他们这一代人的成长。"文革"的十年间，他到黑龙江插队，在农村劳动。其间也利用业余时间保持学习的不间断，除了法学，他还研究过天文学、达尔文进化论等。1979年回到学校，在校工作了60多年，直到70岁退休。

徐教授说，他原本是研究刑事侦查学的，但在20世纪70年代末80年代初，我国的青少年犯罪率大幅度上升，青少年犯罪问题是街头巷尾热议的一个社会热点问题，成为影响社会稳定、经济发展的大问题，因此引起党和国家的重视。也正因如此，徐建教授认识到青少年犯罪是个值得花大力气关注的大课题，并开始专注于青少年犯罪动向和防治治理研究。

为了研究青少年犯罪，徐教授几十年来坚持理论与实践相结合，在当时院系领导的支持下，组织了200多个学生和20多位老师到上海市各区县开展青少年犯罪调查，并与长宁法院共同尝试创建了全国第一个少年法庭。当时，少年法庭没有先例，没有经验，所面对的困难和承担的风险可想而知，但是徐建教授没有知难而退，最终在长宁法院成立了少年犯合议庭。三年之后，经过统计，该合议庭三年审判的未成年犯罪人，释放以后重犯率从前三年的6.6%大幅度下降到2.2%，效果非常明显，社会反响强烈，保护未成年人的理念也逐步为社会所接受和认可。为此，徐建教授作为专家应邀出席了1981年团中央召开的全国青少年保护法座谈会。

如今，我国青少年犯罪和未成年人保护领域的研究有了长足的进步，上海被法学界的同行赞誉为中国少年司法的发源地和摇篮。谈起这些，徐教授感到无比欣慰。他说，经过几代人的努力，我们已从新中国成立初期对青少年犯罪学研究的空白，到现在已建立起完整的青少年犯罪和未成年人保护法律、司法体系。另外，作为一名高校教育者，让徐教授引以为豪的是，他所培养的学生也已经陆续成才。50年来，他不仅培养了大批的本科生、硕士生，还培养了一批在职的司法一线警官、法官、检察官，以及青年、妇女工作的干部。徐教授兴奋地谈起了他培养的最后一个学生姚建龙，姚建龙也致力于青少年犯罪学的研究，现为上海政法学院教授、刑事司法学院院长，兼任《预防青少年犯罪研究》杂志副主编，复旦大学、华东政法大学硕士生导师，中国政法大学犯罪与司法研究中心特聘研究员，南京大学犯罪预防与控制研究所特邀研究员，华东政法大学马克思主义理论研究中心特邀研究员等职，还是瑞典隆德大学Raoul Wallenberg Institute中国项目顾问专家、中央综治委全国重点青少年群体教育帮助和预防犯罪试点工作指导专家、上海市人民检察院检委会未成年人犯罪研究专业小组成员、上海市长宁区人民检察院专家咨询委员会委员、广州市中级人民法院专家咨询委员会委员、北京市海淀区人民检察院未检工作专家委员会委员、《山东少年审判》顾问、上海市青少年发展"十二五"规划咨询专家等。曾获第十八届"上海十大杰出青年"、上海市第五届"优秀中青年法学家"、上海市"曙光学者"、华东政法大学优秀青年教师、上海市禁毒人民战争暨2006—2007年度禁毒先进工作者等荣誉。

现在徐建教授虽已退休，但依旧十分关注青少年保护的研究。徐教授认为，我国未成年人犯罪和未成年人保护领域的研究仍需要深入，儿童权利研究也还存在较大缺口，还没有完全形成少年法体系。例如，缺少《家庭教育法》，儿童的家庭教育绝不仅仅是家长个人的事情，国家有最后的监护权；缺少《儿童福利法》，我国目前大概有6 100万留守儿童，2 300万流浪儿，1 300万黑户口，如果这些问题能够解决好，我国的犯罪率也会大大降低，这些儿童成人后也能成为我们国家的财富，成为我们国家的人才。未成年人的生存权涉及健康甚至是生命，在未成年人遭遇到各种各样的特殊困难，没人照顾或者本人残疾等，这些都需要物质的保证，这需要法律保障。《儿童福利法》涉及对儿童的生存权、保护权及发展权的保障，但目前我国还没有制定《儿童福利法》，大量涉及这些方面的权利都是无法可依的；缺少《刑法》的"未成年人违法犯罪处置特别规定"专章。徐教授认为未成年人可能涉及各种各样的犯罪，但这么一个特殊的群体，存在很多特殊的地方，而我们却没有专门的少年刑法。另外还缺少《特殊群体未成年人保护法》《少年司法机构组织法》《未成年人身伤害事故预防保护法》《儿童环境优化法》《反儿童暴力法》《未成年被害人特殊保护法》《女童特殊保护法》等。谈到这些，徐教授对未来要做的事情还是充满了迫切感和责任心。徐教授始终认为，青少年是国家的希望和未来，少年强则国强，少年智则国智。同时他一直秉承未成年人犯错和成年人要区别对待的理念，也常用列宁所讲过的"青少年犯错误，上帝也会原谅"话来提醒自己的学生。经常会有些犯罪青少年的家长来请教徐教授如何教育自己的孩子，如何使孩子在成长中不再犯错、犯法。遇到此类情况，徐教授都会有求必应，不辞辛苦为家长分析具体情况。提到现在身边还有一群同行能够和自己一起做这个事情，徐教授甚感开心，他也希望将少年法体系能够推动起来，让我们的少年在今后的道路上更加茁壮成长，用爱照亮生命之路。

在采访的最后，徐教授也向年轻人提出了几点宝贵建议：人的思维一定不能固化，要与时俱进；读书要有选择；要学会独立思考，从实践中发现问题。徐教授还提到了自己的家庭，他有两个孝顺的儿子，一个毕业于上海交通大学，一个毕业于华东师范大学，家庭美满和睦。而徐教授健康的体魄归功于他从小喜欢锻炼身体，以及积极健康、追求上进的心态。徐教授的晚年并没有因为退休而终止工作，思维仍然活跃，精神仍然富有，新的学术研究成果仍在不断涌现，这也是徐教授能够始终保持精力充沛的重要原因。

采访组成员听了徐教授的介绍，认为徐教授对社会的贡献可说是功在当代，利在千秋。徐教授在司法界至今有着为社会、为同行、为学生所称颂的多个首创成果及建树：他开创了我国青少年犯罪学、未成年保护和少年司法制度等多项研究的先河，使我国的青少年犯罪学、未成年保护法和少年司法制度研究得以全面展开且不断深入；他首创了我国第一份国内外公开发行、定期出版达30年的专业研究青少年犯罪与少年法的核心理论刊物《青少年犯罪问题》；他组建成立了国内唯一的青少年犯罪研究所与法律保护中心，这是我国最早建立的独立建制的专业研究机构之一，也是目前唯一的在青少年犯罪研究与法律保护领域中，集教学、科研、出版、国内国际交流、承担政府团体任务和社会咨询公益服务于一体的研究机构。1981年，他在国内首开先河，开设了青少年犯罪本科专业。在本科教学的基础上，他又第一个招收、培养"青少年犯罪与青少年法"专业方向的硕士研究生；他促使了我国青少年犯罪学学术研究组织中国青少年犯罪研究会（2011年更名为"中国预防青少年犯罪研究会"）的成立；他组织编写了两集电视剧《拯救》，第一次将长宁法院少年司法制度建设成就搬上电视屏幕，用现代化科技手段和群众喜闻乐见的形式探索青少年犯罪与法制教育；他推动了我国第一部保护青少年的地方性法规《上海市青少年保护条例》的诞生，使我国的未成年人保护和青少年犯罪预防工作步入了法治轨道；他参与讨论并起草了全国《未成年人保护法》、《预防未成年人犯罪法》，最高法院《关于审理未成年人刑事案件的若干规定》、《浦东新区流动人口管理办法》等一系列重要文件；他被最高人民检察院未成年人检察工作办公室授予全国检察机关未成年人检查工作顾问……

让我们衷心祝愿徐教授这位敢为人先，勇于创造多个第一，致力于青少年保护事业，对青少年充满爱心的耄耋学者健康、长寿！

（本文执笔人：王洋）

①

②

③

④

⑤

⑥

① 徐建教授

② 2010年，徐建教授在作专题报告

③ 2005年，徐建教授获得上海市高校"老有所为"奖

④ 2013年，徐建教授在国际研讨会上与美国犯罪学专家福斯特交流

⑤ 2009年，徐建教授参加全国少年法庭成立25周年纪念大会

⑥ 2017年，徐建教授在南泥湾

合理饮食促长寿　和谐身心保安康

——记我国著名甲壳动物学家堵南山教授

堵南山教授的家在一条窄小但干净的弄堂里，周边种了许多花草，正如在采访过程中老人所透露的那样："我平时就喜欢养花弄草，跟花草为伴。"屋外无处不散落着老人闲情野趣的证据。我们采访组应允去堵南山老师家采访，老人显得格外开心。虽然耳朵已不大灵光，但堵老师尽力与大家沟通，言语中流露出长者的气度和智慧。在得知我们前来拜访的目的后，这位老寿星高兴地分享起自己的生活理念和长寿秘诀来。

心态要好，党性要强

堵南山老师生于1917年。在那前后，《新青年》上发表了倡导新文化运动的文章，开启了中国文化的现代化进程。受益于运动对"赛先生"（Science）的倡导以及家境的支持，堵老师在成长过程中接触和学习到了多个自然科学领域的前沿知识，这为他后来走上生物学研究、成为首屈一指的动物学家的道路奠定了基础。对科学的执着并没有减少堵老师对国事的观察，军阀割据，日寇入侵，在"赛先生"早已将半只脚跨入神州大地上后，"德先生"（Democracy）却始终不见身影。堵老师暗下决心，一定要实践"救亡图存、科学强国"的理想和抱负。

抗日战争结束后，未及而立之年堵南山便进入了同济大学，开始了自己的教学、科研生活。但直到新中国成立，随着大学的院系调整，堵老师来到新成立的华东师范大学生物学系之后，他的"科学强国"理想之路才正式开始。"新中国提供了一个稳定的国内环境，这对于科研学者来说是难能可贵的。"堵老师这样评价。此后，他一心投入到了生物学研究，特别是对甲壳动物的研究上。他是我国著名的动物学家，是我国甲壳动物学奠基人、开创者之一。他的研究将中国在该领域内的科研成就排位推向了国际前列。他所著的《甲壳动物学》是我国唯一的一部系统介绍甲壳动物的专著，获得国内外同行的极高评价。我国年轻一代著名的甲壳动物学学者，几乎都是他培养的学生。堵南山老师先后担任动物学教研室主任、生物学系常务副主任、华东师范大学环境科学研究所所长、华东师范大学学术委员会副主任，还兼任上海市绿色研究中心理事等职务。同时，他热心社会工作，将自己的科研成果很好地与社会实践、社会发展结合起来。他曾担任过上海市人大代表、普陀区分组组长、中国甲壳动物学会副理事长、中国动物学会常务理事、上海动物学会理事长及中国海洋湖沼学会理事等。在任期间，他促进了政府和社会对于动物研究的关注和支持，也将相关研究成果回赠给了普罗大众。

"一个科研工作者也需要很强的党性，这不仅仅是说要在思想上要求进步，还要在工作和生活作风上处处以人为先。"堵老师坦言自己一直都保持着一种处变不惊、与世无争的心态。在聊到堵老师的住房时，他的家人不禁感慨，而前来拜访的老师们也都竖起了大拇指。原来，之前在学校给老师分配住房的问题上，堵老师一直本着谦让的原则，甚至给不少较他年轻的老师让了位置和指标，直到如今，习惯了清贫和安静的堵老师还住在自己这套比较小巧的老屋子里。正是这样一种谦和的态度和处事原则，让堵老师过着一种相对平和的生活，而也正是这种对平和生活方式的选择，令老人能一心扑在自己喜欢和擅长的甲壳动物研究之上，摒除了杂事的干扰。"我觉得自己能在世上走这么长一遭，也得多亏了这种心态，以及对党性的理解和追求。"堵老师不无幽默地说道。的确，一个良好的心态、一种高尚的理想，能让人在生活的道路上走得更加深远。

谨用餐，勤锻炼，习惯成自然

民谚有"吃饭留一口，饭后百步走，能活九十九"的说法。散步、慢走对于老年人尤为有利，不仅可促进血液循环，还可增强心肺功能，提高抗病能力，保持健康与活力。在上海，我们就经常能在公园和小街道旁看见散步老人的身影，但堵老师认为："人们谈到这句谚语的时候，往往只关注到了后半部分，看重慢走锻炼对身体的帮助，其实对于老年人而言，进食什么和如何进食也是至关重要的问题。"讲到这儿，堵老师开始兴致盎然地向大家介绍起自己一直以来坚持的作息时间表和食谱来。

"养生之道贵在遵循合理的生活规律，规矩成，功效自然到，而一旦养成了健康合理的生活习惯，也就算是找到了长寿的秘诀。"堵老师特别强调了生活习惯的重要性。他早晨7点半起床，洗漱后用早餐，用完早餐后在家中的前后庭院散步半小时，读书、读报；用过午餐后，再进行散步放松，下午1点半左右是午睡时光，约两个小时，午休过后食用一些水果作为午后小点，之后会进行诵诗、写作等文娱休闲活动；晚饭后半小时口服人参片或西洋参含片，仍少不了到花园里去散散步，遛遛弯儿，晚上7点准时坐到电视机前收看《新闻联播》，8点半洗漱过后，就上床睡觉了，睡前可以看一些书籍，帮助入睡。这便是堵老师规规整整的作息时间表，不仅时间安排得严丝合缝，而且所有项目都是在量力而为的基础上做出规划的，真正做到了劳逸结合。老人家表示自退休以来，他就一直坚持着这样的生活方式，久而久之已然成为了一种生活习惯。在交流过程中，堵老师特别向大家透露了自己的三餐食谱以及实行作息表过程中的一些细节。比如早餐："多半不吃米饭类的主食，而会选择性地吃些粗粮，南瓜小米粥、冰糖山芋汤、红豆莲子羹、红枣糯米粥等，有时也会吃肉包、菜包、鲜肉汤圆、芝麻汤圆以及面食类，总之，每天的营养一定要均衡。"至于晚餐，在形式上，堵老师把它视作是"一家人团聚的时光"，而内容上也是"不宜太油腻，保持荤素搭配，合理均衡的饮食是十分关键的"。还有午后小点，堵老师亦是十分讲究："根据季节的不同，我会准备不同时令的水果食用，而吃水果时要注意量，不宜吃得过多，以免糖分摄取得太多，也避免在晚餐前吃得太饱。"对于年轻人来说，这种步步为营的计划式生活未免太过讲究、缺乏自由度，然而对于渐入迟暮之年的老人们而言，这些都是不得不注意和考虑的问题，也正是在这种处处都讲究的生活理念下，堵老师收获了更高质量的生活和更宽广更深邃的视界。"我想不管是老年人、中年人还是青年人，都应该形成一个好的生物钟，只有在良好的生物钟的运作'指挥'下，才能过上有质量的生活。"这是堵老师对自己长寿"秘方"的总结，也是他对年轻人的期望和忠告。

多看报，多读书，活到老学到老

除了在饮食和身体锻炼上格外注意，堵南山老师也十分在意精神上的修为，每天他都会花费不少时间在读书和写作上。虽然从年龄上来看堵老师早已退休，但精神上他仍是一位学习者和研究者，只是如今的他将自己的兴趣点更多地放到了政治、社会与人文领域。每日清晨的读报时间是必不可少的，堵老师订阅了多份报纸，有

《新闻晨报》《文汇报》《报刊文摘》等，内容涉及社会生活的方方面面，每天用完早餐后他都要读一读。"老年人不能与社会脱轨，也要保持一颗关注时事的心，了解当下的最新热点与新闻，有时我还会自己去书报亭购买《环球时报》进行阅读，人老心不老，才能与时俱进。"堵老师如此总结道。用过午后小点后，随当日的心情，堵老师会选择读诗或者写作作为休闲活动。正所谓活到老学到老，永远要有一颗不断学习的心，这是堵老师对自己的要求，也是对自己退休后生活经验的深刻体会。"每晚的《新闻联播》也是我不能错过的。"堵老师特别提出了这样一点："现在的年轻人获得信息的渠道太多了，以至于大多数时候他们干脆就等着信息来轰炸自己。我觉得人还是需要有主动性，特别是身处在信息爆炸的社会，主动出击获取信息、仔细甄别和取舍信息都是很重要的。"堵老师将每天7点准时开始的《新闻联播》形容成是一场"有效信息的聚会"，这场聚会几乎能将他所需要的信息都带给他，所以他不仅希望老人们每日都能观看，还希望年轻人也都要关注。

在我们采访的最后，堵老师又说起了老年人的心理健康问题，他说这是长寿"秘诀"中很重要的一部分。"老年人要注重心理养生，日常生活中，我们要保持一颗平和的心态，乐观地看待生活，消除一切影响身心健康的心理，所以不仅要活到老学到老，还要活到老快乐到老。"积极向上的性格和心境可以激发人的活力和潜能，助人解决矛盾、逾越困难，乐观的确是心理养生的不老丹，至少在堵老这儿我们看到了这样一颗"丹药"的疗效。无论是在身体调养还是精神修养上，堵老师都有条不紊、小心经营，以近百之躯圆壮年之志。

（本文执笔人：徐敏华）

：我国著名动物学家堵南山教授于2017年1月25日5时05分与世长辞，享年100岁。堵南山教授曾任上海市第七、八届人民代表大会代表，是甲壳动物学奠基人之一，曾任中国甲壳动物学会副理事长、中国动物学会常务理事、中国海洋湖泊学会理事及上海市动物学会理事长等职。在动物学领域发表著作14部，其中《甲壳动物学》是我国唯一的一部系统介绍甲壳动物的专著。

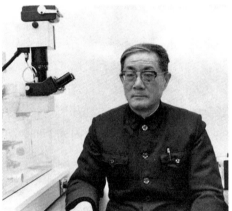

① 堵南山教授

② 堵南山教授在中国动物学会年会上作学术报告

③ 堵南山教授在实验室工作

认真治学　认真工作　认真生活

——陆鸿元教授谈人生哲学

陆鸿元教授为中医内科、儿内科主任医师。南通人士，出生在县城，是中医世家，其高祖父、父亲均有著作。幼秉家传，后师从著名中医专家徐伸才教授，为儿内科专家除小圃和祝味菊的再传弟子。1962年毕业于上海中医学院（现上海中医药大学），从事中医教研50余年。

陆教授早年在上海中医药大学附属龙华医院任职，后于上海市中医文献馆中医门诊部担任主任医师，主要治疗领域为调理内儿科呼吸与消化系统疾病，以及脾虚肾亏、免疫功能低下之症等。他是上海市中医文献馆中医门诊部特约专家，历任上海中华医学会肺科学会委员，受聘于国家中医药管理局，任《中国中医药年鉴》副主编十余年，著有《咳喘病》、《陆鸿元谈疑难病》、《出汗异常》等书。

陆教授擅长免疫力低肾亏肺虚症，如慢性阻塞性肺炎，过敏性顽咳哮喘、鼻炎、胃窦炎、结肠炎、顽固性多汗、盗汗等疾病的治疗。另外也擅长治疗老幼慢支、肺气肿、过敏性哮喘、慢性肺气道阻塞引起肺心以致脑肾等重要脏器损害，出汗异常，胃肠消化功能障碍等疾病。

陆教授回忆，他的儿时学习很艰苦，只读到初小便发生战争，后来在私塾接受一段时间的教育。当时初小到高小也是要通过考试选拔的。因此，他就躲在当地的一座小山的地下室里面努力复习，那时才五年级。通过自己的认真、刻苦的努力，他如愿考入高小，相当于今天的初中。

他从小看医书，看了不少，接受中医世家的熏陶。到了1948年，陆教授又一次想要考学，目标是南通市海安中学。他坚定一个信念：一定要读书，不读书就无法很好地解决生活、工作等问题。他一入学就拼命看书，包括数学、生物学等多种科目，一位族叔在私立中学，觉得这样看书很慢，要他直接读初二，后来又升入初三。

他在初中只经历了一年，1949年初到芦沟中学。"从我家到芦沟中学是27公里，每天都是一个来回，总共要跑54公里，很是艰苦。但正因为如此，到现在我的腿还是很有力的。"陆教授中气十足地说道。

高中毕业后，陆老师来到丹阳，起先在人民医院工作一段时间。1950年到苏南卫生干校学习，后来留校担任辅导员。之后由于新中国成立初期没有卫生干部，该校调整，他来到了无锡。他于1952年进入江苏省南京卫生厅人事处任职。1956年，陆教授再一次考学，成功考进了上海中医药大学，有幸在中医学院求学，接触系统的中医学教育，为后来的发展奠定基础。1962年，他大学本科毕业之后到龙华医院工作，再到卫生所成为门诊医生，开始了写病历的生涯，约有30多年了。在一本2004年写的书中，详细记载着陆教授的简历。

"我很喜欢写作，对于肝病治疗写了不少东西，另外一个方向是老慢支，即干性气管炎。"看到陆教授的字迹，老一辈的中医风范跃然纸上。他还带着我们概览之前出版的一些书籍。他说："中医对于某些疾病的治疗是很有优势的，比如我的夫人，她之前被诊断不能行走，拐杖都给她买好了，但是后来经过一段时间的服用中药，现在可以出门行走了。真是很惊人的疗效。"

陆教授说，他以前有胃病，2001年还胃出血，血色素跌到了8 g/L，吃药长达17天，现在想来可能是饮食有问题，与肠道病毒感染有关，因此恢复得很慢。当时血压不规则，心里想着如何调整变得规则，于是首先是心态放开、心情放松，然后服用一部分西药，另外也服用一部分中药。这是因为中药能够调理气血，从整体进行调理，而西药能够达到具体的急性治疗效果，减少心动过速。西药的功能中药不能替代，反之亦然，所以需要中西医结合，并且要根据具体情况进行药物种类和剂量的调整。陆教授善于剖析、反思的精神始终贯穿在生活中，无论是他人的疾病还是自己的疾病，都是认真分析做出合理的判断再采取具体措施的，认真严谨的态度让在座的各位肃然起敬。"中药是战略功能，西药是战术功能。"他打比方总结道。中西药并重，中西医结合。慢性且非严重的疾病可以采用中药自我治疗。

另外他还谈道，老年人常有呼吸道疾病。前几年自己发高烧达40多度，这几年情况控制较好。这一点令他得出老年人不能过于疲劳的观点，这对于现实的指导意义很大。其中，喉咙痛说明病原体从上呼吸道将进入下呼吸道，要严加注意，防止老年人病情恶化。

陆教授写了多本医学相关的书，也有针对多种疑难杂症治疗的专著，极有价值。我们看到他书房中有大量的著作，还有30多年的剪报的册子，包括各种门类，可见他的兴趣爱好和知识面颇为广泛，生活情趣丰富多彩，对于所见所闻也发表自己的看法和意见。不论是工作还是生活，分析并总结的好习惯始终贯穿其中。还有10来本苏轼诗集摘抄，可见其文学和科学并重，这样的造诣水平在现今的一线工作者中已经不多见了，老一辈的大家风范值得我们学习。

陆教授书房的陈列颇为有趣，墙上挂饰、桌面的照片体现出浓浓的生活韵味以及各种雅趣爱好，精神生活颇为丰富，站在其中，令正在采访的我们不自觉地变得舒心起来。再看那满屋子的医书和文学书籍，感慨陆教授包含着知识财富，真可谓学富五车。走到阳台，竟然连这里的立柜也装满了医书，陆教授不愧是一名勤奋刻苦的中医学者。

陆教授在最后给我们分享了他编撰汇聚养身精髓的《寿身歌》：

寿身歌

心舒体昌，寿身良方。

寄语诸君，调理宜倡。

调节气血，燮理阴阳。

见微知著，未病先防。

不妄作劳，起居有常。

满损谦益，古训莫忘。

药治食疗，相得益彰。

肾强脾健，脏腑安祥。

代谢平匀，免疫趋强。

持久效显，水旺流长。

（此诗刊于2004年4月11日《新民晚报》副刊《夜光杯》）

每天坚持记录并咀嚼学习、工作和生活的点滴，陆教授认真严谨的人生态度造就健康长寿的根基。

（本文执笔人：劳勋）

① 陆鸿元教授与学生研讨中医古籍

② 2017年，上海市总工会举办上海名中医义诊，陆鸿元教授在为全国劳模程德旺诊疗

潜心学术　健康生活

——记复旦大学植物分类学家徐炳声教授

2014年11月18日，我们采访组对复旦大学徐炳声教授做了采访。徐炳声教授是著名的植物分类学家，他在家中亲切接待了我们。此时的徐老已91岁高龄，但依旧行动自如，精神甚好，只是听力稍稍差了点。他把我们引入一个小的会客厅，桌上有几本他编写的书籍，有纸有笔。访谈中，他会不时在纸上写写画画，以此来传递更准确的信息。

"我想先讲讲我的工作经历吧。"在王耀发教授介绍完我们的来意后，徐老立即打开了话匣子。

先生告诉我们，他从小就喜欢植物，在南通学院农科读大学时，经常采集植物标本，并已开始编书，还出版了他的第一部著作。先生年轻时非常勤奋，每周或隔周都会去请教有经验的年长的老师，我们都非常熟悉的钱锺书先生就是其中一位。后来也是在钱老的推荐下，他得以进入复旦大学任教，并从此与复旦结缘，在复旦整整工作了40年。工作期间，先生注重与国内外专家的交流学习，也曾到日本、美国和澳大利亚访学，这对于他本人所从事的研究和教学很有裨益。据先生讲，这些年他发表了200多篇文章，其中第一作者就有109篇。真可谓学术大家。

"我收藏了很多专业书集、期刊，后来都捐给辰山植物园了。"我们查阅了网上的通讯报道，先生是于2012年将其毕生收集珍藏的700余册中西文图书、期刊全悉捐赠给了辰山植物园，辰山植物园执行园长还向徐先生颁发了荣誉证书，以感谢他对辰山植物园图书建设的大力支持。据报道，这次捐赠的图书中包括中文图书90册、中文期刊66册、西文图书168册、西文期刊421册，其中大量的原版西文期刊尤为珍贵，如美国德州植物研究所出版的植物学期刊 *Sida*（1962年创刊到至今）、印度被子植物分类学协会出版的刊物 *Rheedea*（1992—2004）等许多植物分类学领域的经典刊物，这在国内并不常见，极大地丰富了辰山植物园图书馆的馆藏量。先生的这一义举，着实值得敬佩。

"我们也很想听听您是如何保养身体的，有什么秘诀吗？"访谈中，王耀发教授不断称赞先生的勤奋和学术造诣，也希望从他口中探寻健康长寿的秘诀。

"我想大概有这么几个方面吧。"先生娓娓道来。

退休后仍坚持学习和开展学术研究。"我觉得退休后仍然坚持全力以赴搞学术研究，是一个非常重要的因素。"先生工作到68岁才退休，但退休后仍然坚持读书和写作，也会为学生修改论文或探讨学术内容。这种勤奋的工作状态有助于他不断思考，所以到如今依旧思维清晰。王耀发教授也坦言，我们采访的很多长寿的老教授都有这个特点，职位上退休了，但学术上不退休，不断实现个人的目标。

保持良好的生活习惯。"我平时生活中不抽烟，不喝酒，生活很有规律。""坚持跑步，退休后虽不能跑远，但每天都会在附近散步一小时，即便下雨天也是如此，所以身体至今没有什么大毛病。""生活中水果、蔬菜是必不可少的，稍微吃一点精肉，但酒是不喝的。"

家庭和谐温暖，师生关系好。"我有一位和谐的贤内助，平时自己忙于工作，家里事情都是她来打理，真的是一位优秀的贤妻良母。"说到这儿，先生脸上洋溢着幸福的笑容，"我学生很多，有院士、博导和知名的专家，他们常来看我，我们关系很好。"

注重营养保健和养生。"年纪大了首先要活动，散步回来后感觉肚子饿了，会吃一些学生人工造的蒿草和学生送的灵芝孢子粉。""血压比较低，会喝一些白参。""经常体检，经常看医生，即使生病了也不放在心上，没有什么负担。"

"那您对年轻朋友有什么建议和忠告？"王耀发教授问。

"一要多读书，多读书非常重要。不能光看电脑，电脑中只会有部分内容。要读经典的著作，比如搞政治的，马克思的书一定要看，而且要整本看。再就是自己要保持良好的生活习惯，从年轻时候开始锻炼身体，不能等到老了身体不行了再开始，英年早逝不划算，对国家及家庭都是莫大的损失。"

先生讲得很朴实，我们也希望能把这些原话真实呈现给读者，不管老年人还是年轻人，都能从先生身上汲取到健康长寿的营养。

访谈前我们跟先生预约的时间是一个小时，因为附近还有一位老教授需要拜访。访谈中，先生会不时看看手表，生怕讲着讲着就讲多了，耽误了我们的时间。这样的细节让我们甚是感动，也确实体现出先生一生致力于学术研究所形成的细致、严谨的工作作风。

（本文执笔人：崔勇勇）

注：我国著名植物分类学家、复旦大学植物学教授徐炳声于2016年4月23日逝世，享年92岁。徐炳声教授曾兼任上海自然博物馆植物学分馆馆长、中国植物学会常务理事、中国药学会上海分会理事、中国植物志和植物分类学报编委等职，为我国植物学科的教学和研究做出了重要贡献。

① 徐炳声教授在美国密苏里植物园

② 徐炳声教授和他的学生洪德元院士

③ 徐炳声教授在美国与Malcola Calder博士及夫人在一起

④ 徐炳声教授幸福的一家

运筹帷幄之中　决胜排序之路

——访运筹排序学家唐国春教授

田忌赛马，"以君之下驷与彼上驷，取君上驷与彼中驷，取君中驷与彼下驷"，"既驰三辈毕，而田忌一不胜而再胜，卒得王千金"。这个出自《史记·孙子吴起列传》的古老故事，经过数千年的历史沉淀，依然为今日的国人耳熟能详。比赛双方同是上、中、下三种类别的马，出场次序不同，产生的结果却截然相反，这个简单的改变出场次序的举动，背后包含的却是孙子极高明的运筹学智慧。田忌赛马的故事世人皆知，运筹学却并非如此，今天，我们就随着对运筹排序学家、上海第二工业大学管理科学与工程系教授唐国春先生的渐次深入采访，来一同了解运筹学这门古老而弥新的"智慧之学"。

唐国春1943年出生于上海虹口，老家则在今天的浦东新区。唐国春幼年时期是家人和邻居眼中十分调皮的孩子，凭着智力优势，进入虹口第二中心小学读书的他因学习成绩优异，经过跳级，早早升入虹口中学，成为中学班里年纪最小的学生之一。1960年，时为中国科学院学部委员、名满天下的数学家、复旦大学苏步青教授欲成立数学研究所，即派数学系教师到上海各中学招收在数学上拥有发展潜力的学生。因唐国春在校期间获得过数学竞赛第一名，物理亦曾得奖，校长听了访客的意图，立即想到了他，把他叫到办公室参加面试。复旦的两位老师向他提了两个问题，也许是这场面试对他的一生影响甚巨，抑或是这两个问题对于青年的他来说十分有趣，唐老师至今记忆犹新。老师问："你们中学学的坐标里，有没有弯的坐标？"唐国春想了想，说："地球经纬度就是弯的坐标。"老师点了点头，问了第二个难度显然提高的问题："邮票四分钱可以买一张，五分、六分、七分仍然是只能买一张，八分钱可以买两张，你用图把这一变化画出来。"对于没有学习过解题函数的他来说，这是一道超过一个中学生知识范围的题，但他简单思索后，即在桌子上画了出来，面试官看了看他稚嫩的面庞，看了看他的答案，脸上当即露出了赞赏的笑容。果然没过几天，校长告诉唐国春："你被复旦录取了！"也就是说，离毕业还有几个月的时间，身处高三准备高考的唐国春已经提前拿到复旦的录取通知书，在5月份就到复旦报到入学了。

然而，初入大学的唐国春尚未体验到大学的新鲜与刺激，就被紧张的学业裹挟而前。原来，苏步青先生特招他们这些学生，是想让他们作为第一批试验者，来使用复旦新编的一套数学教材，计划让学生用两年学完五年的学习内容，由此来探寻一条新的数学人才培养之路径。这批通过特殊选拔出来的优秀学生，包括唐国春，与其同龄、同学、今日仍活跃在学术界的华东师范大学何积丰院士，以及复旦大学几位数学系的院士等人，历史给他们开出了一份最好的证明。但是，天不遂人愿，由于教学进度极快，刚入学两个月，就有部分学生无法消化掉讲授内容，最初入学的120人，仅过60多天，只剩下99人。福无双至，祸不单行，对于他们这一届来说，课业压力并不是最大的问题，因三年自然灾害对国民经济造成的影响愈来愈大，复旦的数学改革计划被迫下马！唐先生说，当时苏老十分想留下这批学生，但因为没有在教育部登记备案，课程被迫往后延长，以求得他们能顺利毕业。于是乎，从开始延长到1963年、1964年，直至1965年，在接近五年的底线之前，这批学生终于在1965年1月份拿到了毕业证。毕业了，对于绝大部分毕业生来说都是一件十分愉悦之事，但对于唐国春他们来说，象牙塔外面的政治空气已经变得十分凝重，处处充满了紧张的味道。在"左"倾政治路线下，全国上千万家庭都被按照阶级标准划分成分，因为唐国春父亲曾经营裁缝店，带了两个徒弟，他的父亲被划为资本家。出身于资本家家庭，这一标签对于身处当时的政治环境中的唐国春来说，好的工作地区、工作单位都将与他无缘。他被分到当时实力相对稍弱的上海第二工业大学，其他出身更"差"的学生则被分配到了中学。是金子，终究会发出耀眼的光芒。1965年，刚踏上第二工业大学讲台的唐国春，即受到众多师生的喜爱，为此学校还专为其上课的情境拍照留念。在我们和唐教授一同查看相册里的老照片时，我们发现一张唐老师与苏步青先生的珍贵合影。对于这位慧眼识珠的伯乐，唐国春和同学们始终与苏老保持着一种超越师生的浓浓亲情，毕业后几十年中他们亦坚持着年年探望苏老的习惯。

忆及对自己一生产生至关重要影响的大事，唐先生说，自己一生最大的转折点莫过于改革开放后的1984年到1986年，被教育部公派到美国得克萨斯大学奥斯汀校区管理学院研究生院做访问学者。邓小平同志"尊重知识、尊重人才"的指导思想，让国内成千上万的知识分子走出国门，接触到国外最先进的科技、理论知识，从而也改变了许许多多人的命运。

如今的留学生估计很难想象20世纪80年代的老一批学者留学的经历，如唐国春这样的学者，首先要克服的是语言障碍。因自小学习的是俄语，去美国自然要在出国前突击学习英语。到了美国后，唐国春发现这里处处是宝，他眼中的宝当然只有丰富的数学资料、最新的数学研究资讯和卓越的外国学者。经历了动荡年代的他如饥似渴地投入学习和研究中去，每天不到深夜12点是不会离开图书馆的，离开后即和同事在操场边散步边讨论最新的数学学习心得。经过一番研究审视，他发现自己之前关注的方程研究领域，在美国的关注度已经大大下降了，而运筹学中的排序论是数学界发展最迅速、研究最活跃、成果最丰硕、前景最诱人的研究方向，因此唐老师下定决心将排序论确定为自己今后研究的主要方向。在谈到这段学习经历和收获时，唐老师说，将排序论确立为自己的研究方向，不仅仅是得到了一两块"金子"，多发表一两篇论文，更是发现了一座可供不断挖掘开采的"金矿"。这句话放在今天来看，的的确确如此。

运筹学是一门什么样的学科呢？一如开篇谈到的田忌赛马故事中包含的运筹学应用，这门学科关注的是如何改善或优化现有系统的效率。现代管理学中的运筹学是一门重要的专业基础课。它是20世纪30年代初发展起来的一门新兴学科，其主要目的是在决策时为管理人员提供科学依据，是实现有效管理、正确决策和现代化管理的重要方法之一。该学科是应用数学和形式科学的跨领域研究，利用统计学、数学模型和算法等方法，去寻找复杂问题中的最佳或近似最佳的解答。运筹学经常用于解决现实生活中的复杂问题，特别是改善或优化现有系统的效率。研究运筹学的基础知识包括实分析、矩阵论、随机过程、离散数学和算法基础等，而在应用方面，多与仓储、物流、算法等领域相关。因此，运筹学与应用数学、工业工程、计算机科学、经济管理等专业密切相关。排序论作为运筹学的一个分支，有着深刻的实际背景和广阔的应用前景，一直受到国际上学术界的重视。从深层次和长远来看，排序论对提高效率、资源的开发和配置、工程进展的安排以及经济运行等方面都能起到辅助科学决策的作用，管理层和决策层不能不了解有关排序的理论和应用。

早在20世纪60年代，中科院越民义教授就注意到排序问题的重要性，曾于1966年编写出国内第一本排序理论讲义；20世纪70年代，又和韩继业教授一起开始研究同顺序流水作业排序，取得了不小的成就。1986年，从美国回来的唐老师，迅速与中科院、中国运筹学会以及其他同行学者取得了联系，并着手编写国内排序文献目录和文献作者目录，与此同时，逐步成立跨系科的排序研究室。1990年8月，中国首届排序学术交流会在上海第二工业大学召开，来自全国各地的学者同聚一堂。唐老师的学术研究和出色的组织协调能力得到学界的一致认可，在中科院越民义、韩继业教授等人的大力支持下，中国运筹学会排序论专业委员会宣告成立，唐老师被本届会议推举为主任。这次会议的召开，标志着我国的排序论研究和应用进入新的阶段。之后，又先后在华中科技大学（1993年）、郑州大学（1996年）、中南大学（1999年）、沈阳师范大学（2002年）、上海第二工业大学（2005年）和暨南大学（2009年）召开第二次到第七次学术交流会。20多年来，在越民义先生和韩继业先生作为顾问的排序分会全体成员的努力下，举办研讨班；推广国际上采用的三参数表示，推动排序研究的正规化，在促进排序术语统一等方面做了许多工作。

在学术研究方面，唐国春教授主持和参加7项国家自然科学基金项目和6项上海市科研基金项目的研究，发表论文90余篇。1997年，他主持完成的国家自然科学基金高技术探索项目"排序论在成组加工和分批生产中的发展和应用"是国家高技术研究发展计划（863计划）的组成部分，出席过2000年国家自然科学基金委员会部分优秀863高技术项目成果交流会。1998年3月9日，国家自然科学基金委委托上海市教委评审后认为"项目取得的成果达到国际水平"。2000年1月到2002年12月，他主持国家自然科学基金资助项目"提高跨国公司财务管理效率的新方法的研究"，研究和提出整体模型法，建立跨国公司财务管理三个基本专题以及整个跨国公司财务管理系统整体模型，开发和研制计算机软件"跨国公司财务管理决策支持系统"。上海科学技术情报研究所对"跨国公司财务管理决策支持系统"的水平检索报告和上海市教委主持的鉴定委员会的鉴定意见认为，该成果"接近国际先进水平"。作为"上海科技专著出版资金"项目，由唐国春教授和他的学生撰写的《现代排序论》一书于2003年5月出版，获上海图书奖。

除此以外，唐老师还热心参与排序论的科普工作，希望这些智慧能让下一代以及更多的青少年受益。

唐老师之所以取得这么多的成果，与他性格中的极度认真是分不开的。他认为自己做任何事都很认真，大部分事情马马虎虎是深入不下去的。苏步青先生曾批评他这位得意门生爱钻牛角尖，唐老师笑称很多问题就是自己钻牛角尖才钻出来的，当然有时这也是自己的一个缺点。

在访谈中，我们注意到唐老师家不像其他退休老人家里只有老两口儿，而是还有女儿、女婿和外孙、外孙女。谈到家庭，唐老师说特别感谢自己的太太，这么多年来，他连自己有多少收入都不知道，因为他根本不用操心这些生活琐事。如果不是自己爱人辛勤的付出，他的家庭不会这么幸福。两人一起经历了50余年的风风雨雨，相敬如宾，相濡以沫，共同成就了美满的家庭和唐老师卓越的学术成就。

生活在如此幸福的家庭中的唐老师，无怪乎全无70多岁老人的老态，在谈笑风生中细数往事，与我们分享着曾经的辉煌与成就。知者乐，仁者寿，相信唐国春先生的排序论研究成果将随着时光的荏苒而让更多的人受益，并在中国的排序论史中不断生发出新的光辉！

（本文执笔人：刘向培）

①

②

③

④

⑤

① 2005年，唐国春教授主持全国学术会议

② 2000年，唐国春教授作为评委出席中国—荷兰联合MBA答辩会

③ 2004年，唐国春教授在吴淞海事处做调研

④ 2008年，唐国春教授在南宁主持排序学术会议

⑤ 2016年，唐国春教授在西安全国排序论与组合最优化学术会议上做报告

博学多才　快乐人生

——采访诗书兼绝的翁宗庆先生

2016年，我们采访了93岁高龄的翁宗庆先生。翁宗庆，原名翁钧庆，生于1923年，江苏常熟人，毕业于复旦大学法律系。老人家世显赫，系清代同治帝师、宰相翁心存六世孙，其高叔祖翁同龢亦为同治、光绪两代帝师，同时又是同治、光绪年间的大书法家。

走进翁老的家里，书就是占满视野之物，他笑着说道："房子为啥拥挤？书多嘛。有买的，有赠送的。"他平时研究马列毛，史书道，等等。他高度赞扬习近平的治国能力，认为中国目前的发展状态与新中国成立之时的各个层面都有了很大的提升，仅从领导人的与时俱进这一点就能说明。

"我情愿待在这个小房子中，'任务'完成了，退休63岁，继续工作15年，在长宁区做政法工作，一直到88岁。"翁老于1949年7月至1985年11月历任上海市公安、监察、司法干部，上海市第一、联合、第八律师所律师，上海市律师协会专职律师。1985年11月离休后仍任特邀律师，并被上海市司法局聘用为纪监监察室工作，荣获国家司法局授予的司法行政二级金星奖章。

据翁老回忆，在童年时代，"四娘"的影响非常之大，她是上海浦东朱家望族人士，对于儿童时代的翁老的潜移默化教育是我等后辈的楷模，润物细无声，母爱渗透着心灵，直至今日都能从翁老的话语和表情中细细体会。从那时起，他就学会了静坐，这对情绪控制有极大的帮助，为日后的行为准则、处世之道打下了有力的基础。他模仿了小时候四娘讲荆轲刺秦王的故事，绘声绘色，引人入胜。那是启蒙，为未来见多识广的他翻开历史的一隅。在讲到秦武阳捧图将要行刺之时，他叹息道："小孩子到底年轻，不见世面，紧张极了。秦始皇只一看，就发现了情况异常，虽然秦武阳掏出匕首，而秦王嬴政立即做出了退避反应，使得刺杀未能顺利进行……"听罢，我们就像是听了一场说书一般，回味无穷，这是由一位年逾93岁长者当场亲自演绎的故事，他清晰的条理、洪亮的声音、到位的表情都令人佩服至极。

翁老博学多才，是诗人、法学家、史学家。他涉猎群书，正气长存，君子作风，虔诚，乐观，不断学习。他长期写作，涉及诗词、书法、艺术、考证、文史、法律、佛教等方面的研究，已在各种报刊上发表了200余篇文章。他参加中华诗词学会、上海诗词学会已20余年，其作品已入编《中华诗词学会人名词典》、《二十一世纪中国专家人才库》、《中国专家大辞典》、《中华英模大典》等。1998年11月，"纪念周恩来同志诞辰100周年爱国教育书法美术艺术大展"在首都展出，他的书法作品经评委会审定为一等奖。1999年4月16日，由浙江省舟山市档案馆颁发荣誉证，个人材料收入《知名人士档案全宗》；2000年，翁宗庆先生的作品入选《二十世纪中华词苑大观》；同年，《美国中华艺文学会》会刊发表了翁宗庆先生的诗词、书法作品，并予以介绍。

身为国家一级书法家、老一辈文史学者、诗人、鉴藏家，翁老对玉石的研究也颇深，并且爱玉至深，他随身佩戴着数枚玉石挂件，有白玉、黑玉、汉玉。所谓"白玉防风，汉玉防肿"，是说佩戴白玉可以防止风邪入侵，而佩戴汉玉（黑玉）可以防止摔跤，以免去带来的跌打肿胀。他8岁开始拿着压岁钱到市场鉴购玉器，所见玉器上可至新石器时代，这也练就了他鉴定玉器的火眼金睛。

说到气功，翁老做了一个小周天，并带着我们一行人顺着他的解说慢慢体会了气功的魅力。翁老五六岁就开始静坐，后来开始学习太极拳。在做小周天的时候，他特别强调了感觉的要点：松、中、空。随着气体进入丹田，翁老睁开了眼睛。入门先学做小周天，再做大周天。小周天是古代气功主要流派之一内丹术功法中的第一阶段，即练精化气的过程。内丹术认为：人到成年，由于物欲耗损，精气已不足，必须用先天元气温煦它，使后天精气充实起来，并使之重返先天精气，这就是小周天练精化气的目的。气功是中国历史文化中传统保健之法，常常练习，对于身体及心神皆有所裨益。当然每逢身体不适，保健医生的治疗也是不可或缺的。谈到佛法时，翁老给我们将《般若波罗蜜多心经》迅速背了一遍，并且从头到尾解释了一遍，再次让我们惊叹不已，这其中蕴含了人文学者的深厚功底。

翁老声音洪亮，时常开怀大笑，说话风趣幽默，直爽，不做作，不但是天生的好性格，而且也是后天各种行为的潜移默化的影响。另外翁老头脑灵活，耳聪目明，让我等晚辈佩服有加。"我那些年轻时的同事多个中风，但是我还比较健康，就连血压也是正常的。"翁老用足足的中气说道。

"我们父子之间和睦，常怀感恩之心，我认为父与子之间的关系既是父子又是朋友，三个儿子与我都很融洽，代沟很小。"其中第三子自儿时便精通历史和家史，被翁老定为传承衣钵的接班人。

"我一生的经历很多。其实我年龄也不大，我的邻居103岁，98岁那会儿还会开车。别人60岁退休了，而我60岁归队，开始做律师，一直做到76岁，后面一段时间是做特约律师。"翁老认为，做律师首先要洁身自好，救他人性命。他说，有次遇到一个案子，为一位因涉嫌轮奸案而被重判的少年嫌疑人辩护，他亲自询问，做笔录，最后深入了解了案件的细节，得知少年只是因提供了犯案的场所受到牵连，由此保住了这个少年一命，真正尽到了律师应该尽到的责任。

"我热爱书画，房子小没有地方挂。"翁宗庆幼承家学，5岁学习书法，有岐嶷之誉，临池不懈，摹写秦汉晋唐碑帖，得其神韵。翁老转学多师，匠心独运，其字体又脱胎于松禅老人翁同龢，获其精髓所在，广闻博参，自成一派。翁宗庆先生热爱写作，尤其擅诗，辄题所作，被誉为诗书兼绝。

2005年12月18日，经中国书画艺术家协会、中国收藏家学术研究会、世界文化艺术鉴定中心、中国民族书画院评议决定，翁宗庆先生被评为中国当代杰出书画家，并授予中国当代书画艺术杰出成就奖。2012年，翁宗庆先生担任常熟市碧溪书画院顾问，并设立"翁宗庆艺术馆"。九十华诞之际，经常熟市碧溪书画院法人代表吴波及其夫君沈利忠先生的举荐，翁老在苏州大学博物馆举办"两代帝师后裔翁宗庆九十华诞书法艺术展"。

谈到饮食，翁老平时爱吃莴笋的叶子，一顿饭一块小的猪肉，不大吃鱼。爱在煮的饭中加赤豆、绿豆等五谷杂粮。另外也吃水果，如橘子、香蕉等。饮食也以清淡、量少为主，有节制，不暴食。翁老的身体魁梧又硬朗。

翁老还为采访组赠书题字，其笔法遒劲有力，尽显大家风采。

那是一颗有力而平和的心，面对人生的心是有力的，面对他人的心是平和的。开朗而正气，博学强记，不落后于时代的意识，体会人间风云和沧桑，忠于自己的信仰，升华了自我，我们看到的是一位和蔼可亲的朋友，同时也看到了一位谈笑风生的"罗汉"。

（本文执笔人：劳勋）

① 翁宗庆先生

② 翁宗庆先生与王耀发教授

迢迢万里途　心灵安歇路

——同济大学建筑学前辈傅信祁教授访谈录

是日，同济大学建筑与城市规划学院举办了"师生面对面"共话"中国梦"系列座谈会。会场座无虚席，一众师生共聚一堂，讨论各自对"中国梦"的见解。我们采访组一行六人也受到了邀请。会席之上，有一位特殊的嘉宾——一位95岁高龄的老人，他虽略显疲态，但目光炯炯，耐心且认真地听着众人的演说，还时不时露出会心的微笑。直到主持人请他也说几句的时候，老人才动了动身子，准备从座位上站起来，众人连忙请他坐着说。就这样，这位老人开始向在座的诸位讲起了这样一个杂糅着历史烟云和个人经历的故事来。

"给我一节课，我要征途万里。"傅信祁老师的故事，可以用这样一句听起来傲气十足的话开始。1919年，适值第一次世界大战结束，这场主要发生在欧洲的战争同样给中国带来了影响。巴黎和会上，以战胜国身份参会的中国不仅没有获得半点胜者待遇，反而不得不在万分不情愿的情况下将自己在山东等地的权益由原本的德国管辖转为日本管辖，中国与日本逐渐交恶。同年，一个小男孩出生在了浙江镇海。他的父亲傅忠博本是山东人，曾在济南任华泰祥绸缎呢绒布匹服装有限公司经理，家底颇丰，又爱好书画，不仅喜爱收藏、品玩古画，也爱自己作画，这位父亲给自己新出生的儿子取名为信祁。

转眼十余年过去了。1937年夏，正在山东青岛著名的礼贤中学土木科读高二的傅信祁迎来了暑假，他要南下回家探望自己的父母。同样是在这一年，日本开始了全面侵华战争。傅信祁乘船经过上海，忽闻日本海军已进入吴淞口，上海似乎已处于战争边缘，便匆匆忙忙赶回了家。之后，傅信祁不禁思忖起了自己的学业：如果东部陷入战火，这书怕是念不成了。他的父亲比他更早想到这一点，早早地就帮他办理了一张借读证，凭着这张证明，傅信祁便可以在全国其他学校继续学习建筑专业。然而谁能想到，正是为了完成学业，这个十六七岁的小伙子硬是在八年时间内跑遍了整个中国南部。

上海沦陷后，大多数高校均往内陆迁移，同济大学也在此列，首先迁往了浙江金华。傅信祁爬上了一列火车的车顶，从家乡来到金华求学，可气也可笑的是，在被接收为正式的高职学生后，他只在金华上了一节课。"我来的第一天就被安排进教室上课。那是下午的最后一节课，我进教室坐了40分钟，同学都没来得及认清，就听见老师说，这是我们在这里的最后一节课了。"傅老师说完苦笑了一下，整个会场也有了些窸窸窣窣的动静——大家都想知道接下来发生了什么。原来，随着战事吃紧，浙江也待不住了，同济大学随即领着师生往更深的内陆走去，先是江西赣州，然后是广西八步（现广西壮族自治区贺州市八步区），再是云南昆明，甚至绕道越南再返回，最后落脚四川的李庄，终于算是在战火纷飞中安顿了下来。每到一个地方，大都只上两三个月的课就得离开，大家几乎一直把自己的行李打包好，不轻易拆开，因为每个人都很清楚，自己在这个暂时的落脚地待不了很长时间。傅信祁时时刻刻都在书本和道路间切换，他说："那时候年轻啊，哪知道累不累，有书读就成。"就这样，傅信祁将自己最繁盛的季节献给了中国，献给了为了上一节课而迈出的万里征途。

直到1947年解放战争之时，已经28岁的傅信祁才算正式从同济大学毕业，而他也选择留在这个不仅教育他、供养他，还陪伴他度过整个青年时期的大学。同年，他随着同济大学的大部队迁回上海。

"给我一间房，我要让教育蓬发。"接下来的故事仍旧跟教育相关，只是彼时，傅信祁已经不是那个在万里路途中受教育的学生，而是站在讲台上，面对着求知若渴的学生的教育者。1947年，在外漂泊八年的傅信祁来到了上海——同济大学最初的根据地。经历过战争，学校原址早已面目全非，而在傅信祁和同济大学师生们面前的也不是众人期待的和平。早在这之前的一年，解放战争就已开始了。

如果说抗日战争中，求知者缺少的是一块安宁之地以求安心学习的话，那么在解放战争中，同济大学缺的则是教室。因为连年战争，直到1949年上海解放时，同济大学也没有正规的教学和办公场所。在新中国成立初期，同济大学只能依靠日本人在战争时期建造的一所中学的数间教室勉为其难地开展教学工作，然而这一切对于经历了苦难和风浪的傅信祁来说，都不算什么。"我和我的同学们曾经要在漏雨的农舍里看书学习，我的老师们曾经会直接在地上用石笔刻画给我们讲解建筑知识，当时在上海的那一切设施跟战争时期的比简直是'小巫见大巫'。"傅老师觉得，既然自己选择留在同济，那么就不仅仅需要考虑到它的今日，更要想到它的明天。就是在一间破败的抗日战争时期的教室里，傅信祁开始同学生们一道谱写中国建筑学教育的新篇章。

"当时在上课的时候，我时常回想起我记忆最深的两位老师，他们治学为人的态度让我颇为受益。"傅老师指的是他的两位恩师，一位是李国豪老师，他是我国著名的桥梁工程与力学专家，于1977—1984年间担任同济大学校长，曾给傅老师上过钢结构、桥梁工程等课程；另一位是冯纪忠老师，他是我国著名的建筑学家、建筑师，我国城市规划专业以及风景园林专业的创始人，也曾经在迁校途中照顾和教导过傅老师。两位恩师教学育人的态度和平易近人的风格在傅老师心上留下了浓重的一笔，也给了他在艰苦环境中教书育人的坚定的信心。

经过几十年的努力，如今的同济大学建筑学和建筑设计专业已成为我国高校中的翘楚，甚至在国际上也颇有名气。老一辈的教学功臣们为此立下了汗马功劳，傅信祁老师便在此列。在同济大学担任教学和研究工作的很长一段时间里，傅老师都把学校的利益放在首位。他先后担任过建筑学教研室主任、建筑设计学教研室副主任、上海市建筑协会副理事长、全国建筑技术学术委员会主任委员等职，为同济大学和中国的建筑学发展付出了巨大努力。他所出版的两本专著《房屋建筑学》、《中国大百科全书建筑·园林·城市规划卷》是建筑学领域内的必读书目，获得了国内外同仁的认同和褒奖。

如今言笑晏晏，只是还有几人记得创始初期那斑驳的教室墙壁和破旧的黑板？傅信祁老师记得。从泥泞的乡间道路到如今的康庄大道，战争早已结束，历史翻开了新的一页。随着国家日益强盛，学术研究与教学实践氛围日益好转，建筑专业的长足进步已非过去能比，但傅老师却始终记得自己在泥泞道路上的步伐，因为"在最没落时间所踩下的脚印才是最坚实的"。这是傅老师留给现在的学者和学生的箴言，也是他留给自己的人生信条，因为做学问、做实践也好，过自己的生活也罢，永远要记得自己所经历过的黑暗时期。记住这些不是为了拥有仇恨的力量，而是为了提醒和鞭策自己，一步一步走出来的路才是最真实、最有力的。

"给我一张纸，我要绘下晚霞。"故事走到了傅老师现在的生活之中。退休的傅信祁老师没有闲下来，似乎他这一辈子都是在走，早年"走到"山东念书，年盛时绕着大半个中国边走边读，壮年和老年则在教室里来回踱步，他不知道闲下来的时光是什么样子。或许正是因为如此，傅老师的晚年和许多老人的晚年都不一样。86岁时，傅老师学起了中国山水画。这对别人来说很可能是一个难以完成的学习任务，但对于傅老师而言却并非如此，不仅因为他有强大的学习能力，更因为他本身就出生在一个书香世家。傅老师的父亲傅忠博可不是随随便便收藏几幅古画来充充门面，他收藏了八大箱的古画，大多数都出自名家之手。很小的时候，傅老师就在父亲的教导下学会了赏画和品画，但因早年学习建筑，需要的是偏向于西方理性主义素描性质的绘画本事，他就较少碰触国画了。直到退休，他才觉得这是一个重拾山水画的大好时机。只花了不到十年时间，事情就这样成了！

　　傅老师曾在同济大学校内以及上海市内举办过个人画展，受到学生和市民们的欢迎。2011年，傅老师更是将父亲收藏的八箱古画全部无偿捐赠给了山东博物馆，将父亲所得还赠给他的家乡。同时，他也在山东博物馆举办了名为"傅信祁捐赠书画暨个人山水画展"的展览，将自己的山水画作品与父亲收藏的古书画作品放在一起，供齐鲁民众观看。此外，傅老师还出版了《傅信祁画集》，将自己的画作与大众分享。"年龄不是问题，兴趣才是关键，我的研究专业方向和这些年的绘画爱好都是早年培养出来的，只是有时候我们不得不为了当时更重要的一些东西而放下另一些东西，但这并不意味着你不能在事后再把它捡起来。"傅老师向大家说明了绘画作为一个兴趣爱好对自己生活的重要性，同时他也鼓励大家，不仅是中老年人，还有年轻学生们，都要为自己寻到一个爱好，这样的生活会多姿多彩很多。

　　年轻时的经历让傅老师明白了每条路都必须要由自己脚踏实地地走下来，也让他明白了如何在随遇而安和改造生活中寻求平衡。所以，当傅老师趁着退休拥有大把闲暇，开始绘画和赏画时，他也开始注意自己的身体休养。"毕竟，身体是自己的，时间是上天的，你我无法控制时间，也就只好努力控制自己的身体。"傅老师若有所思地说道。为了锻炼身体，傅老师会去散步，当然跟年轻时为了读书而出走、奔忙完全不一样，此时的行走，全然是为了维护身体的健康，也是点到为止。周末时，傅老师还会约上三五好友一同赏画，然后再去附近的公园做做操，锻炼一下，呼吸新鲜的空气，感觉整个人都清爽了许多。饮食方面也是傅老师比较在意的，他吃饭有自己的一套"规矩"，这一套规矩倒不是束缚人该吃什么、不该吃什么，而是何时吃以及吃饭时的状态。傅老师认为，为了更好地吸收食物营养，饭前可以适当运动一下，吃饭时则要尽量做到注意力集中，不要看电视、读报或做其他一心两用的事情，这样才能保证消化、吸收；至于饭后，也可以适当走走路，帮助消化，但一定不能太剧烈。正是对生活作息巨细靡遗到这样的地步，傅老师才更好地享受了生活。

　　从小在父亲的帮助、提点下便立志要建造大房子的傅信祁老师，如今圆了自己的梦想，他所建筑的那一座房，不是钢筋水泥混凝土，而是教书育人成功业。在山东学过，在南方走过，在上海留过……现在，他要去找自己的第二个梦，让自己的心灵再次得到安宁。年龄从不是束缚，因为时间是最好的资源，有效使用，便是创造生命！

（本文执笔人：王琛）

① 傅信祁教授

② 学生们给傅信祁教授庆寿

③ 傅信祁教授接受采访组的采访

④ 傅信祁教授在社区与居民合影

淡泊明志　宁静致远

——记东华大学黄秀宝教授

在我们的印象里，由于时代背景的原因，老一辈的教授多为男性。然而，有这么一个人，是这次采访中为数不多的女教授。她曾担任东华大学纺织工程系系主任、纺织研究所所长之职，毕生致力于应用基础和交叉学科领域的理论研究；她更是《辞海》的分科主编，上海市纺织工程学会学术部顾问。她就是东华大学纺织工程学科的学科带头人——黄秀宝教授。

2015年11月7日，我们采访组一行六人在东华大学的会议室内对黄秀宝教授进行了专访。黄老已经81岁高龄，但气色依然很好，见我们进来，立刻热情地招呼我们坐下。在两个小时的采访中，黄教授带着和蔼亲切的笑容，将自己的成长经历娓娓道来。若不是黄教授口述，我们绝不会想到，面前这位温和慈祥的老太太，在新中国纺织工程的教育与科研领域竟有着如此重要的贡献。

1935年，黄秀宝教授出生于浙江宁波。那时候的中国正处于"三座大山"的压迫下，黄教授一家的家庭生活也一度陷入困境。童年时代，黄教授目睹了穷人为抢购"户口米"而被挤伤踩死的惨状；少年时代又恰逢国民党的黑暗统治，只得在飞机的轰炸声中断断续续地完成小学、中学的学业。那些年里的所见所闻，都使她早早地感受到旧社会的腐败和黑暗。在一次偶然的机会下，黄教授看到了当时的华东纺织工学院的招生广告，在哥哥的支持下，她考入了华东纺织工学院高级职业班。

黄教授深知学习机会来之不易，便认真地对待每一门课程的学习。毕业时，由于高校生源不足，需选拔一部分高职毕业生进入高校学习，黄教授凭借着优异的成绩通过了学校的选拔，得以进一步接受本科教育。在本科期间，由于出色的专业成绩和较高的思想觉悟，黄教授被学校选中担任了辅导员。1959年本科毕业时，她又被学校选中留下来成了华东纺织工学院的第一批自主培养的研究生。对于学生时代多次的"中选"经历，黄教授先是谦虚地摆手说是"幸运"，后又将其归功于党的教育和个人的努力："我们是看着《钢铁是怎样炼成的》成长的一代，那种时代氛围督促着你，鞭策着你。再加上我1953年就入党了，时刻想着的就是为国家作出贡献，因此一刻也不敢懈怠。'被选中'也算是学校对我个人努力的肯定。"

1960年2月，黄秀宝教授被录取为华东纺织工学院研究生，从事牵伸工艺理论研究。在导师陈寿琪老师和丁寿基老师的指导下，她完成了题为《牵伸过程中的几个平稳随机函数功率谱问题》的硕士学位论文。在此期间，导师们严谨的学风和活跃的学术思想，对她后来的学术和教育生涯产生了重要影响。回想起毕业论文的写作，黄教授印象最深的就是浩大的计算量。那时候用的还是手摇计算机，为了确保数据正确，黄教授前后一共用了三个月的时间，才完成了核心公式的计算。"这和现在的计算机不一样，当时数据的改动很不方便，所以要细心地对待每一个步骤。"黄教授说，"很奇怪的，我当时也不烦躁，就那样一步一步算下去，函数曲线就这么出来了。"这篇论文后来还被送往1964年的北京科学讨论会进行展示，这些成就和黄教授耐心细致的性格、从容不迫的心态是分不开的。

和那个年代的许多学者一样，黄秀宝教授也没能摆脱"文革"的影响。"文革"开始的时候，黄教授研究生毕业还没多久。一方面是对国家全面停止物质资料生产政策的不理解，一方面是对科研工作的突然停止的不习惯，黄秀宝教授开始给自己"找点事做"："我寻思着，这么下去不是办法，时间不能白白被浪费，所以我就琢磨着在课堂之外给自己找点事做。"恰好那时候上海广播电视台开设了一个英语教学的节目，想到自己英语基础薄弱，黄教授便产生了跟着广播自学英语的想法。她把节目的时间记下来，然后找来一部半导体收音机，又自费买了教材，利用下班之后的时间，跟着广播一遍一遍地练习，每一次重播都不放过。就这样，经过反复的练习，黄教授觉得"有那么一点感觉了"。

机会总是眷顾有准备的人，黄教授当年学习英语的初衷仅仅是为了更好地阅读英语文献，但这种"无功利心"的举动却带来了意想不到的结果。1979年，改革开放，恢复国民经济生产的同时，国家开始派遣学者出国进修。靠着自学而来的英语基础，黄教授通过了学院的考试，再次幸运地"中选"，得以赴英国里兹大学进修。

在英国的日子里，黄教授坦言她过得并不轻松。一来，"文革"十年造成的学术水平停滞，使得中国学者在国外常被冷眼相待；二来，初到异国他乡，靠着广播学来的英语根本不能满足交流的需要；再加上黄秀宝教授当时已经到了不惑之年，在对知识的接受能力上多少有点力不从心。"说实话，我当时都想放弃了。有一次我们副院长带领代表团前来考察，我还开玩笑地说要提前回国，因为压力实在是太大了。"讲到这里，黄教授也不好意思地笑了笑。

嘴上说着想要放弃，但黄教授心里还是不服气的。她告诉我们，出国前她曾看过一个报告，说一名访问学者一年的费用相当于两百个农民一年的劳动所得。这个数据给她留下了很深的印象，也是激励她不能放弃的重要因素。为了更快地突破语言关卡，她不放过一切能练习英语的机会，有时候甚至会主动和图书馆管理员、学校保安等后勤人员交谈，在实践中提升自己的口语水平。至于专业学习，黄教授更是牺牲了所有游玩的时间，一头扎进书海之中，几乎到了废寝忘食的地步。"我们学校离伦敦不远，但在两年半的访学期间，我只在回国前一天，在伦敦逛了半天。"这些付出自然是有回报的，最直接的改变就是对方对待黄教授的态度，从先前的鄙薄悄然地转成了敬佩。到了黄教授访学结束要回国的时候，她在里兹大学的导师更是罕见地为她专门举办了一个欢送会，并作出承诺："以后只要是你推荐过来的学生，我们都提供奖学金，并分配最好的导师进行指导！"就这样，黄秀宝教授用她的实际行动扭转了外国人对中国学者的刻板印象。

1982年，学成归国的黄教授依然回到母校担任科研、教学工作。为适应社会经济发展需要，她把大量心血倾注于提高本科的教学质量上，积极推进纺织工程专业的系统改革与建设，为建成纺织工程大专业奠定了良好的基础。这一工作改变了之前纺织工程专业划分过细的情况，更好地适应了国际纺织科技的发展趋势。而专业教学内容的改革、学生获取知识能力的训练、实践教学内容的现代化等，均离不开实验室建设的现代化。为此，黄秀宝又亲自主持加强了实验室建设。这场改革历时九年，又被称为"纺织工程大专业建设"。在这九年的时间里，她自始至终亲自主持整个改革方案的构思，亲自参加教学计划制订、课程设置及教学大纲的审定等全过程的工作。其中关于改革专业设置，初建纺织工程大专业的成果获得了1989年上海市优秀教学成果特等奖；关于深化教学内容和课程体系的改革获得了1996年中国纺织总会教学成果二等奖。现在，纺织工程学科已成为教育部和上海市的重点学科，也是学校"211工程"建设的主体学科，这和黄教授早年的辛勤奉献是分不开的。

抓本科教学工作的同时，黄秀宝教授还在抓科研。研究生时期培养出来的学术习惯使得她对工程科学的应用技术研究有着浓厚的兴趣。回国之后，她的研究重点主要在这两个方面：一个是纤维制品的纺织与非织造加工，尤其是基于高速气流加工的新型纺纱与聚合物挤压法非织造加工的过程建模、数字仿真、加工预测及虚拟加工技术；另一个是基于机器视觉的纱线、织物、非织造布等纤维制品的表面疵点的快速检测与分类、纤维制品表观质量客观评定及纤维制品表面纹理的自动识别、模拟与仿真。黄教授告诉我们："纺织工程是一个很大的领域，但每个人一辈子能弄清南三分地就很了不得了！"看着面前这位头发花白、慈眉善目的老者，我们知道，或许就是这种不温不火、不争不抢的性格，才使得她可以从容不迫地在自己的领域里作出成就。

除了是一名严谨认真的学者，黄教授还是一位严慈并济的导师。自1986年担任硕士生导师和1993年担任博士生导师以来，黄秀宝教授已先后培养了34名研究生，其中硕士研究生20名（包括4名用英语教学的外国留学硕士研究生）、博士研究生14名，为社会输送了一批高层次优秀人才。这些年来，黄教授在培养高层次专业人才方面做了大量的工作。她作为纺织工程学位点的负责人，曾数次认真细致地主持修订硕士、博士研究生培养方案的工作。为了更好地帮助学生做好选题工作，黄秀宝教授挤出时间阅读大量相关的文献和资料，瞄准学科发展方向，密切关注学科前沿动态、新兴学科的进展及对纺织学科的影响和可能的交叉与渗透，并结合自己学生时代的经历与经验，有意识地对题目的难度和深度进行把握。而在论文的写作阶段，黄教授更是认真把关，丝毫不敢放松要求。她坚持认真而细心地审阅、修改每一篇博士论文，从论文的提纲、内容到文字结构，均一一进行精批细改。这种严谨治学的态度，确保了她所培养的博士生的质量。在过去的30年间，她所指导的博士论文有多篇被评为上海市优秀博士学位论文和全国百篇优秀博士学位论文的提名论文。她的一位博士生留校任教不久，即破格晋升为全校最年轻的副教授。

黄秀宝教授不仅在思想上、学术上严格要求学生，在生活上也热心关爱学生。对于部分博士生经济比较困难的情况，她尽力给予他们较多的津贴，以保证学生必要的生活所需。对待生病的学生，她更是给予了母亲般的关怀。黄教授本来在2005年就已经退休，但她退休前的最后一个博士生在二年级时因压力过大患了精神分裂症，黄教授本着"不能放弃一个学生"的精神，陪了这个学生整整11年。为了这个学生能顺利完成毕业论文的写作，黄教授要乘早上最早的一班校车赶往淞江校区，和他讨论论文的写作事宜，并用自己的成长经历勉励他。在黄教授的殷切关怀和悉心指导下，这名博士生在2012年3月顺利通过了博士论文的答辩，直到这时，黄教授才放心地卸下了教学工作的担子。

退休后，黄教授对教育工作的挚爱丝毫未减。她积极参与到关心下一代的工作中，默默地为师生的健康成长继续发挥余热，奉献自己。在过去10年中，黄教授在纺织学院关工委、老教授咨询组、研究生督学组均有任职。在关工委的工作中，她不时就课程设置、课堂教学、教风学风建设、教学档案管理等重要问题与相关学院、部处负责人和任课老师沟通交流，提出合理化的建议。在督学工作中，她总是以尊重、诚恳、友善的态度与任课教师深入沟通、交换意见，帮助他们找到问题、分析和解决问题。在面对学生咨询时，她总是谆谆教导和耐心解说，使学生深受启发。这位在三尺讲台上浇灌了一生的辛勤园丁，依然本着一份执着与热情，努力地站好最后一班岗，为学校人才培养继续作出贡献。

温文尔雅、淡泊谦虚是黄教授给我们留下的印象。对于自己取得的成就，黄教授依然谦虚地归结于所受到的党的教育，正如她在采访的末尾所说的那样："我们那个年代所接受的教育非常单纯，但这种正确的人生观一旦养成，再加上一个良好的心态，什么困难都能顺利地度过。"由于年事已高，学校出于对黄教授身体的担心，已经在2014年8月让黄教授正式退休。但黄教授依然保持着早起的习惯，在晨间的阳光里读书看报，开始新的一天。对于目前的生活，黄教授十分满足，笑称自己现在的任务是"保养身体"。或许正是这种怡然自得的豁达之心，让黄教授得以走过人生的风风雨雨。也让我们祝福这位长者的晚年平和安康，健康长寿！

（本文执笔人：江满琳）

① 1998 年 11 月，黄秀宝教授在审阅修改博士论文

② 1982 年 7 月 22 日，在英结束学习启程回国前，黄秀宝教授在马克思墓前留影

③ 2000 年 8 月带领硕士、博士研究生赴井冈山的纺织公司进行暑期社会实践（第二排右四为黄秀宝教授）

④ 2003 年 5 月，黄秀宝教授指导的肯尼亚学生 Aric 获得博士学位后与黄秀宝教授的合影

仁者寿

——上海中医药大学程馥馨教授访谈录

我们采访组一行人在程馥馨教授家中采访了程教授，程教授在镜头面前有些拘谨，耄耋老人讲话口齿清晰、目光如炬，开始采访前还不忘为我们添茶、张罗茶点，让人顿生亲近之感。在些许的忙乱后，他开始讲述起从前的种种往事，让人不禁感叹这位高寿老人乐观安然的生活态度与赤诚的仁者之心。

当谈及那个弥漫着硝烟的年代时，老人的语气变得些许沉重："我是江苏宜兴人，当时的战争环境下，光上一个初中，我就上了三到四个不同的学校。今天躲到了哪里，就读哪里的初中。"他又说："我没有读日本人开的学校，而是去了由沿海城市迁入内地山区的初中，条件十分艰苦。"程老幽默地比划着睡觉时用的木板，还有同学们挤在一起，在微弱的油灯下看书的情景。他也不禁有感而发，讲出了他内心朴实的情怀："没有过去的苦头来，就不能体会到今天的幸福。所以要珍惜如今的生活。"从这位年近百岁的老人口中说出的话语显得愈发真诚与沧桑。

抗战胜利后，程老回到苏州。由于抗战时期的一些不幸的遭遇，那时的他一心想要学医。进入南京大学医学院的程老，本希望成为一名专科研究伤寒病的医生，但最后由于工作上的分配，他进入了现代中国血液病工作小组。毕业后，华东军政委员会调派他进入上海的内科学院（现华山医院），让他跟着林兆耆等知名教授工作。

回忆起曾经分科明确的医院，如之前提到的内科医院、外科医院（现中山医院），程老与我们分享了这种体制下的一件趣事："曾经在内科医院值晚班的时候，有病人被紧急送到医院，说是肚子疼。值班的医师们一摸，初判应该是阑尾炎，于是叫病人坐出租车去外科医院检查。结果到了外科学院，一检查又不是阑尾炎，就又叫病人坐出租车回内科医院。这一来一去地折腾啊，使得上级感觉到资源极其浪费，于是要求分一半的内科医生去外科医院。我也是在外科医院遇见了我太太的。"

在外科医院工作的那几年，上海中医药大学也逐渐迈出了与现代医学融合的一步。程老作为西医学方面的杰出人才，又被调到了上海中医药大学，主要负责外国留学生班的教学，后又成为上海中医药大学西医内科学以及西医诊断学的主任教授。当时，上海中医药大学中所需现代医学的部门都是由程老领衔建设的。这是一条非常艰辛的道路：如何将西医学对人体更准确的定位与解析和中医的相关知识相串接，使中医学走向更科学更精准的研究，是先生的毕生课题。

在教学生涯中，程老曾被派往新加坡讲课，为新加坡当地300多个从事中医的人员讲授西医在中医学中的应用。程老谈起这次新加坡之旅，意味深长地提及了一个有意思的细节："当天到新加坡的时候，接待我的工作人员说，希望我明天来作一个大讲座。我十分惊讶，我来新加坡只是来办一个西医教学的教学班。几百人的讲座内容比较复杂，我没有做好准备，而且就一天的工夫来准备。但工作人员说，你一定会讲的，因为这个题目非常方便。"程老谈及此处忍俊不禁，"他们给我的题目是'我在大陆，怎么进行医疗活动的'。第二天，我对在座的300个新加坡医生说：'做医生，在各个地方都是一样的，用心用脑筋，注意病情发展，这都很重要。虽然我在这里的几天是来教现代医学的内容，但我们的诊断是要结合临床的，结合病人的表现，绝对不只依靠X光、心电图。心电图出来怎么样就怎么样，X光怎么样就怎么样，这是不对的。'"程老继续说："在这里，我说了一则《南华早报》上登出的一条新闻：日本人的军舰把日本人自己的飞机打下来了，真的是好大的本领。在座的人都笑了。这就充分说明了一件事：虽然现代仪器给行医提供了方便，在会诊的时候非常重要，但是单依赖机器是行不通的。负责人让我讲讲在中国是怎么看病的，我说在我们国内，什么仪器都有，但我们不完全依赖于它。我希望当时听我讲座的那些工作人员，也不要靠着它们，临床经验很重要啊。"

程老的这段经历虽然没有多么惊心动魄，但从这一件平凡的小事，足以窥见程老超前的理念——理论与临床经验的结合是迫在眉睫的，是不能相互剥离的。在程老接下来讲的一个事件中，也无处不贯彻着这样的理念。

"最使我印象深刻的事情是，之前在金山亭林拉练，当时要走夜行军。也就是说，只有中午的时候有时间睡个午觉，晚上就要行军，没法休息。当时我是南学6

团的团长，正好路过行军的小医疗站，看到有小孩子睡在床上。我询问了一下，发觉他原来是我们团的娃。我问他哪里不舒服，他跟我模模糊糊地讲了一些。我一检查，初判是肺炎，情况很严重。我和站里的医生（上海南码头派来的）讲，这个孩子的病情比较严重，建议送到城里去。站内的小医生也粗略地检查了一下，对我挤眉弄眼地说：'没有什么的。'这件事我一直坚持着，后来居然又来了一群上级领导一起来讨论，坐满了一个房间。这对我的压力很大。过了一会儿，又请来了当地的内科医生来会诊。他进门见到我后，先叫我'老师'，原来这个医生是我毕业一年的学生。他检查下来也表示没有什么问题，那房间里的人，也不再相信我的判断了。可我在临走前还是不放心这个孩子，我要求待在这里。当时我只有四五十岁，情绪一下子很乱，哭着说道：'今天晚上的夜行军，两个豆沙馒头帮我拎着，背包帮我打好。你们几点钟走，我几点钟跟着你们跑。在走之前，请让我等在这里，我不离开。'边上的两个年轻医生，更加挤眉弄眼了。"

说到这里，老人嘴角的微笑显得苦涩了不少，也许回忆起了当时被众多人施压的不适感。虽然作为医生的能力被同行和学生所怀疑，年轻时自己内心的不甘都在慢慢发酵，但程老没有碍于面子放弃这位情况不明的患者。他守在床头，观察着病人的细微变化。一两个钟头过后，程老发觉患者的面色变得灰白，站内医生也发觉情况很严重，大家都慌了神。救护车来了之后，程老跟着抢救团队抢救到了第二天凌晨。

程老说，第二天早上抢救完病人时的心情，是一种释放。他依稀记得在医院地下室的那个稻草堆的补眠，仿佛是几十年里睡得最舒坦的一次。不得不说，这对一直对自己医术很有信心的程老来说，是一次巨大的考验，但程老顶住了来自四面八方的压力。这份信心来自多年的临床经历以及对患者的极大责任心，若他那时只顾自己的情绪而退出，后果令人难以想象。过了一两年之后，程老在曙光医院看门诊时，被这位肺炎患者找到，当面表示了感谢。这份经历让程老深深为自己当时所做的决定而自豪。

对于医德高尚的程老来说，他的温柔不仅体现在对患者的一份热心与责任上，对待学生他也是扮演着师恩如父的角色。程老说自己平生拿了两次大奖，第一次拿到奖金是在20世纪80年代，在自己的孩子还没电视机看的日子里，他选择给自己的学生们买了一台电视机。他的解释是："我们曙光医院接近大世界，日夜霓虹灯闪闪亮亮的。平日里学生们就算没空看书，看看电视机也算是开阔眼界了，于是就买了。"这份心情简直与父母的苦心有共通之处，令人心头一暖。

第二次拿到奖金时，程老笑着说道："袋子里有多少钱我都不看不拆，我决定由我的班长来安排，谁有困难就帮谁。但我要求班长别告诉那个同学补助的钱是奖金里出的。谁知道，在年终的时候，有个乡下来的研究生特地来向我敬酒，大概就是他知道了奖金的来处，特地来感谢我的。"

谈起养生与高寿的秘诀，程老表示，虽然他是一个学习西医的人，也在中医药大学工作过，但他并不十分愿意食用所谓"补药"。他认为，之所以能维持身体健康，不仅是因为他作为医生，能知道自己身体的问题所在，尽量少吃药物；同时，他秉持着保养要通过日常饮食调理的原则，食物以蔬菜为主，还有其他杂粮，如山芋、小米、山药、玉米等，完善个人的膳食金字塔。他也喜欢吃些豆制品，并坚信这些食品都是"好东西"。

虽然他已年近百岁，与85岁的夫人夏德全老师在一起，也不愿意请钟点工或保姆照顾日常起居。对于家里的家务活，老先生总会做一些力所能及的，如拖地板、洗衣服，甚至前不久还爬上高高的窗台擦玻璃。程老的作息时间也安排得井井有条：看好夜间新闻之后，10点半左右睡觉，早上5点左右起床。这样积极的生活态度值得我们这些懒惰的年轻人学习，毕竟，保持身体机能的完整度与适当的锻炼是通往长寿的秘诀之一。

人们常说老年人的视力不好，这成了他们学习新鲜知识的阻碍。但程老的眼睛依旧明亮，看报都不需要老花眼镜，裸眼的视力十分好。他最喜欢的书籍是《资治通鉴》、《史记》、《汉书》等，并且阅读的是文言文版本。咬文嚼字，方显其文化底蕴之深厚。现在为了获得新的世界讯息，程老家订了一份《文汇报》与晚报，若是觉得没有尽兴，每个礼拜还会去医院工委会抱回一点旧报纸、杂志和旧书。身处一个与生命共舞的行业，医生是需要不断学习的，"活到老，学到老"就是他们最好的写照。程老会继续看医学论坛报，学习新的医学发现，也经常去图书馆借书，邻居都知道这里有一位爱去图书馆的程医生。

程老作为上海中医药大学的领军人物，在工作岗位上是一位拥有强大临床经验的老学者，在教师岗位上是一位仁慈的严师，在手术台旁是一位尽心尽责的好医生。古时孔子有言："知者乐，仁者寿。"也许程老如此妙手仁心之人，正印证了孔夫子的这句话，谓道德崇高者，怀有仁爱之心、胸怀宽广的人，果然可以成为长寿之人。

多面的程老用自己的精神深深地鼓舞着我们。作为我国的"瑰宝"，程老的事迹值得我们这些后辈学习，无论是对于学习的专一还是对于本职工作的忠诚，都是这个时代不可缺少的精神。我们也祝福程老能够健健康康，始终做一个乐观幸福的高寿学者，为我们播撒福音。

（本文执笔人：崔勇勇）

① 程馥馨教授泛舟富春江上
② 程馥馨教授和留学生在一起

享受生活　道法自然

——访我国著名学者谢田邀先生

初见谢田邀老人时，看到他温文尔雅、与世无争的模样，很难想象在他的名字前有这么长一串头衔：中国作家协会会员，中国诗词研究院副院长，台北故宫书画院名誉院长、客座教授，上海市文史研究馆馆员，上海作家协会会员，上海诗词学会顾问，中日俳句交流协会理事。谢老真正是将自己的"文艺触角"伸到了方方面面，这种触及不是表面化的蜻蜓点水，而是个人广泛兴趣的遍地撒网，且渔网张张都捕到了鱼。西方人称拥有广泛才华的人为"博学之士"，比如达·芬奇；我们中国也有"十全老人"之说，这些名词在形容人年岁的同时，也肯定了他们的才学。谢老便是这样一位"博学之士"，他关注并实践了许多领域。"我喜欢写诗，也喜欢作画，当然还爱书法，平时也不忘写小说和散文。"谢老的说法毫不夸张，走进他的房间，便可以感觉到他生命的重量。墙壁贴满了他自己的画作和书法作品，书柜上也满是小说和理论书籍，这儿简直就是个"博学之士"的天堂！当然，我们采访组来谢老家里不仅仅是为了一睹他的作品和收藏品的，更重要的是来向这位将满百岁的人瑞寿星请教养生长寿的秘诀。

谢田邀1918年出生于山东省济南市，和出生、成长于那个时代的不少人一样，他的一生充满了传奇色彩。"其实要说我的人生有多么特殊也不尽然，因为很多和我一起成长、一起经历苦难的'战友'，他们和我的人生轨迹差不多呀，只是现在大多数都先走了。"说到这里，谢老不禁一声叹息。

谢老早年在济南长大，后到上海从事新闻记者工作。1949年5月，上海解放，谢老和同事们一起接收了《申报》。在此以后，他就在上海《解放日报》工作，为国内外的政治和社会新闻做采访、撰写稿件。1957年，在文化界和知识分子中间开展了"大鸣大放"运动，鼓励知识分子对党说真话、提意见。谢老是活动的积极人物。

"我当时就觉得这真是个好事，因为一个政权刚刚建立，肯定有一些地方需要改善，现在它能这么主动向群众要意见，说实话我挺兴奋的。"就这样，谢老向《解放日报》的领导提出了一些看法与建议。当时，谢老主要是在《解放日报》的国际版工作，所以他提出的意见非常宽泛，比如他针对当时南斯拉夫领导人铁托"修正主义"思想所提出的关于中南两国关系的看法，以及就此讨论社会主义核心本质问题，等等，都是关乎国家命脉性质的问题，而他的建议确实都很有见地，得到了报社领导的赞赏。

然而，不久开始了反右斗争，《解放日报》的记者和编辑们也受到波及。当谢老认为自己也难以逃脱时，却发现自己的名字并没有在右派名单之上。"我当时很纳闷，我的出身情况并不很'红'，之前提出的意见也涉及意识形态问题，怎么就没上榜？"虚惊一场的谢老后来才知道自己应该感谢报社的领导们，因为他们认为谢老对问题把握的精准程度以及见解之深刻，是十分难得的，这对报社的发展、国家的发展都大有裨益，不应轻易揣断，故没将他的名字上报。谢老总算逃过一劫。

然而，幸运并不总是眷顾谢老。在1958年去北京电影制片厂工作之前，谢老曾在上海美术电影制片厂工作过一段时间，担任动画片编剧。"我还清楚地记得，当时自己编写的两个动画剧本，一个叫《仙女的眼泪》，没有成片，另一个叫《集体有鱼》，拍成了片子。"谢老一字一顿、清清楚楚地说出两部动画的名称。但这两部动画片最后的结局都不太好，前一部剧本在"文革"期间被当成"反面典型"批判，后一部动画成片的唯一拷贝更是直接被烧掉。谢老早期的动画剧本心血就这样没有了。"文革"时，身在北京电影制片厂的谢老受到了较大的冲击，被安上了"最大死老虎"的名目。如今谢老再谈及这段往事时，言语间充满了戏谑感："我当时挺感谢红卫兵们给我安这个头衔的，我甚至怀疑是领导故意让他们给我安这样一个名目。因为我是'死老虎'而不是'活老虎'，就意味着我并不算是一个大问题，所以批斗一下就算了。"事实上也真是这样，对谢老的批斗会并没持续多久就结束了。

当谢老自己总结这坎坷的一生时，他用的词是"宽容"和"淡然"。面对战乱，他挺了过来；面对政治运动，他挨了过来。一直到现在，他还是以博大的胸襟包容身边的一切人和一切事，用他自己的话说，就是"忘记一切不愉快的事"。

动乱过去了，生活还要继续，谢老在经历了这么多艰辛坎坷之后，终于迎来了平静与安宁的生活。"'文革'给我的人生带来了一定的影响，但我很庆幸自己并没有被苦难所左右。人的一生说长不长，说短不短，不能光看见痛苦，而不去看光明与欢乐。"谢老说着，露出了笑容。努力看见未来光明之路的谢老，在走完崎岖的人生道路后，找到了内心的平静与自己想要的生活。他逐渐开始了自己早就想开始的生活：读书，写字，绘画，行走，思考。把精力分配到自己感兴趣的方方面面，而20世纪80年代的社会环境给了他实现自己人生梦想的可能。

对于谢老来说，享受生活，爱好是不能少的。谢老对生活倾注了很多心血，也结出了许多果实。他将自己的姓氏隐去，以"田遨"二字为笔名，进行写作。20世纪80年代是他文学创作的高峰时期，那时他以写小说为主，而小说的题材一般是与他感兴趣且广泛涉猎的历史事件、历史人物相关，如长篇小说《杨度外传》、短篇小说《利玛窦和徐光启》等，均单独出版或刊登在相关文学刊物上。近些年来，谢老仍在坚持写作，作品有《鹊色秋华》（2010年）、《心痕与屐痕》（2011年）和《杨度与梁启超》（2012年）。

谢老说："以前喜欢写小说，享受那种合理想象的过程，但是现在却喜欢写散文和纪实文学了，喜欢写更真实、更具体的内容。"生活的打磨和历练让谢老明白了苦痛为何，也让他明白了喜悦为何，这些难得的情感表达是所有文学作品的共通之处。谢老享受生活，也感受生活，于是生活的喜怒哀乐、酸甜苦辣都悉数被他写进了文学作品之中。"我是在经历自己的生活，但同时也在想象别人的生活。"喜欢进行历史阅读和写作的谢老，在读完了相关文献后，总会试着设身处地地站在历史人物的立场想问题，于是他所写的传记和历史小说能够直抵人心，人物仿佛站在读者面前一般。

20世纪70年代末到整个80年代是中国动画发展的一个黄金时期，《大闹天空》《三个和尚》《葫芦兄弟》等经典动画至今仍家喻户晓。在北影厂工作的谢老也参与了这些经典动画的剧本创作。当年，谢老在上海美术电影制片厂写下的几个动画剧本在"文革"中被毁坏，参与这几部经典作品的创作也算是一种自我补偿了吧。

退休以后，谢老爱上了国画和书法，他说，自己熟悉了书法创作以后，写书法都是看心情，有时一天写很多幅，有时十天半月也不写。不过他从不担心自己的作品会被积压，因为时不时就会有亲朋好友登门造访，取走一两幅书法是常事。几年前，谢老的书法作品集也出版了。至今，谢老的房间里还挂着好些幅自己写的、精心装裱的书法作品，实在赏心悦目。至于绘画，谢老说画一幅山水需要花掉他很多时间，所以他会精心挑选绘画的场合，这样一来产量就不高了，不过按他的说法，他是"重质不重量"的。看到谢老客厅里挂着的几幅画作，我们不得不佩服他的绘画功底，简单几笔，就能画出物什和风景的神韵。

金秋人生，贵在无为而为。老子说："人法地，地法天，天法道，道法自然。"他强调人的修为依循自然之道渐次增长，不慵惰，但也不强求，这正是谢老的人生准则。谢老说："我做人很轻松，不求全责备，也不好高骛远，就安安静静地享受着。所以说起来，我真的没有好好想过'养生'这个话题。"的确，从现在谢老闲适的生活状态来看，他良好的心态便是长寿的最佳策略，这种策略不仅难以为外人道，甚至连他自己都没有察觉。老子赞赏"我无为，而民自化"的施政方式，这其实正是基于个体对自己生活状态的完全自觉，如同谢老这般，生活规律，忙闲相间，知道自己要什么，并努力实现，而不是追求别人口中虚无缥缈的长寿秘诀。

不仅心态良好，谢老在生活作息上也十分有规律，这是几十年来养成的老习惯了。他每天6点准时起床，晚上9点便上床睡觉，偶尔会因为练习书法或看书而耽误一些时间，但沉浸在自己喜爱的活动中，遨游在思想的海洋里，终归是一种享受而不是负担，这些不时出现的"作息插曲"说不定也有助于谢老的身心健康，毕竟维持一颗积极而开放的心，是生活持久且舒适必不可少的环节。谢老的作息大体上来说是固定的。至于饮食方面，谢老从不挑食，肉类、蔬菜他都吃。他说："我现在走路虽然不太灵活了，但身体还算好，口齿清楚，精神也不错，我想这里面一半的功劳得归功于良好的饮食习惯。"他不仅在一日三餐上很留意，平时也爱吃些水果，还经常自己选择搭配，确保每天能吃到新鲜的、多样的时令水果大餐。"吃东西也好，休息也好，我还是那句话，顺其自然就是好的。"面对来访人员对所谓"长寿秘诀"的询问，谢老仍旧强调"道法自然"的重要性，这是他生活的基本价值观。

谢老觉得，现在年轻人的生活态度是非常不错的："他们眼界开阔、见识宽广、勇敢追求、善于表达，这些精神怕是连我也要虚心学习的吧。"谢老并不是在打趣儿，而是很诚恳地表达自己的看法。谢老认为，人活一世，不能光活在自己的世界里，不能像鸵鸟一样将头掩在土里，以为外面的一切都与自己无关，人应该努力与外界沟通，这就需要我们具备观察与交流的能力，而长久地沟通交流、关怀他人势必会带来积极向上的人生态度，一个积极的人生态度正是长寿的重要"秘诀"。但同时谢老也认为，年轻人虽怀抱着积极向上的生活态度，但还是存在一些不太值得称道的状态，比如缺乏钻研和吃苦的精神，容易放弃、半途而废。这些正是年轻人需要改进的，因为一个良好的心态是健康长寿的关键，养生如此，做人亦如此。

　　谢老即将迎来自己的百岁诞辰，这是一个里程碑，同样也是一个起点，因为谢老深知自己对生命的热爱决不允许半点放弃，无论是来自他人的，还是来自自己的。让我们衷心祝愿，谢老能在道法自然的生命旅途中坚定地走下去，为我们带来更多美好的文字、书法和绘画作品。

（本文执笔人：王琛）

　　🔖：著名学者谢田遨先生于2016年3月4日在上海逝世，享年96岁。谢田遨先生生前为上海市文史研究馆馆员，中国作家协会会员，《诗词家》杂志顾问，上海诗词学会、上海楹联学会顾问。

① 谢田遨教授

② 采访组对谢田遨教授进行采访

情投学术　心系社会　巾帼不让须眉

——访我国当代著名语言学家濮之珍教授

濮之珍教授1922年出生于安徽芜湖，1945年毕业于国立女子师范大学中文系，1950年南京大学中文系研究生毕业后，于上海复旦大学中文系任教，是当代语言学家，享受国务院政府特殊津贴。濮之珍的研究方向主要为理论语言学和中国语言学史，出版了《语言》、《中国语言学史》等多部专著，发表论文数十篇，在中国语言学史研究领域有较大的国际学术影响。濮之珍是中国农工民主党党员，曾任上海市政协常务委员、副秘书长。濮之珍的丈夫蒋孔阳教授曾是国务院学位委员会评议组成员、复旦大学文艺学国家重点学科学术带头人。

2014年12月15日，我们采访组在其家中拜访了已93岁高龄的濮之珍。濮之珍除腿脚有些不便和眼睛不如以前外，身体基本康健，人也十分精神，特别是讲话条理依然很清晰。濮之珍与我们促膝长谈两个多小时，跟我们分享了她早年的求学经历、中年的学术研究和社会工作以及晚年的养生之道，我们收益颇丰。

濮教授说，她的外公是个秀才，她从小就受外公的影响。因为家里就一个女孩，因此也有了读书的机会。"像我这个年龄，女孩子能读到大学的很少，因为那个年代的妇女通常是不读书的。所以我那时有机会读书，还是很幸运的。"

抗日战争爆发，濮教授随父兄一路逃难到四川，在四川完成了中学和大学本科学业。"那时，大哥带领我们一家一路沿江而上，先是到延庆，后到汉口，又到九江，最后到四川万县。哥哥在金陵中学任教，我就在那里读书。"濮教授说，"我高中时成绩也蛮好的，按当时成绩可以送到金陵女大。但是因为学费太贵了，读不起，就读了师范，叫作国立女子师范大学，读中文系。"大学期间，濮教授成绩很好，老师特别喜欢她。"那个时候就受老师影响，觉得一个人呢，总应该学点什么，要好好学，能为这个社会添砖添瓦，做一点应该做的。"大学毕业后，濮教授先是在明德女中教书，随后又考取了南京大学中文系的研究生，导师就是就读师范大学时的系主任胡小石教授。研究生毕业后，濮教授到复旦大学任教直至退休。

"大学的生活是真苦，那时宿舍的墙都是土墙，墙上还长着草。12个人住一间，6个上下铺，没有电灯，点的是桐油灯，也没有热水瓶，这是现在人没法理解的。苦是苦，但是老师很好，对我影响很大，我毕业后还跟他们保持联系。"直到现在，濮教授也不忘当年老师对自己辛勤培育，并影响了她一生。

濮教授从事语言教学与研究工作40多年，20世纪50年代，主要从事语言学理论的教学和研究；60年代开设中国语言学史课并从事研究工作。她的重要专著《中国语言学史》正是她对中国古代语言学潜心研究的成果，是结合教学实践写成的。该著作一经出版就受到海内外同行专家的高度评价，认为是第一部联系社会历史发展并能进行理论分析的专著。该书由台湾书林出版公司再版，并译成韩文出版，还在美国大学图书馆被列为参考书。

"那个时候我们国家语言学界有一种看法，认为中国没有语言学，只有传统的语文学，我不同意，我们古代有那么多的语言学家和语言学专著，怎么会没有语言学呢？我们有！"濮教授认为，这是不符合中国语言学实际的。她先后撰写了《书王力先生〈中国语言学史〉后》《中国语言学史研究中的几个问题》等论文，阐述了自己的观点。她认为中国古代有许多优秀的语言学著作，如扬雄的《方言》，运用调查研究的方法收集各地方言，反映了汉代方言的基本情况；许慎的《说文解字》，分析汉字结构规律，创立了部首。我们现在查字典，还是用他创立的部首。一部著作，跨越了两千年还有生命，这在世界语言学史上实属罕见。她认为，汉代出现了语言学家如扬雄、许慎、刘熙等，出现了语言学专著如《尔雅》《方言》《说文解字》《释名》等，可以说是"汉代语言学的成就标志着我国古代语言学的建立"。

由于濮教授在语言学与中国语言学史研究领域取得的卓越成就，她的名字先后入选英国剑桥《世界妇女名人录》、美国传记中心《世界名人录》。

自1951年起，濮教授在复旦大学任教。除了教书外，她还担任过工会、妇委会的职务，有一定社会工作阅历。在周谷城教授的动员下，1981年，她加入了中国农工民主党（曾任农工民主党上海市委副主委），由此踏上了参政议政的舞台。

"我在政协工作了15年，共做了三届——第六届、第七届、第八届。"说到政协，她依然如数家珍，原因有二：一是记忆力好，二是政协经历令她印象深刻。特别是一次参与提案撰写的经历，使她至今难以忘怀。

自20世纪80年代开始，在很多人眼中，上海的中学就分成两类：重点和非重点。出于望子成龙、望女成凤的心态，家长们在学习上给孩子"加压"，要求他们考上重点中学。有的家长甚至为此不惜调动户口，大动干戈，为的就是让孩子挤进"重点"的门槛。在反复折腾之下，不少孩子身心俱疲，甚至产生了厌学心理。

濮教授长期从事教育工作，对这一现象尤其关注。"在我个人的回忆中，读书是最开心的事情，学业压力也有，但绝对没这么大。我孩子在念书时，从没请过家教，也没去学什么才艺，做完功课就去运动了。"在她看来，在孩子心目中，如果读书不是一件令人愉快的事，那么就意味着教育的失败。为此，她和同事一起撰写了提案，并以农工党市委的名义提交，呼吁本着教育公平的理念，推动教育均衡化，提出各个学校在教育经费分配、师资配置方面不能差距太大。"学校的整体教学水平上去了，选择面就宽了，不用为挤进某所学校而绞尽脑汁。更多的孩子也能从小享受到优质、公平的教育。"在那年的市政协全会上，该提案被列为重点提案，濮教授作为农工党代表，还以此做了大会发言。当时，分管教育的副市长谢丽娟做了批示，对这些建议表示认可，并让教育部门关注此事。后来，有媒体还根据这件提案的内容专门制作了一档节目，邀请各方人士共同探讨这一话题，很是热闹。当然，择校问题至今没有彻底解决，对此，先生是抱有遗憾的。但她知道，只要用好政协的话语权，还是能产生效果，至少能引起全社会注意，推动问题逐步解决。

濮教授还十分关心社区工作，前不久还通过平江居委会向社区图书馆捐赠了近百本家中藏书。事后，居委会还向濮教授颁发了荣誉证书。她说："这些书能供大家看，我真高兴。"

"为什么活得好呢？党领导得好，这个社会好，开心。我常常拿现在跟过去比，一比就开心，这样就愿意多活几年，多看看，心态是这样。"谈及养生之道，先生如是说。当然，经过进一步交流，我们了解到濮教授的长寿还是有很多因素的。

心态好是一个重要因素，这既体现在她做事情的专心致志上，也体现在待人接物的心平气和上。"有一段时间我确实累，也有人问我，你既要照顾家庭、小孩，又要工作、搞研究，还有社会工作，怎么过来的？有什么窍门？我笑言，我就有一点，我出去工作了就不想家里，回到家里我就把其他的都丢掉。""我生活比较简单，要求不高。比方说人家总是想着换房啊添置家具啊什么的，我真的不动心的，感觉有的住就好了嘛。"

睡眠好很重要。"我就是睡觉好，晚上10点睡觉，一直睡到早上五六点，一整夜不起来的，天天如此。这或许跟遗传有关，我的爸爸妈妈寿命都不长，但我的外婆就活到100岁。又或许跟性情有关。我和我外婆一样，都是放得开。我不喜欢咕咕哝哝的，有什么事情我呱呱讲出来就没事了，不跟人家一样放在心上。""这个性格，也使得人际关系很好，比如邻里都愿意帮我，交水电费啊取药啊什么的。"

保持良好的生活习惯。"我吃东西比较简单，晚饭之后刷了牙就从来不吃东西。晚上6点吃点饭就不吃别的了，我的姑娘吃零嘴，我看了就不喜欢。吃东西呢，荤菜少，素菜多，也不怎么挑食。早餐一个点心一碗奶，中午晚上也很简单，现在牙不好，就吃一个肉丸，水果也吃一点的，嘴不馋。"

"我习惯了一个人安安静静的，小孩一定要我找个阿姨住在家里，我不要的。安安静静的，心里很平静，读读书，读读报，人家可能还让我写个东西什么的。""80岁后还天天打太极拳，最近两年不打了。"

看来，濮教授注重修身养性，不与人争执，清心寡欲，又笔耕不辍，健康长寿就不奇怪了。

衷心祝愿濮教授身体健康，幸福长寿！

（本文执笔人：崔勇勇）

① 濮之珍教授在语文学会成立60周年学术会上发言

② 濮之珍教授在语文学会成立60周年纪念学术讨论会上与同仁的合影

③ 濮之珍教授获得的荣誉证书

④ 日本神户大学校长会见濮之珍教授并聘其为客座教授

革命前辈何荦老人的长寿之道

革命前辈何荦老人曾经是潘汉年同志的政治交通员，今年虽已97岁高龄，但依旧精神矍铄、思维清晰，走路稳健，说话铿锵有力。我们怀着崇敬的心情，试图探寻这位老前辈是如何走过那段艰难的岁月，又是如何保持着健康长寿的。

也许是多年从事党的隐蔽战线工作，养成了严谨细致工作作风的缘故，在我们对他进行采访时，何老已经提前做好了准备，他翻开事先记录在卡片上的谈话要点，然后向我们做了介绍。新中国成立前，何老家境贫困，父母都是劳动人民，靠微薄收入勉强支撑一家生活。他微笑着说："从家族讲我没什么长寿基因，所以我的长寿秘诀，看来还得从我的经历谈起。"

磨砺意志，增强体质

何老21岁参加革命，1943年3月调任至华中局情报部工作，任政治交通员。此后几年中，他历经艰险，传递党的文件、情报，护送各级领导同志往来于敌占区和根据地之间。他说，政治交通员的工作经历磨砺了他的抗压能力、应变能力和坚强意志，使他养成了多动脑、勤思考的习惯，遇事能做到临阵不慌、善于应对、沉着出招。艰苦的工作也锻炼了自己的身体，增强了体质。在那时，无论是在骄阳似火的炎夏，还是在风雪交加的寒冬，每月一次往返要步行150多公里，约一天半时间；居无定所，住宿问题常常要自己解决；每次通过封锁线要经过几道敌伪关卡的检查、盘问；途中被敌人跟踪，火车上被日本便衣特务盘查、搜身，过长江轮渡时遭日本海军检查等，随时都有生命危险，真是拎着脑袋干革命。为了确保完成任务，对于行走路线、乘车班次、衣服穿着、讲何方言、进入沦陷区时间等都要事先做出周密思考和安排，一点儿也不能马虎，需时刻绷紧神经，提高警惕。正因为准备充分，伪装得体，应对得法，所以每次都能化险为夷，完成任务。何老还告诉我们，之前有位记者采访他后，开玩笑地说："您这样长寿，原来是那个年代每月一次300多里路走出来的啊！"

面对劫难，心态平和

何老说，他一生中遭受过两次大的劫难。1955年因肃反扩大化，在"潘杨案件"中受到牵连，被隔离审查、批斗，并遭送到劳改农场，这种精神折磨持续了五年。"文革"中，何老又被打成特务，再一次从批斗、挂牌游街到隔离、送农村监督劳改，直至关进大牢三年零七个月，其间还大病一场。但两次蒙难何老都挺了过来，用他的话讲，那是因为："一、相信自己，对党忠诚，工作上也忠于职守，无愧于党和人民；二、相信党是伟大、公正、实事求是的，会查明真相，还我清白；三、保持心态平衡，保护好自己，'留得青山在，不怕没柴烧'。"这两次劫难，让何老学会了坦然面对，从思想上挺了过来，使他在以后的生活中遇事能自我减压，想得开，放得下，始终保持平和心态。

勤于学习，情趣健康

平时，何老始终保持着积极健康的生活状态，喜爱看报、读书、听广播、看电视，关心国家大事和国际要闻。遇有重要社论、文章，有时还剪报汇集，笔记摘录，还常常写读书、学习心得体会。"潘杨案件"平反时，他已离休，此后写了一些纪念、回忆文章，发表在党刊等杂志上。这种好习惯一直坚持到2012年，后因眼睛原因不再延续。何老平时常给老朋友打打电话，互相问候；有时背背唐诗，现在还能背上七八十首。

对何老而言，经常看、听、写、背，用脑动笔，锻炼了脑子的灵活性，活跃了思维，陶冶了情操。离而不休，充实的生活对老年人来说是一种精神寄托，可谓老有所乐，乐在其中。

生活有序，饮食有节

说起自己的生活饮食习惯，何老告诉我们，他的作息很有规律：早上7时起床，中午睡两个小时，晚上8时上床。每日在晨起、午睡后和夜间解手前喝三杯白开水。饮食方面，管好自己的嘴，以清淡为主，绝不暴饮暴食。每天一瓶牛奶、一只鸡蛋，少量肉食，蔬菜。早餐主要是麦片芝麻糊，晚餐以烂面条为主，少盐，少油。他说："我一生不会饮酒、抽烟，没有不良嗜好，较喜甜食。有些食品医生说不能吃，我就不吃或尽量少吃。年纪大了，也有些小病缠身，但是病多了也摸到一些规律，要有超前意识，如秋风起早穿衣，未冷先加暖。遇到不适就及时看病服药，不能硬撑，对自己的健康要有自我保护意识，不能麻痹大意。"

家庭和谐，子女孝顺

何老有一个幸福的家庭，子女都很孝顺。老伴比他小三岁，是他的革命战友，虽身患癌症近十年，但一直顽强地与病魔做斗争。他说："我们是在战争年代结的婚，相互关心，相互激励。一路走来，都已耄耋之年，依然相濡以沫。我们有四个子女，虽多在外地，但仍轮流过来细心照顾我们。"

在采访的最后，何老还不忘提醒我们："相信现在有党的领导、好的社会制度，经济发展，社会稳定，医疗有保障，使我们能够生活无忧，无病延年。"这位革命前辈，一生忠实于党的事业，为革命出生入死，即便蒙受冤屈也坚定党的信念，安度晚年时不忘党的恩惠，知足感恩，让我们这些晚辈肃然起敬。

（本文执笔人：徐敏华、崔勇勇）

注：革命老前辈何莘老人，于2015年5月31日在上海第六人民医院逝世，享年99岁。深切悼念这位受人尊敬的革命老人。

① 何莘先生

② 王耀发教授采访何莘先生

附录：记本书主编王耀发教授

辛苦求学，收获一番荣耀

王耀发教授1934年6月16日出生在上海，因为战乱，家里苦心经营的事业受到影响而无法维系生计，9岁的王耀发就到闸北的一家鱼类加工厂做童工，每天清早提个饭盒，走很远的路去做工，亲身感受到在日本侵略军统治下人民所遭受的痛苦。小学毕业后，王耀发进入上海市交通中学就读。上海解放以后，家里的生活条件稍有改善。但好景不长，因其父亲生病去世，家里没有了顶梁柱，生计全靠姐姐做工维持，支撑他继续求学。尽管时代动荡，求学和生活之路坎坷，但王耀发不怕困难，保持着乐观向上的精神状态，积极要求进步。1949年10月，新民主主义青年团在上海成立，王耀发成为第一批团员。他酷爱音乐，曾跟上海乐团声乐教练梁知用老师业余免费学习声乐达三年之久，曾萌发报考上海音乐学院的念头。但最终未能下决心，这成为其人生的一大遗憾。但有幸的是，他的弟弟王酩最终在其鼓励和经济支持下走上了艺术的道路，成为中国著名的作曲家。

1953年，王耀发高中毕业后考取了华东师大。他说，选择生物系，一是因为华东师大免学费和伙食费；二是自己对生物学有兴趣。当年的华东师大在共青场造了很多茅草房，生物系也在茅草房里面，教室和食堂也是茅草房，理科学生在一起吃饭，大家彼此都认识。虽然没有大楼，但是有大师。所有的教授都是大师级的，例如教生物的张作人、陈彦卓，郑勉、王志稼，教化学的陈联磐，教经济学的陈彪如和教心理学的胡寄南，这些大师都是亲自给学生们上课。1953年到1957年，王耀发极为珍惜学习时光。为了多学习，多看书，即使家住上海，周末和假日他也从不回去，每天早早地在图书馆抢位子看书，下课后还经常在校园里和同学进行热烈讨论。当时的学科考试要求很复杂，学习的是苏联模式，口试加笔试，还有苏联专家过来。考试的时候，三位老师要求学生一个一个口头回答问题，然后按照等级A、B、C、D评分。这样的竞争让王耀发倍感荣誉，通过自己的努力，获得了全A的好成绩，觉得十分光荣。

王耀发说，他在学习的时候最崇拜研究植物生态学的陈彦卓老师，曾经跟着陈老师采集过标本，到杭州和天目山做研究。那个时候王耀发就励志要成为一名教授，目标、典型和楷模就是陈彦卓老师。1957年毕业分配时，王耀发留校工作。他在华东师大的工作和成长经历，既经历了种种坎坷，又见证了生物学科的发展轨迹。

白手起家，开创一片天地

20世纪80年代初，正当我们尽力挽回国内生物教学、科研因"文革"所遭受的损失时，国际上生命科学研究却发生着翻天覆地的革命，一门新兴的学科——细胞生物学，正以难以想象的进程快速发展。这对王耀发他们的触动很大，他们认为决不能安于现状，一定要迎头赶上。怀着强烈的使命感，在生物系领导的安排下，丁一明、曹汉民、王耀发三人组成了细胞生物学临时筹备组，开始筹建细胞生物学学科。他们积极寻找资料，挖掘信息，开设细胞生物学讲座，为学科的教学、研究做准备。后因生物系的发展需要，曹汉民到电镜室任主任，丁一明去了环科系任教，王耀发正式担任细胞生物学教研室主任，从此开启了细胞生物学的探索之旅。

王耀发受命组建细胞生物学教研室的时候，没有助手，没有实验室、办公室，更没有仪器设备、化学药品与经费，但这些艰苦的条件难不倒他，凭借自身的社交能力，他很快取得了多方的协助支持。没有人，他就吸纳高年级学生参与兴趣小组；没有实验室，他就轮换借用当时的脊椎动物实验室与遗传实验室；没有仪器设备与药品，就向全系甚至化学系有关教研室借用。就这样，他一点点克服困难，把教研室建设了起来。两年后，时任生物系主任的孙心德教授安排细胞生物学教研室进驻生物站，与普通生物学合用，总算有了立足之地，结束了"流浪"。但学生实验课仍在大楼，来来去去很不方便，此事被当时校总务长薛沛建知晓，他非常支持细胞生物学这类新兴学科的发展，便批准在生物站楼前建造一幢200平方米的简易实验室，后又在脑功能研究室至生物站之间修建了一条水泥路，便于师生的出行。校总务科与设备科也非常支持，帮助落实了办公室和实验室的课桌椅及一些必备的仪器设备。"从无到有，从简到全，创业的经历尽管艰辛，但让师生们体会到面对困难不能坐等，而是要主动出击，想方设法去解决，而解决困难的过程对社会适应能力是一种极好的锻炼。"回顾这段经历，王耀发教授深有感触地说。

那时，校内的资源毕竟有限，要进一步发展必须面向社会。当时，细胞生物学教研室主要面临两个问题：一是解决好教学关，包括编写实验教材与教学参考书等；二是确立科研方向。为此，王耀发走访了国内许多著名院校，包括北大、北师大、南大、医科大、兰大和中科院等许多单位，吸取了许多宝贵的经验，最终确定了一个信念，就是科研一定要有自己的特色才能获得地位，科研转化成果一定要走向社会。

独辟蹊径，创新一种思维

经过大量的分析和筛选，王耀发了解到，心血管细胞的损伤与修复、皮肤细胞的抗衰老等密切联系临床的细胞生物学重要领域，当时在国内的研究几乎还是空白。健康长寿是人类不断追求的永恒主题，随着生活条件的不断改善，人们提高生活质量和完善生活方式的愿望也更加迫切。心血管疾病是当今社会危害人类健康的主要杀手之一，如果能找到阻断或者缓解这种危害的方法，对造福人类的意义将会十分深远；皮肤抗衰老是人们特别是爱美女性迫切的需求，有很大的发展空间。研究表明，心血管细胞的损伤保护与皮肤细胞抗衰老必须提高自身的潜力，从植物中筛选出天然活性成分能激活细胞自身的活力。如果能依托一定的科技手段，充分发挥创意，必能造就符合社会广大群众需要的成果，填补该领域的空白。为此，王耀发带领他的以青年教师为主体的研究团队，确定心血管细胞的损伤与修复和皮肤细胞抗衰老为今后研究的重点方向，并将突破口定位于把基础理论研究与应用开发有机结合，开创出植根于本土、具有自己特色的研究途径。

细胞生物学教研室在王耀发的领导下，先后建立了心肌细胞离体培养模型，提高动物耐氧实验模型，并从植物中筛选出许多能保护心脏的活性成分，研究心肌细胞的损伤修复理论与应用开发；利用心肌细胞离体培养模型和动物耐缺氧实验模型，进一步筛选与验证植物天然活性成分对心肌细胞保护的最佳组合；围绕心血管细胞的损伤保护的研究，为后来研发"健心1号"等产品提供了可靠的实验数据和理论依据，也为"怡心饮料"和"心乐饮料"的开发创造了条件。

与此同时，细胞生物学教研室在皮肤细胞抗衰老的研究领域也取得了突出进展。以往，国际生命科学研究已经表明，自由基的产生可导致衰老、癌症、免疫力下降以及心血管疾病等100多种疾病发生。当时，有些化妆品利用SOD（超氧化物歧化酶）能清除自由基达到抗衰老的概念，把SOD直接加入到化妆品中，受到爱美女士们的热烈青睐，电视台、电台报刊上也以SOD抗衰老为卖点大力宣传。正在进行皮肤细胞抗衰老研究的王耀发团队认为，这种概念无论从生物化学还是从细胞学的角度看，都不符合科学理论。为了证实"生命的本质在于自我更新"这个信念，王耀发带领团队潜心研究，寻找能促进细胞自我更新的方法。20世纪80年代，王耀发和他的团队成员张红锋、戴平、梅兵等经过反复探索，终于从植物中筛选出一些能激活皮肤细胞自身SOD活力的天然活性成分，从而达到清除皮肤细胞自由基的效果。这项领先的成果，为日后产品的开发起到了关键作用。

产研结合，开发一众产品

依托理论的基础，结合社会的需要，王耀发和他的团队走出校园，通过积极开发产品，取得一系列成果，创新之花朵朵盛开。如："健心1号"是王耀发与团队成员戴平、叶希韵、梅兵、高亚梅等一起，利用心肌细胞离体培养模型和动物耐缺氧实验模型，重点研究的抗心律失常的中药制剂。该产品研制历经八年艰辛试验，尽管最终未能转化为推向市场的产品，但却使研究团队为心血管细胞的损伤保护研究，以及皮肤细胞抗衰老研究拓展了思路，为后续研发成功其他产品打下基础。

"怡心饮料"是在与上海市体委合作的基础上研制成功的。研发过程中，研究团队特别是戴平与校医杨志毅跑遍上海各运动队做人群试验，反映效果很好，口感也很好。经上海市食品卫生监督所批准，"怡心饮料"作为上海市第六届全运会上海体育代表团专用饮料，由上海市中药二厂生产。这也是王耀发团队利用社会的力量和科研经费，获得产品成功的第一例。

保护心脏的"心乐饮料"是王耀发团队和广西柳州汽车厂联合开发的产品，尽管经过了产品的评审鉴定，但因当时国务院规定停止进口罐装机器设备，"心乐饮料"只能抱憾下马。同样，"王氏悦心茶"也因营销不力，最后未成大器。产品开发并非一帆风顺，但王耀发团队始终坚信，阳光总在风雨后，只要认准方向，坚持不懈，最终会有成功的一天。

王耀发研究团队的另一项国内领先成果即为能激活皮肤细胞自身SOD。具有良好的清除皮肤细胞自由基效果的成果公布之后，很快被当时全国十大化妆品厂之一的扬州美容化妆品厂捷足先登，尤俊民厂长专程来校要求独家合作，最终此项科研成果由扬州美容化妆品厂转化为产品"康丽娜"，在当时国内市场引起轰动热销。

如果说"康丽娜"是王耀发团队把基础理论研究与应用开发有机结合第一个走向市场的产品，那么"金嗓子喉宝"的诞生则是科研推动市场、市场提升科研的成功案例。1992年8月，上海高温40℃的一天上午，正面临企业发展转型的广西柳州糖果二厂江佩珍厂长一行人，来到生物系寻找产研结合的项目。江厂长听了多位教授的介绍，最后，对他们的心脏保健饮料很感兴趣，决定邀请王耀发赴广西柳州实地考察，并洽谈合作开发事宜，在谈妥开发心脏保健饮料后，由生物系负责科技研发的瞿伟箐老师与江佩珍厂长签了开发合作协议。但在实施心脏保健饮料科研成果向实际产品转换的过程中，发现还需攻克一些技术关，需要花费更多时间。为了尽快地帮助工厂的发展，决定找可行性更强的产品先开发。就在柳州糖果二厂产品陈列柜中，王耀发看中了润喉糖，他运用多年积累的中医药理等方面的综合知识，发挥创意，研制成更具针对性治疗咽喉炎含片的新配方。团队的戴平与梅兵等参与初试，之后，通过反复试产、摸索，产品终于问世。为了增加产品的公信力，帮助产品获得成功，王耀发还答应在包装上无偿使用本人头像，最终这项成果取得了很大的成功。不仅受到过李鹏、朱镕基等领导的表扬，连原美国总统克林顿、原联合国秘书长安南都对金嗓子喉宝的效果大加赞赏。

科技先导，取得一席之地

王耀发领导的研究团队坚持基础理论与应用开发有机结合，始终以严谨的态度，以科研为先导，依靠技术含量推动产品的科学性和实践性，从而在学术界和社会上占据一席之地。在研究"健心1号"的过程中，他们专门聘请上海中医药大学柯雪帆教授与中科院上海药物所心血管研究专家陈维洲教授作为技术顾问，还聘请上海市高血压研究所顾德瑄教授、顾天华教授和华山医院显微外科医生，共同做了100多条犬的大动物实验。在顾德瑄教授的指导下，他们建立了离体心脏灌流的实验模型。通过无数次的研究试验，最后到大型动物的实验，团队成员同心协力，最后终于取得满意的结果，科研团队也得到了锻炼成长。为了验证"健心1号"的实际效果，他们又邀请中山医院做了100位病例志愿者临床试验，结果令人满意。紧接着参与了上海市重大科技攻关项目竞选，通过上海市几十位专家的评审与当面考核，获得了上海市重大科技攻关项目大基金（是中药研究项目唯一获得者），也打破了华东师大此前零的纪录。上海市科委与全体专家们对此项目给予厚望，上报国家卫生部前，上海市科委曾请了上海中医药大学三位著名教授，从中医学理论论证过

"健心1号"，据说在卫生部前五次评审中，都顺利通过。"健心1号"后改名为"芪芯颗粒"，与上海家化旗下汉殷药业公司签订了合作开发，由上海市卫生局组织评审会通过上报国家卫生部，但最后被告知产品因为不符合传统中医学理论而未获批准。尽管如此，"健心1号"还是得到一批志愿者的欢迎，尤其是华东师大教职员工的肯定，连老校长刘佛年服后也见明显效果。

"怡心饮料"于1988年获得第二十四届奥运会运动营养银奖，被上海体育代表团作为礼品赠送各省市代表团与国家体委，影响也很大。国家体委领导徐寅生每次来上海都要问及"怡心饮料"。"怡心饮料"还得到陈云夫人于若木的认可，她特地接见王耀发，一起合影并题词，最后还带了一箱回中南海。

王耀发研究团队从植物中提取活性成分，能激活皮肤细胞自身SOD活力，实现抗衰老目的消息在当时也很快引起全国轰动，《新民晚报》、《解放日报》、《文汇报》、《上海科技报》、《中国科技报》、《经济日报》、《人民日报》、《光明日报》、《中国妇女报》、《兰州晚报》、《武汉晚报》等都对其进行了报道，中央电台和中央国际广播电台还向108个国家进行了广播，收到全国来信如雪花纷飞，上海乐团女高音歌唱家徐曼华、著名舞蹈家汪齐凤、二胡演奏家闵惠芬、中央民族乐团刘团长以及上海电视台小辰都来生物站拜访、参观。20世纪90年代初，北京科教电影制片厂约20多人还专程进驻实验室，拍摄了"自由基与SOD"科教片（已存校档案室）。上海乐团来校演出结束时，指挥陈燮阳特地提出要见见王耀发教授，陈燮阳夫人也成了"康丽娜"产品的使用者，可见他们的科研成果是多么深入人心，受到爱美女士们的深爱。

金嗓子喉片至今20年经久不衰，还在全世界进一步扩大市场，究其原因，除了营销有方，主要靠的是科技含量。借鉴著名京剧大师保护嗓子的特殊药材，利用清除自由基理论与有效活性成分的作用，金嗓子出创意，见奇效，最终获得美国食品药品监督管理局的批准，进一步加快国际化的脚步，真正是"入口见效"，名不虚传。尽管，金嗓子的成功并未给王耀发带来别人想象中的经济效益，但是王耀发和他的团队收获的是成功的喜悦，也为华东师大赢得了光彩。

学以致用，成就一批人才

细胞生物学科建立后，王耀发充分发挥他熟悉多种学科知识（如生化、植物化学、微生物、自然辩证法等）的优势，以扎实的理论基础，发挥聪慧才智，创造性地开展研究和开发。王耀发吸纳了一批优秀青年人才，如陆静怡、戴平、张红锋、叶希韵、高亚梅、梅兵、张宝红等，组成了坚强的研发团队。他们各有所长，学以致用，活学活用，在细胞生物学学科建立与发展中，默默无闻地作出了极大的贡献。

王耀发带领助手们在科研上也取得了骄人的成绩，两次获得国家教委重点课题项目资助，其研究项目获得上海市发明二等奖、92法国巴黎国际发明展览会特殊荣誉奖。王耀发与张红锋在离体培养心肌细胞的研究成果得到了国家自然科学基金资助，并得到基金会专家的高度评价与鼓励。王耀发和张红锋共同编译了由华东师大出版社出版的著作《延缓皮肤衰老的奥秘》。

坚持不懈，延续一种精神

细胞生物学科的建立与发展，从一穷二白到具有一定的规模和水准，从探索发展之路到获得累累硕果，其中包含艰难辛苦和失败挫折，但王耀发和他的团队始终坚持不懈，克服困难，在细胞生物学领域获得学术界的认可，取得一席之地。王耀发也经中科院细胞所中科院院士庄孝穗提名，担任了两届上海细胞生物学会副理事长，获得了上海市先进教育工作者、上海市劳动模范等多项荣誉。

1997年，王耀发退休了，但仍然关注和参与细胞生物学教研室的建设和发展，主动扶持后辈，开展科研和实践，以回报社会为己任，发扬为细胞生物学发展的奉献精神。他退休后至今还担任着普陀区食品营养学会理事长，为普陀区做了大量的科普工作。2006年由少年出版社出版，由中科院两位院士翟中和、孙儒泳主编的"生物学家谈生物"丛书共五册，其中细胞一册由院士推荐王耀发编著（叶希韵、涂晴参加）。该套丛书荣获中国台湾第四届吴大猷著作奖的最高奖——金签奖。王耀发目前正带领生命科学学院新的团队寻访上海教育文化界高寿名师，这些德高望重的前辈们的个人经历、事业成就、创业精神、爱国情怀和健康生活的真实历史"故事"，既是科普研究，又是生命科学研究。王耀发教授说，我们不仅是要谈高寿的意义，还要做上海文化教育事业发展的历史见证的寻访者，珍惜从共和国成立至20世纪末的这段珍贵历史记忆，教育青年一代，立志于发挥奉献精神，青出于蓝而胜于蓝。

（本文执笔人：徐敏华）

① 王耀发教授

② 上海乐团著名指挥家陈燮阳（右一）携夫人（左一）来细胞生物学实验室参观。第一排中间者为王耀发教授

③ 陈云夫人于若木同志（左三）接见王耀发教授（左一）

④ 王耀发教授（右四）在广西金嗓子喉宝工厂指导产品试生产

⑤ 华东师大老校长刘佛年（左二）在袁运开校长（左三）的陪同下参观细胞生物学实验室。右二王耀发教授

后 记

在上海市老教授协会和华东师范大学老教授协会的大力支持下，经编委会同仁的共同努力，历时六年，《名师流芳——寻访上海教育文化界名人实录》一书的编写终于完成。

本书以弘扬上海教育文化界名师风采为主线，采访了上海教育文化界不同单位、学科和专业领域的院士、教授、法学家、艺术家和大学校长等六十位德高望重的名师，亲耳聆听名师们的精彩人生故事，领悟名师们用理想和信念谱写的人生篇章。受访的名师都是八十、九十岁以上甚至百岁长者，尽管每位名师各有独特的性格，但信仰坚定，胸怀博大，品格高尚，宽容仁慈，敢于担当，乐观开朗，心理健康却几乎是名师们的共性品格。我们要将名师们这些弥足珍贵的精神财富转化为不断前进的动力，不忘初心，牢记使命，为实现中华民族的伟大复兴而努力奋斗。

为配合采访书稿的内容，我们曾希望受访者或其家属能提供与采访内容相匹配，具有一定历史性和文献性的照片，但终因历史久远，部分受访者未能提供。在本书正文之外，我们增设了一项附录：本书部分现场采访照片，照片均为彩色，以增加采访的亲切感和对采访名师们的敬仰之情。

在此成书之时，我们特别要感谢上海市老教授协会和华东师范大学老教授协会的支持、关心和帮助，还要感谢普陀区科学技术协会、华东师范大学党委宣传部和华东师范大学关工委给予的支持和帮助。房建军、季聪、邵慧珍、韩娜、郑一宇和冯福棣等学者、专家、校友和热心公益事业人士也给予我们诸多帮助，本书的所有采访照片皆由本书编委徐容老师拍摄，在此我们一并深表谢意。

特别感谢华东师范大学生命科学学院校友朱玉童、甘太祥、邹永东、张宏彪、唐咸德、古小文、陈福玲、郑多、刘建明、覃谦高亚梅夫妇、娄光华和深圳市第五届华东师范大学校友会给予本书出版的资金赞助。上海万达信息股份有限公司也给予部分出版资金赞助，在此一并表示真诚的感谢。

孙心德

《名师流芳——寻访上海教育文化界名人实录》编委会

2018 年 11 月 12 日

图书在版编目（CIP）数据

名师流芳：寻访上海教育文化界名人实录/王耀发，
孙心德主编.—上海：华东师范大学出版社，2019
ISBN 978-7-5675-9034-2

Ⅰ.①名…　Ⅱ.①王…　②孙…　Ⅲ.①人物—生平事
迹—上海—现代　Ⅳ.①K820.851

中国版本图书馆CIP数据核字(2019)第077274号

名师流芳
寻访上海教育文化界名人实录

主　　编　王耀发　孙心德
责任编辑　朱妙津
特约审读　张予澍
责任校对　王婷婷
装帧设计　卢晓红

出版发行　华东师范大学出版社
社　　址　上海市中山北路3663号 邮编 200062
网　　址　www.ecnupress.com.cn
电　　话　021-60821666　行政传真 021-62572105
客服电话　021-62865537　门市（邮购）电话 021-62869887
地　　址　上海市中山北路3663号华东师范大学校内先锋路口
网　　店　http://hdsdcbs.tmall.com/

印 刷 者　上海雅昌艺术印刷有限公司
开　　本　787×1092 16开
印　　张　20.75
插　　页　30
字　　数　332千字
版　　次　2019年5月第1版
印　　次　2019年5月第1次
书　　号　ISBN 978-7-5675-9034-2/G.11977
定　　价　128.00元

出 版 人　王　焰

（如发现本版图书有印订质量问题，请寄回本社客服中心调换或电话021-62865537联系）